本书得到以下项目支持

浙江省"十四五"本科省级教学改革重点项目（编号：JGZD2024089）

浙江省社科规划课题成果（编号：23GXSZ033YB）

浙江省习近平新时代中国特色社会主义思想研究中心浙大城市学院基地

应用型本科高校
在地化社会服务能力提升研究

刘珊珊◎著

RESEARCH ON THE IMPROVEMENT OF
THE APPLIED UNIVERSITIES' CAPACITY OF
LOCALIZED SOCIAL SERVICE

ZHEJIANG UNIVERSITY PRESS
浙江大学出版社
·杭州·

图书在版编目（CIP）数据

应用型本科高校在地化社会服务能力提升研究 /
刘珊珊著. -- 杭州：浙江大学出版社，2025. 6.
ISBN 978-7-308-26296-5

Ⅰ. G647

中国国家版本馆 CIP 数据核字第 20257LS695 号

应用型本科高校在地化社会服务能力提升研究

刘珊珊　著

责任编辑	杨　茜	
责任校对	曲　静	
封面设计	雷建军	
出版发行	浙江大学出版社	
	（杭州市天目山路 148 号　邮政编码 310007）	
	（网址：http://www.zjupress.com）	
排　　版	杭州星云光电图文制作有限公司	
印　　刷	杭州钱江彩色印务有限公司	
开　　本	710mm×1000mm　1/16	
印　　张	18.75	
字　　数	276 千	
版 印 次	2025 年 6 月第 1 版　2025 年 6 月第 1 次印刷	
书　　号	ISBN 978-7-308-26296-5	
定　　价	98.00 元	

序

　　时光荏苒,随着时代的变迁,高等教育已逐步从精英化迈向普及化。在这波澜壮阔的历史进程中,地方应用型本科院校作为高等教育体系中的重要组成部分,其重要性愈发凸显。它们扎根于地方,致力于服务区域社会、经济、科技和文化诸方面的发展,承载着培养高素质应用型人才的重任。

　　在地化社会服务职能是应用型本科院校核心价值的重要体现,也是世界高等教育发展的重大趋势之一。自 1862 年美国国会通过《莫雷尔法案》以来,美国各州开始大力兴办应用型州立大学,主动与政府、企业、基金会等建立联系,形成了良性互动关系,"教授与农业和机械工艺相关的各门学科……以促进工业阶层在生活各领域和职业中的通识与实践教育"①,培养工商业发展所需的人才,为地方经济社会发展发挥至关重要的作用。美国这类"赠地大学"的发展,在全球高等教育界产生重大影响,一些发达国家纷纷举办服务地方经济社会发展的应用型院校,如英国的理工学院、德国的工业大学等。1993 年,我国政府颁布《中国教育改革和发展纲要》,其中明确提出要"加强与地方政府、企业及社会各界的合作与联系,改变单一的办学模式和单一的

---

　　①　United States Congress. Morrill Act. In United States Statutes at Large [R]. Washington, D. C. : U. S. Government Printing Office,1862:503-505.

经费来源,增强学校适应社会多方面需求的能力"①。由此,我国高校的社会服务职能正式确立,标志着我国高等教育进入了一个新的发展阶段。

进入 21 世纪以来,在国际形势日益复杂、科技革命迅猛发展、经济全球化深度调整的时代背景下,高等教育面临前所未有的机遇和挑战。党的二十大报告指出,"教育、科技、人才是全面建设社会主义现代化国家的基础性、战略性支撑"②,并确立了到 2035 年建成教育强国、科技强国、人才强国的宏伟目标。2024 年,习近平总书记在全国教育大会上强调,要"强化校企科研合作,让更多科技成果转化为现实生产力"③。这一系列重要指示,为应用型本科院校指明了发展方向,也为地方院校在地化社会服务提出了新的要求。地方应用型本科院校作为高等教育体系的重要组成部分,已成为区域科技创新体系的重要支撑和经济发展的核心引擎,其特色化发展对于推动地方产业结构升级、培育区域经济新动能具有不可替代的战略意义。

随着我国经济发展步入新阶段,地方对应用型人才和科技创新的需求愈发强烈。众多应用型本科院校积极响应,在服务地方发展方面展开了一系列富有成效的探索,尤其是在京津冀地区、长三角地区、珠三角地区等,逐渐涌现出应用型高校服务地方的成功实践。例如,围绕智能制造业,与企业共建研发中心,开展产学研合作项目,为区域培养了大量掌握前沿技术的应用型人才,推动产业升级。通过组建高校联盟,整合优势学科,围绕区域内的高端制造、数字经济等重点产业,协同开展课程研发、实习基地建设等工作,实现人才培养与产业需求的精准对接。聚焦于外向型经济,与外贸企业

---

① 中共中央 国务院.中国教育改革和发展纲要(〔1993〕3 号)[R/OL]. (1993-02-13)[2025-02-13]. https://www.edu.cn/zhong_guo_jiao_yu/zheng_ce_gs_gui/zheng_ce_wen_jian/zong_he/201007/t20100719_497964.shtml.

② 习近平.高举中国特色社会主义伟大旗帜 为全面建设社会主义现代化国家而团结奋斗——在中国共产党第二十次全国代表大会上的报告[R]. (2022-10-25)[2025-02-14]. https://www.gov.cn/xinwen/2022-10/25/content_5721685.htm.

③ 中华人民共和国教育部.挺膺担当扛起教育强国建设重任——习近平总书记在全国教育大会上的重要讲话鼓舞高校教师奋勇前行[EB/OL]. (2024-09-16)[2025-02-14]. http://www.moe.gov.cn/jyb_xwfb/s5147/202409/t20240917 1151417.html.

紧密合作,培养了大批具备国际视野、熟悉跨境业务的专业人才,助力地区在国际贸易领域保持竞争力。

然而,我们也必须清醒地认识到,目前我国应用型本科院校在地化社会服务方面仍存在一些问题。部分高校在专业设置上与地方产业需求契合度不高,导致培养的人才无法满足地方企业的实际需要。虽然很多高校都开展了应用研究,但科研成果转化效率较低,未能有效推动地方产业升级。此外,在与地方政府、企业的合作机制上,还存在沟通不畅、合作深度不够等问题。这些问题制约了应用型本科院校在地化社会服务能力的提升,也凸显了本研究的紧迫性与现实意义。

正是在这样的时代背景下,探索和深化应用型本科院校与区域互动的有效模式,提升其社会服务能力,实现高质量发展,已然成为高等教育研究的当务之急。为此,我的博士研究生刘珊珊对这一领域展开了系统深入的研究,通过数年的努力,完成了新作《应用型本科院校在地化社会服务能力提升研究》。这本书紧扣时代脉搏,直击高等教育发展的现实问题,聚焦于三个具体问题:在地化社会服务能力提升的影响要素、理论模型和高校社会服务能力提升的改进路径。这一研究不仅具有理论价值,更具有现实意义,为应用型本科院校的发展提供了有益的参考和借鉴。刘珊珊博士的著作在研究方法上具有显著的创新性,主要有以下特点:

首先,该著作综合运用了多种研究方法。刘珊珊博士运用了案例研究、内容分析、建模和统计分析等多种研究方法,为研究提供了全面而深入的视角。这种多方法综合运用的研究思路,打破了单一研究方法的局限性,从不同角度揭示了地方应用型高校在地化社会服务能力提升的内在机制和影响因素。特别值得一提的是,刘珊珊博士以其扎实的理论功底,做了跨学科理论借鉴,通过整合教育内外部关系规律理论、三螺旋理论和行动者网络理论等多学科理论,构建了一个全面、系统的分析框架。这些理论的融合运用,不仅丰富了研究的理论基础,还为理解高校与地方政府、企业、社区等多方主体之间的互动关系提供了新的思路和方法。

其次,刘珊珊博士在研究过程中开展了深入的案例研究。该著作选取了杭州市的四所各有特色的应用型本科院校作为案例研究对象,它们在地理位置、行政归属、高等教育改革、应用型人才培养及社会服务等方面特色鲜明。多案例的研究策略,从多个视角构建了理论框架,避免了单一案例的局限性,从多个案例的比较和分析中发现共性和差异,从而更深入有效地分析出地方应用型本科高校在地化社会服务能力提升的规律和特点。

再次,该研究数据来源渠道丰富,分析方法独特。该著作中的数据收集涵盖了高校、政府、企业、社区等多元主体,通过与这些主体的访谈、问卷调查等方式,获取了丰富而全面的一手数据。在此基础上,采用 fsQCA 方法,结合定性和定量研究的优势,处理复杂的因果关系和多重并发因果关系。该方法通过构建真值表和逻辑最小化的方法,对案例数据进行了综合比较,揭示了导致高校社会服务能力提升的多种组态路径,为研究提供了新的分析视角和方法。

最后,刘珊珊博士在研究中体现了动态性和过程性。她运用行动者网络理论,将大学与城市互动过程视为一个动态的、多主体参与的网络构建过程。通过分析行动者之间的互动关系、转译过程和网络形成机制,揭示了地方应用型本科高校在地化社会服务能力提升的动态发展规律。该研究不仅关注研究结果,还注重研究过程中的各个环节和因素,较好地展现了地方应用型本科高校在地化社会服务能力提升的复杂性和动态性,为提出有效的改进策略提供支持。

刘珊珊博士基于上述研究方法,为地方院校在地化社会服务能力提升提出了一系列具有较强的针对性和可操作性的具体改进策略,特别是研究中还强调了高校与地方政府、企业、社区等各方合作的意义,并提出了促进校地合作的具体措施,形成协同发展的良好局面,为地方应用型本科院校更好地服务于地方发展提供了有力支持。

统揽全书,该著作基于上述方法开展的研究,凸显了其较高的学术价值。一方面,该著作通过对地方院校在地化社会服务的深入研究,丰富了高等教育服务理论的内涵。以往的研究较多地关注高校的教学和科研功能,对高校的社会服务功能的关注似有不足。刘珊珊博士的研究则将高校的社会服务功能置于更加突出的位置,深入探讨了地方院校在地化社会服务的内涵、特征、模式和影响因素等问题,为高等教育社会服务理论的发展做出了重要贡献。

另一方面,该著作将行动者网络理论运用到高等教育研究之中。行动者网络理论是社会学领域的重要理论之一,近年来逐渐被应用于教育研究领域。刘珊珊博士将行动者网络理论应用于地方院校在地化社会服务的研究中,对大学与城市互动中的主体与要素进行了细致的组态分析。这种分析不仅揭示了地方院校在地化社会服务过程中的复杂网络关系,还为该理论在高等教育领域的应用提供了新的实证支持,深化了对该理论的理解和认识。

总之,该著作为我们深入理解地方院校社会服务职能、提升其在地化社会服务能力提供了宝贵的理论支持和实践指导。除此之外,著作的研究方法和理论分析框架为教育学乃至社会科学相关学科的研究提供了有益的借鉴,特别是丰富了高等教育研究的内容,为我们开启了一个新的研究视角,也为未来的研究提供了重要的基础和方向。

展望未来,随着我国高等教育改革的不断深入,应用型本科院校在地化社会服务的重要性将愈发凸显,它必将促进高等教育与地方需求对接,推动教育创新与改革,使地方应用型本科院校为区域经济发展提供人才支持,促进科技创新与科研成果转化。总之,地方应用型本科院校在地化社会服务于教育、经济、社会、科技、文化的发展都具有重要的推动作用。我们期待更多的学者能够关注这一领域,开展深入研究,为应用型本科院校的发展提供更多的理论支持与实践经验。同时,也希望刘珊珊博士能够继续深耕这一领域,进一步扩大研究样本范围,涵盖不同区域、不同国别、不同类型的高校,开展对比研究,破解发展难题,寻求发展规律,以增强研究结论的普适性。相信在不断的探索和研究中,应用型本科院校在地化社会服务能力将得到更有效的提升,为我国高等教育事业的发展和区域经济社会的进步做出更大的贡献。

浙江大学教育学院教授、博士生导师

2025 年 1 月于杭州紫金文苑

目　录

第一章　绪　论

第一节　研究背景

在当今全球化和知识经济的背景下,高等教育作为推动社会发展的重要力量,其与城市之间的互动关系日益受到重视。本书旨在探讨应用型本科高校在城市化进程中如何通过提升社会服务能力,实现与区域发展的深度融合,以及在高等教育普及化阶段如何实现特色化发展。这一研究不仅具有现实意义,也在一定程度上丰富了高等教育理论的发展和实践。

一、高等教育高质量发展适应区域发展的客观需要

党的二十大报告指出:"教育、科技、人才是全面建设社会主义现代化国家的基础性、战略性支撑。必须坚持科技是第一生产力、人才是第一资源、创新是第一动力,深入实施科教兴国战略、人才强国战略、创新驱动发展战略,开辟发展新领域新赛道,不断塑造发展新动能新优势。"(习近平,2022)高等教育在其中扮演着重要角色。《国家中长期教育改革和发展规划纲要(2010—2020年)》明确提出,要"优化区域高等教育布局,支持地方高等教育发展,促进高等教育与地方经济社会发展紧密结合"(教育部,2010)。值得

关注的是,2023年全国教育工作会议提出了高等教育"两个先行先试"的全新定位。所谓"两个先行先试",即高等教育要"在全面提高人才自主培养质量、培养造就拔尖创新人才方面先行先试",要"在服务经济社会发展的需要、优化布局结构上先行先试"(教育部,2023)。这一政策导向要求高等教育机构必须调整发展战略,更好地服务于区域经济社会发展,为地方提供智力支持和人才保障,在促进地方经济发展、培养适应市场需求的人才、推动科技创新等方面发挥更大作用。

与此同时,随着全球步入创新与技术全面发展的新纪元,人工智能、量子信息技术、移动通信、物联网和区块链等信息技术领域的突破性进展,以及合成生物学、基因编辑、脑科学与再生医学等生命科学领域的革命性变革,正共同推动着制造业向融合机器人技术、数字化及新型材料技术的高级制造转型。同时,以清洁、高效和可持续发展为目标的能源技术变革,以及空间探索和海洋科技的快速发展,正为能源和探索领域带来了新的变革。这场新一轮的科技革命不仅正在重塑全球创新的格局,也在重构世界经济的结构(杨松等,2020)。

在这样的背景下,高校在推动区域发展过程中扮演着至关重要的角色。知识经济的核心特征在于信息和知识的创造、传播和应用,强调了创新能力、知识产权和人才的重要性(Cohen & Levinthal,1990)。高等教育机构不仅是知识创新的源泉,也是培养高素质人才的摇篮,对于促进社会进步和文化繁荣具有不可替代的作用。由此,高等教育必将面临新的挑战和要求。首先,高校需要培养具有创新精神和实践能力的人才,以适应快速变化的市场需求。这要求高等教育体系进行结构性改革,更新教育理念,优化课程设置,强化实践教学,并且与产业界建立紧密联系(Etzkowitz & Leydesdorff,2000)。其次,高校应成为区域创新体系的重要组成部分,通过科研成果转化、技术转移和产学研合作,推动地方产业升级和经济结构优化(Mowery & Sampat,2005)。此外,高校还应积极参与社会服务,通过文化传播、公共政策咨询等方式,促进社会进步和文化繁荣(Anderson & Shattuck,2012)。

然而,高校在服务地方的过程中也面临着一系列困难与压力。在资源配置方面,高校往往需要在有限的资源下平衡教学、科研和社会服务等多方面的任务要求,这要求高校进行有效的资源管理和战略规划。在合作机制方面,高校与地方政府、企业之间可能存在信息不对称、利益不一致等问题,需要建立有效的沟通协调机制,确保合作的顺利进行(Owen-Smith & Powell,2004)。在政策支持方面,虽然国家和地方政府出台了一系列鼓励校地合作的政策,但在具体实施过程中可能存在政策落实不到位、执行力度不够等问题,需要进一步优化政策环境,提供更加有力的支持(Sporn,2000)。

二、高等教育普及化对高校社会服务能力提升的实际需求

2019 年,中国高校毛入学率达到 51.6%(教育部,2020),达到了马丁·特罗(Martin Trow)的高等教育发展阶段理论中普及化发展阶段的基本标准(Trow,1974)。高等教育进入普及化发展阶段,表现出三大特点:一是高等教育的受众范围大幅扩大,学生群体更加多元化,不同社会背景、经济状况、学习能力的学生都有机会接受高等教育,从而提高了整个社会的教育水平。二是学生群体的多元化要求高等教育机构提供多样化的课程和教育模式,以满足不同学生的需求。三是多样化的需求要求高等教育加强与社会的联系和合作,更加关注社会需求和产业发展,加强产学研合作,培养具有创新精神和实践能力的人才,为社会和经济发展做出贡献。中国高等教育进入普及化发展阶段为中国的高等教育改革和发展提供了新的动力和机遇。

高等教育进入普及化阶段,意味着更多高中毕业生有机会继续接受高等教育,且学生群体的多样性增加,也对高等教育的供给提出了多样化的要求。这要求地方高校不仅要注重科学研究和人才培养,还要更加关注如何

将自身的学术资源和成果转化为社会服务能力,以满足不同学生和社会群体的需求。随着社会对高等教育的期望不断提高,地方高校需要更加注重与社会的互动和联系。通过积极参与社会服务项目,可以加深与社会的联系,提高学校的知名度和影响力,吸引更多的社会资源、增加合作机会。与此同时,随着知识经济的发展,地方高校可能成为地方社会经济发展的重要支撑,其社会服务能力的提升有助于推动地方经济社会的持续发展。通过与企业、社区等机构的合作,地方高校可以将科研成果转化为实际应用,为地方产业升级和经济发展提供智力支持和技术服务。此外,提升社会服务能力也是地方高校自身发展的需要。通过参与社会服务,地方高校可以不断完善自身的专业设置和课程体系,提高人才培养的质量和适应性,为学校师生提供实习实践机会,促进教师的专业成长和学术发展,提升学生的职业能力。

总之,高等教育普及化发展阶段需要地方高校更加注重社会服务能力的提升,这既是满足学生和社会需求的必然要求,也是推动地方经济社会发展和地方高校自身发展的需要。

三、新时代对高校社会服务能力提升的更高要求

2018 年,教育部发布的《对普通高等学校本科教学工作合格评估部分评估指标的调整说明》,更加强调主动服务区域(行业)经济社会发展,注重应用型办学特色培育(教育部,2018)。随着高等教育的普及,地方高校在激烈的市场竞争中面临着同质化的风险。为了在众多高校中脱颖而出,地方高校必须加强与地方的联系,发挥自身的独特优势。这种特色化发展不仅有助于高校形成独特的教育品牌,吸引学生和资源,还能够更好地满足社会对多样化、个性化教育的需求。

在中国教育现代化的进程中,高等教育的普及化和内涵式发展成为国家战略的重点。《中国教育现代化 2035》明确提出要推动"高等教育内涵式发展",健全"分类发展的制度体系"(国务院,2019)。在这一战略背景下,地

方高校面临着如何在普及化发展的同时,实现特色化发展的重大挑战。自2015年以来,国家层面连续出台了多项政策,旨在引导和支持应用型高校的发展。例如,《关于引导部分地方普通本科高校向应用型转变的指导意见》强调了建立产教融合、协同育人的人才培养模式,实现专业链与产业链、课程内容与职业标准、教学过程与生产过程的对接(教育部,2015)。此外,《关于深化产教融合的若干意见》(国务院,2017)提出了"四位一体"的架构体系,强调政府、企业、人才培养改革和社会组织的协同作用。《深化新时代教育评价改革总体方案》(2020年)则提出了推进高校分类评价,引导不同类型高校科学定位,特别是探索建立应用型本科评价标准,突出培养专业能力和实践应用能力(中共中央、国务院,2020)。

在浙江省层面,政策文件同样体现出对应用型高校建设的重视。浙江省教育厅2015年印发的《关于积极促进更多本科高校加强应用型建设的指导意见》明确了转变办学理念、改革培养方式等六项主要任务(浙江省教育厅,2015)。浙江省教育厅还公布了应用型试点建设高校名单及示范校名单,以推动应用型高校的建设。《浙江省普通本科高校分类评价管理改革办法(试行)》(浙江省教育厅,2016)首次推出了分类评价管理标准,而《浙江省教育厅关于加快建设高水平本科教育的实施意见》则强调了产学研相结合,深化产教融合的重要性(浙江省教育厅,2018)。《浙江省高等教育"十四五"发展规划》(浙江省教育厅,2021)和《浙江省高等教育发展总体规划(2023—2027)》(浙江省教育厅,2024)均提出了加强应用型高校建设,支持一批应用型高校走在全国前列的目标。

这些政策文件和指导意见共同构成了国家层面(见表1.1)和浙江省层面(见表1.2)对应用型高校建设的全面框架,旨在通过产教融合、校企合作、人才培养模式改革等措施,提升应用型高校的办学水平和人才培养质量,以更好地服务于区域经济社会发展,对高校社会服务能力的提升提出了更高要求。

表 1.1　国家层面应用型高校相关制度设计

时间	文件名(文件号)	相关内容
2015 年	《关于引导部分地方普通本科高校向应用型转变的指导意见》(教发〔2015〕7 号)	建立产教融合、协同育人的人才培养模式,实现专业链与产业链、课程内容与职业标准、教学过程与生产过程对接
2016 年	《关于深化人才发展体制机制改革的意见》(中发〔2016〕9 号)	建立产教融合、校企合作的技术技能人才培养模式,促进企业和职业院校成为技术技能人才培养的"双主体"
2017 年	《关于深化产教融合的若干意见》(国办发〔2017〕95 号)	明确"四位一体"架构体系,强调发挥政府统筹规划、企业重要主体、人才培养改革主线、社会组织等供需对接作用,搭建"四位一体"架构
2018 年	《对普通高等学校本科教学工作合格评估部分评估指标的调整说明》(教督局函〔2018〕1 号)	观测点"学校定位与规划"基本要求调整为:学校办学定位明确,发展目标清晰,能主动服务区域(行业)经济社会发展;规划科学合理,符合学校发展实际需要:坚持内涵式发展,注重应用型办学特色培育
2020 年	《深化新时代教育评价改革总体方案》(中共中央、国务院 2020 年 10 月 13 日发布)	推进高校分类评价,引导不同类型高校科学定位,办出特色和水平;探索建立应用型本科评价标准,突出培养相应专业能力和实践应用能力
2021 年	《关于推动现代职业教育高质量发展的意见》	鼓励应用型本科学校开展职业本科教育,进一步推动应用型本科高校建设,培养高质量应用型人才
2022 年	《示范性特色学院建设管理办法》(教高厅〔2022〕2 号)	规范在高等学校设立的未来技术学院、现代产业学院、专业特色学院等服务国家重大战略需要的示范性特色学院的建设工作
2022 年	《全国应用型本科高校建设情况监测报告》(2022 年)	从办学条件、师资队伍、培养过程、产教融合、学生发展等方面,对全国 633 所应用型本科高校的相关数据进行多维度分析

表 1.2 浙江省层面应用型高校相关制度设计

时间	文件名(文件号)	相关内容
2015 年	《关于积极促进更多本科高校加强应用型建设的指导意见》(浙教高教〔2015〕47 号)	以"鼓励试点、面向需求、突出改革、分类指导"为基本原则,完成六项主要任务,包括转变办学理念、改革培养方式、加强教师队伍建设、优化学科专业、增强创业能力
	《浙江省教育厅办公室关于公布加强应用型建设试点本科院校名单的通知》(浙教办高教〔2015〕60 号)《浙江省教育厅办公室关于公布应用型试点示范建设学校名单的通知》(浙教办高教〔2015〕109 号)	确定 42 所本科院校为应用型试点建设高校,后又遴选 10 所作为示范校
2016 年	《浙江省普通本科高校分类评价管理改革办法(试行)》	首推分类评价管理标准
2018 年	《应用型本科院校建设指导性评价指标体系》	引导高校突出应用、聚焦应用,加强应用型建设
	《浙江省教育厅关于加快建设高水平本科教育的实施意见》(浙教高教〔2018〕101 号)	坚持产学研相结合,深化产教融合,完善校企合作育人长效机制
2021 年	《浙江省高等教育"十四五"发展规划》(浙教规〔2021〕28 号)	加强应用型高校建设,支持一批应用型高校走在全国前列
2023 年	《关于加快普通高等学校高质量发展的若干意见》《关于推进高水平大学建设的意见》(浙委办发〔2023〕12 号)	提升高水平大学、高水平学科、高层次人才培养能力,不同层次、不同类型高校特色发展、争创一流,全面提高全省普通高等学校高质量发展水平
2024 年	《浙江省高等教育发展总体规划(2023—2027)》(浙发改社会〔2024〕24 号)	加强应用型高校建设,支持一批应用型高校走在全国前列。加强应用型人才培养,在科教协同、产教融合、校企合作、资源配置等方面建立长效机制

第二节　研究问题

　　基于以上背景,本书将围绕"在高等教育和社会发展的新形势下应用型本科高校如何进一步提升社会服务能力"这一核心问题展开,探讨提升高校社会服务能力的关键要素,并基于高校社会服务能力提升的理论模型,通过分析组态结果来完善高校社会服务能力的提升路径。具体说来,主要分为以下三个子问题。

　　子问题 1:影响高校社会服务能力提升的因素有哪些?

　　认识高校社会服务能力,既要从宏观政策出发,又要研究微观实践。在当前的研究中,高校社会服务能力的要素界定模糊,内涵之间缺乏明确逻辑,导致在讨论时缺乏系统性,对互动要素的认识不全面。例如,研究往往强调人的要素而忽视非人的要素,重视某些方面而轻视其他方面。对该子问题的研究建立在文献分析的基础上,并通过全球范围内的领先实践,尤其是浙江省杭州市四所高校的典型实践,运用案例分析法,借助内容分析,提炼出高校社会服务能力提升的构成要素,并探讨这些要素之间应如何配置和组合,进而促进大学社会服务能力的提升。

　　子问题 2:应用型本科高校社会服务能力提升的理论模型是什么?

　　提升社会服务能力是地方高校的使命之一,也是高等教育内涵式发展的重要组成部分。然而,当前我国高校社会服务能力的提升既未能充分考虑本土化需求,也未能建立系统的提升模型。教育界需要构建适应高等教育实践的理论模型。对该子问题的研究旨在构建一个高等教育和社会发展的新形势下应用型本科高校的在地化社会服务能力提升模型。

　　子问题 3:应用型本科高校社会服务能力提升的改进路径是什么?

　　高校社会服务能力提升涉及众多要素和复杂机制,现有研究对影响互动效果的因素分析不够系统。影响高校社会服务能力提升的因素包括人类行动者(如大学、企业、政府、社区等)和非人类行动者(如政策、技术、文化等)。对该子问题的研究旨在通过问卷调查和统计分析,考察这些要素如何单独或共同作用于高校社会服务能力的提升。通过分析人的要素与非人的要素的相互作用,本书旨在为提升高校社会服务能力提供实证支持和策略建议。

第三节 核心概念界定

一、应用型本科高校

关于应用型本科高校的研究可以追溯到 1993 年的《中国教育改革和发展纲要》(崔丽英,2018)。随着高等教育大众化的推进和社会对高层次技术应用型人才需求的增加,学术界开始关注这一新型教育模式。不同学者对应用型本科高校的功能、定位和发展目标有着不同的观点和解释(见表 1.3),这些讨论主要围绕着高校的社会服务功能、人才培养模式、与地方经济和产业的紧密结合等几个方面展开。

表 1.3 学者或机构对于"应用型本科高校"的相关定义

名称	定义来源	概念内容
应用型大学	潘懋元	相对于学术型大学和高职院校的另一种高校类型,以培养应用型人才为主,以本科教育为主,兼顾开展应用性和开发性研究,以面向地方为主、为地方服务
应用型高校	刘海峰、顾永安	以应用科技为特色,以服务地方(行业)为主旨,以产学研一体化、校企合作育人为人才培养模式

续表

名称	定义来源	概念内容
应用型高校	中国应用技术大学（学院）联盟，地方高校转型发展研究中心	基于实体经济发展需求，服务国家技术技能创新积累，直接融入区域产业发展的新型大学类型。是一种集职业技术教育、高等教育、继续教育于一体的新型大学类型（《地方本科院校转型发展实践与政策研究报告》）
应用型高校	陈厚丰	根据高等学校履行社会职能的情况及其产出比重，将高等学校划分为研究型、教学研究型、教学型和应用型四类。主要履行应用型、技能型人才培养职能，主要授予专科文凭、职业资格证书和部分本科文凭
应用型大学	中国教育科学研究院课题组	一种与普通大学并行、以专业教育为主导和面向工作生活的教育类型。注重高层次技术应用型人才培养、应用学研究与技术创新、服务就业和区域发展、促进终身学习（《欧洲应用技术大学国别研究报告》）
应用型高校	刘彦军	适应和满足我国新时期经济社会发展需要而产生，以科学知识和技术成果的应用为导向进行办学
新建应用型本科高校	柳友荣	以本科教育为主，面向区域经济社会，以学科为依托，以应用型专业教育为基础，以社会人才需求为导向
新建应用型本科高校	闫前	通过办学层次转变和办学定位的转变，实现传统专科教育向现代本科教育的转变
应用型大学	柳贡慧等	适应知识经济社会的发展进程和高等教育大众化、普及化的发展趋势，侧重于科技应用方面的知识、技术和素质的培养
应用型大学	冯虹、刘文忠	与高职院校实为同一类型的大学，从现有应用型大学的人才培养类型看，其与高等职业院校存在部分重合
应用型大学	胡天佑	在高等教育转型发展的背景下，对传统培养模式的一种修正，旨在使高校人才培养更符合经济社会发展的迫切需求

　　潘懋元(2005)认为,应用型本科高校是指那些主要以本科教育为主,面向区域经济社会,紧密结合地方产业和社会服务需求,通过产学研一体化、校企合作等方式,培养具有高层次技术应用能力和创新能力的应用型、技能型人才的高等教育机构。这类高校强调实践性和应用性,旨在通过提供专业技能训练和实践经验,使学生快速适应社会和产业的需求,促进学生的终身学习和个人职业发展(陈厚丰,2004)。

　　在办学定位与社会服务方面,应用型本科高校的办学定位强调与地方经济和社会发展紧密结合,这不仅体现在教育内容和课程设置上,还通过校企合作、实习实训基地建设等形式,深化教育教学改革,增强学生的实践技能和创新能力(刘海峰和顾永安,2014)。此外,这类高校还致力于开展应用研究和技术创新,通过科研成果转化和技术服务,直接支持和推动地方经济结构的优化升级和社会事业的发展(中国教育科学研究院课题组,2013)。在人才培养模式方面,应用型本科高校的人才培养模式突出实践性和应用性,要求教学内容和方法能够紧跟行业发展和技术进步,注重培养学生的实际操作能力、问题解决能力和创新能力。通过校企合作、工学结合、项目驱动学习等方式,加强学生的工作实践经验,提高其就业竞争力和社会服务能力(柳贡慧,2008;柳友荣,2013)。在对接地方经济与服务地方发展方面,应用型本科高校紧密对接地方经济发展需求,通过专业设置和课程开发,直接服务于地方产业发展。这不仅包括为地方提供技术支持和人才供应,还包括参与地方经济规划和产业升级,推动科技成果转化和创新创业,为地方经济社会发展做出贡献(孟庆国等,2013)。

　　综上所述,本书将"应用型本科高校"定义为:以本科教育为主,强调产学研合作,面向地方经济社会发展,以培养具有理论基础和实践能力的应用型人才和以服务区域经济发展为主要目标的高等教育机构。这类高校在人才培养、课程设置、师资队伍建设等方面具有鲜明的应用性和地方性特征,其健康发展有利于教育改革和地方经济社会进步。

二、高校社会服务能力

高校社会服务能力是指高等教育机构在其教育、科研、社会服务三大功能中，通过直接或间接的方式为社会各界提供服务、支持和贡献的能力。这一概念起源于 19 世纪下半叶的美国，随着高等教育的发展，特别是在公共服务的理念日渐重要的背景下，高校的社会服务职能逐步得到认识和重视（Veysey，1965）。在中国，随着高等教育从精英化走向大众化再到普及化的发展阶段（Trow，1974），高校社会服务能力更加受到教育界和学术界的广泛关注。

对于高校社会服务能力的定义，不同学者有着不同的论述。总体上，这些定义可分为三类：第一类强调高校作为知识传播者和技术创新者的角色，认为高校的社会服务主要体现在知识的传播和技术创新上（Clark，1998）。第二类侧重于高校对社会文化的贡献，包括传承文化、提升公民素质及促进社会公平等（Gumport，2000）。第三类则从经济发展的角度出发，看重高校在推动地方经济发展、促进就业及提高区域竞争力中的作用（Drucker，1994）。

在不同教育阶段和领域的应用中，高校社会服务能力的表现形式多样。在教育普及化阶段，高校社会服务能力更多地体现在其对社会大众教育资源的提供上，如成人教育、继续教育和公开课等（Bok，1982）。在研究型大学中，这种能力则可能更多地体现在科研成果转化和技术创新上（Etzkowitz，2003）。国际社会对高校社会服务能力的评估也不尽相同，如英国高等教育资助委员会（Higher Education Funding Council for England，HEFCE）就将社会服务视为高等教育评估的重要指标之一，包括高校对当地社会经济的贡献、文化和艺术活动的支持及公共政策的参与等（HEFCE，2018）。

基于此，本书将"高校社会服务能力"定义为：高等教育机构在与区域发展的各主体（如政府、企业、社区等）紧密互动的过程中，综合运用政策、资源与文化等，为区域的可持续发展提供直接或间接的支持和服务的能力。该定义强调了高校社会服务能力的综合性、互动性和可持续性,旨在更全面地反映高校在当前社会经济发展中的角色和贡献。值得一提的是,由于本书中的高校社会服务能力具体指高校服务城市,并特别强调其与城市主体之间的关联,因此,在表述时,有时用"大学与城市互动"或"校地互动"来指代。

三、在地化

"在地化"(localization)这个学术概念的起源可以追溯到建筑学、社会学、教育学等多个领域。在不同的领域中,"在地化"强调的意义和过程有所不同,但总体上都涉及将某些普遍性的事物或概念与特定的地方环境、文化或社会背景相结合的过程。

在建筑与公共艺术领域,20 世纪 70 年代,美国艺术家理查德·塞拉(Richard Serra)提出了"site-specific"一词,用来描述那些根据特定地点的特殊性进行创作的公共艺术作品,强调了艺术作品与其所在环境的紧密联系和独特性。易雨潇(2018)用"在地性"来表达"site-specific"的含义,并认为当下艺术领域对"在地性"的讨论涉及两种观点,一种是指重建地方知识,另一种是指在特定地点创作的艺术实践方法。吴康宁(2022)将"在地性"拓展运用于教育领域,强调教育创新主体的"主人"身份,认为教育创新行动应当同置身其中的具体社会及文化环境充分互动,以产生互惠效果。

在社会学领域,英国社会学家罗兰·罗伯森(Roland Robertson)提出"全球在地化"(glocalization)的概念,强调全球化与地方反应的复杂关系,是全球化(globalization)和在地化相互作用所构成的双向促进过程(Robertson,1995)。孙信茹(2021)在分析在地化中认为"在地"首先指向清晰明确的地方和文化位置,其次是居于特定位置的群体或个体,他们始终是地方实践的主体;而"化"乃是用于表达地方内外相互作用的姿态及变化过程的概念。杨念群最早在方法论层面明确使用"在地化"一词,他将"本土人做本土研究"的取向称为在地化的研究(杨念群,2007)。

在教育领域,"在地化"教育思想的起源至少可以追溯到约翰·杜威(John Dewey)对学校教育孤立于现实生活的反思。他主张将正规教育与社区相结合,强调本地物质与社会环境对学生亲身体验的重要性(杜威,2005)。这种教育思想后来发展成为在地化教学(place-based teaching/learning),强调教育应与学生所处的具体地理、文化和社会环境相结合。

总的来说,"在地化"这个概念强调了普遍性事物与特定地方环境的结合,无论是在艺术创作、社会学研究还是教育实践中,都体现了对地方性、现场性和特定文化背景的重视,指向了对特定"地方"的关注和推崇(孙信茹,2021)。

基于上述分析,本书所界定的在地化强调区域性,区域化社会服务能力指的是区域内的主体依据自身资源服务区域的能力。具体来说,指应用型本科高校提供人才、课程、研究成果、资源等为所在城市或区域服务,并为政府、企业、社区等服务对象所认可的能力。

第四节　研究意义

一、理论意义

本书基于行动者网络理论,构建了一个提升高校社会服务能力的理论模型,为理解高校与地方政府、企业、社区等多方主体之间的互动以提升社会服务能力提供了新的分析框架。这一模型不仅考虑了人类行动者,也包括了非人类行动者,从而为高等教育研究提供了一个更为全面的理论视角。通过实证研究,识别了影响应用型本科高校社会服务能力的关键要素,如高校与企业合作、政府支持、社区关系、正式与非正式合作等。这些要素的识别有助于深化对高校社会服务能力构成的理解,并为后续研究提供了理论基础。同时,通过模糊集定性比较分析(fsQCA)等方法的应用,展示了多方法综合研究的路径,为高校社会服务能力提升研究提供了新的参考。

二、现实意义

本书通过调研与分析,能够为政策制定者提供关于如何通过政策引导和支持,促进应用型本科高校与地方政府、企业、社区等多方主体的有效互动,从而提升高校的社会服务能力。这对于推动地方经济社会发展具有重要的指导意义。对于应用型本科高校的管理者而言,提供了具体的实践指导,帮助他们理解在与地方互动中应采取哪些策略,如何整合资源,以及如何构建规范的合作制度,从而更有效地服务于地方社会。本书强调应用型本科高校在区域发展中的重要作用,通过提升社会服务能力,高校可以更好地满足地方经济社会发展的需求,促进区域经济的转型升级和可持续发展。随着社会对高等教育的期待不断提高,本书回应了社会对高校社会服务能力的期待,为高校在教育、科研、文化传承、技术创新等方面更好地服务于社会提供了理论支持和实践路径。

第五节　研究框架

一、研究方法

本书所采用的研究方法主要为案例研究法、内容分析法、建模和统计分析法。首先,通过各种数据资源(如 CNKI、EBSCO、Web of Science 等)及其他网络资源(如 UNESCO、OECD、PISA、高校官方网站等)收集与研究主题相关的资料,系统考察了大学与城市互动主题的学术著作、期刊论文、研究报告、新闻报道,并运用 CiteSpace 软件对现有研究文献进行了梳理。在文献阅读和综述基础上,再通过案例研究考察全球范围内领先的大学与城市互动的实践。其次,采用内容分析法和解释结构建模建立了社会服务能力提升的理论模型。最后,结合统计分析法和 fsQCA 方法研究了大学与城市互动过程中高校社会服务能力提升的路径。

(一)案例研究法

案例研究法是一种深入分析特定时空背景下的个体或事件的研究手段,旨在揭示现象背后的机制和原因(Gerring,2004)。案例研究法特别适用于探究那些正在进行中的、研究者无法完全控制的复杂现象(Flyvbjerg,2006),这与本书所关注的应用型本科高校与城市互动及其社会服务能力提升的主题相契合。

鉴于目前关于应用型本科高校与城市互动的研究尚不充分,本书采取了探索性的多案例研究策略,以期从多个视角构建理论框架(Eisenhardt,1989;Yin,2014)。多案例研究的优势在于能够提供丰富的数据,增强研究的可靠性和有效性(Yin,2014),这在学术界得到了广泛认可(Stake,1995)。然而,案例数量的增加并不总是能够线性地提升研究质量,因此 Eisenhardt(1989)建议案例数量控制在 4 至 10 个。基于这些建议,本书最终选定了 4 个案例进行深入分析,并辅以其他案例以丰富研究内容。

(二)内容分析法

本书运用内容分析技术,对文本数据进行了系统性的定量和定性分析,旨在揭示大学与城市互动的内在机制。内容分析作为一种研究工具,侧重于从文本中提取信息,以验证或构建理论(Neuendorf,2017)。在本书中,内容分析法被应用于案例研究资料和访谈记录,以识别和分类大学与城市互动的关键要素,包括人类行动者和非人类行动者,从而为理论模型的构建奠定基础。

内容分析的系统性和客观性使其成为探索复杂社会现象的有效方法(Berelson,1952)。社会科学研究者艾尔·巴比强调,内容分析能够回答关于社会现象的描述性问题,如 what、who、why、how 等(Babbie,2006),这与本书的目标——揭示大学与城市互动的构成要素——高度契合。通过内容分析,本书旨在明确大学与城市互动过程中涉及的主体、资源、活动和平台,以及这些要素如何相互作用,共同促进社会服务能力的提升。

(三)统计分析

在实证研究部分,为了分析应用型本科高校与城市互动的因素,综合采用探索性因子分析、验证性因子分析、多元线性回归等方法处理问卷。通过探索性因子分析和验证性因子分析考察调查问卷的信效度或结构,确保问卷质量能够进行后续分析。探索性因子分析(EFA)被用于识别问卷中潜在的因子结构,而验证性因子分析(CFA)则用于确认这些因子结构是否与预期的理论模型相符合(Hair et al.,2017)。这两种分析能够确保所收集数据的质量和分析的准确性,为后续的实证研究奠定基础。在本书中,统计分析能够检验作者所建构的培养模式的有效性,以及不同培养模式要素的贡献程度差异,有助于考察不同因素对高校社会服务能力提升的影响。

(四)fsQCA 法

本书将模糊集定性比较分析(fsQCA)作为一种创新的分析工具,以弥补传统统计分析在处理复杂因果关系方面的局限性。fsQCA 法由菲斯(Fiss,2007)及其同事基于类型学视角,结合集合论和布尔代数原理发展而来,并在后续研究中不断得到完善(Rihoux & Ragin,2009)。这种方法允许研究者识别并分析不同条件组合对某一结果的共同影响,即所谓的"组态效应",这在管理学领域尤其具有价值。

与线性回归等传统方法不同,fsQCA 法能够揭示多个条件因素如何相互作用,共同影响高校社会服务能力的提升(Ragin,2008)。在本书中,fsQCA 法被用来分析人类行动者(如高校、政府、企业、社区等)和非人类行动者(如政策、技术、文化等)在提升高校社会服务能力方面的协同作用。通过识别有效的组态,fsQCA 法有助于为城市和高校管理者提供策略上的指导,以优化大学与城市的互动模式,进而助力高校社会服务能力提升。

二、技术路线

本书的技术路线图如图 1.1 所示。首先是提出问题。从当前的研究背景出发,明确研究的现实意义和理论价值。随后通过案例研究法,选择具有代表性的应用型本科高校,总结和梳理其与城市互动的典型实践。其次是分析问题。采用内容分析法对案例材料进行深入分析,识别大学与城市互动的关键要素;并结合文献综述,提取和整合现有研究中的理论和实证数据,为构建理论模型提供支持。在分析的基础上,构建一个理论模型,该模型应涵盖人类行动者(如高校、政府、企业、社区等)和非人类行动者(如政策、技术、文化等)在大学与城市互动中的角色和作用;明确模型中的互动机制,如转译过程,以及这些机制如何影响社会服务能力的提升。然后设计实证研究方案,包括研究方法(如 fsQCA 法)、数据收集(如问卷调查、访谈)、变量测量和分析方法。对收集到的数据进行分析,验证理论模型的有效性,并探索不同策略对高校社会服务能力提升的具体影响。最后是解决问题。根据实证研究结果,提出有针对性的政策建议,指导应用型本科高校如何更有效地与城市互动,提升社会服务能力;提出改进建议,帮助高校管理者和政策制定者优化资源配置,促进高校与城市的协同发展。

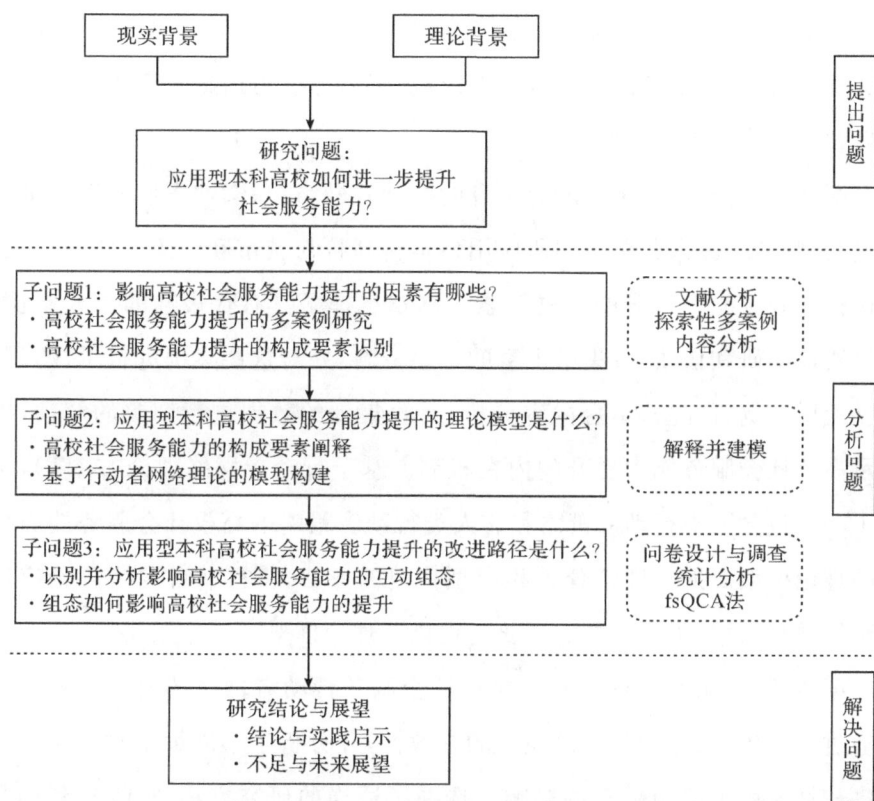

图 1.1　本书的技术路线

三、本书研究结构

第一章,绪论。本章主要包括研究背景、研究问题、核心概念界定、研究意义、研究方法和研究意义等内容。本章介绍了研究的背景,强调了应用型本科高校提升社会服务能力的重要性,以及这一研究对于高等教育和城市发展的现实意义;明确了研究的核心议题,即探索应用型本科高校如何进一步提升高校社会服务能力,并提出了具体的研究问题和子问题;概述了研究采用的方法论,包括案例研究、内容分析、统计分析等,进行了技术路线的设计。

第二章,文献综述与理论基础。本章回顾了高校社会服务能力、应用型本科高校、大学与城市关系,高校社会服务能力评价的相关文献,以及教育的内外部关系理论、三螺旋理论和行动者网络理论等,为全书提供了理论基础。本章通过文献综述,梳理了探究高校提升社会服务能力的多个维度,采用文献分析法,对现有研究进行了系统梳理和评述,为构建研究的理论框架和后续实证分析提供了参考。

第三章,高校社会服务能力提升的行动者网络:探索性案例研究。本章通过案例研究,深入分析了四所应用型本科高校与城市互动的实践,揭示了高校社会服务能力提升的关键要素。本章选择了具有代表性的高校案例,通过实地调研和访谈,收集了丰富的一手资料,并对这些案例进行了深入分析。运用案例研究法,结合内容分析,对收集到的数据进行细致的解读,以揭示高校社会服务能力提升的内在机制。基于行动者网络理论(ANT),构建了一个包含人类行动者策略和非人类行动者策略的高校社会服务能力提升的理论模型。采用理论分析和模型构建的方法,将行动者网络理论应用于高等教育领域,为后续的实证研究提供了理论框架。

第四章,应用型本科高校在地化社会服务行动者网络的实证研究。本章通过实证研究,检验了理论模型的有效性,并分析了不同策略对应用型本科高校社会服务能力提升的影响。选择了适当的研究方法,对收集到的数据进行了定量和定性分析,以验证理论模型的假设。运用了模糊集定性比较分析(fsQCA)等统计工具,对案例数据进行了深入的组态分析,以识别影响社会服务能力的关键因素。

第五章,地方应用型高校社会服务能力提升的改进策略。本章基于行动者网络理论,为提升应用型本科高校在地化社会服务能力提出了具体改进策略。本章内容涵盖深化政府合作、推动产教融合、加强社区互动、灵活运用合作机制及优化行动者网络,旨在通过创新合作模式和动态管理策略,提升合作效能与社会服务影响力。本章强调高校应灵活调整合作策略,优化人类及非人类行动者网络,以实现教育内容与社会需求的有效对接,促进社会可持续发展。

第六章,研究结论、创新与展望。本章总结了研究的主要发现和创新点,提出了研究的局限性,并对未来的研究方向进行了展望。

第二章　文献综述与理论基础

第一节 文献综述

随着学界对应用型本科高校社会服务能力的关注日益增加,众多学者和研究机构已经开展了广泛的研究。本章将从四个方面展开综述,旨在梳理和分析这些研究成果,为接下来的研究提供指导。

一、高校社会服务能力研究

"高校社会服务能力"的概念起源于高等教育机构对其在社会中角色的深刻反思和重新定位。这一概念的发展与 19 世纪下半叶美国"赠地学院"(land-grant colleges)的兴起和"威斯康星思想"(Wisconsin Idea)的提出密切相关,这些事件都强调了高等教育机构在促进地方经济发展和社会进步中的作用。随着时间的推移,尤其是在 20 世纪后半叶,随着全球化和知识经济的兴起,高校的社会服务能力逐渐成为衡量其综合实力的重要指标。

进入 20 世纪后半叶,经济全球化和知识经济的发展对高等教育机构提出了新的要求。1963 年,克拉克·克尔(Clark Kerr)在其具有深远影响的著作《大学之用》中,提出了"巨型大学"(multiversity)的概念,详细阐释了大学在教育、研究和服务社会方面的多元职责。通过这一视角,克尔揭示了高等教育机构在推动社会进步和激发创新活力中的关键作用。

继克尔之后,德里克·博克(Derek Bok)在1982年的《走出象牙塔:现代大学的社会责任》中深化了对这一议题的讨论。博克认为,高等教育机构的使命远不止于学术研究和教育传授,它们还有责任积极投身于社会服务中,与各社区协作,针对现实问题提供解决方案,助力社会的整体进步。他强调了大学作为社会发展和创新动力源泉的重要性,强调其在研究、教学和社会参与等方面的贡献。

(一)国内关于高校社会服务能力的研究

高校的社会服务能力一直以来是学术界关注的热点,通过对相关文献的梳理,近年来的研究现状可以从研究主题、研究方法和理论依据三个方面来概括。

在研究主题方面,有关政策愿景与路径的研究资料比较丰富。例如,从职业本科院校的角度出发,探讨了高校社会服务的政策愿景,通过调查研究揭示了政策导向的重要性(张卫民等,2024);从科技创新的角度出发,讨论了世界一流大学的社会服务能力(陈国福等,2022);从思想政治教育的角度分析了高校社会服务的路径,强调了教育在服务社会中的作用(程开华,2022);关于高校继续教育职能的研究,强调了高校在终身学习体系中发挥的作用(祝怀新,2020)。这些研究从不同角度切入,为高校社会服务的政策制定提供了多维度的思考。然而,这些研究多集中于政策层面,且多集中于对职业院校和研究型高校的研究,关于应用型本科高校社会服务能力的研究有待深入。

在社会服务能力提升方面,通过分析学生培养模式,探讨了专业教育对高校社会服务能力提升的贡献(胡晓明等,2022);开展高校社会服务能力的量化研究(李波和王兴华,2016);分析国外大学或教师参与社会服务的模式,为中国高校提供国际经验(雷杰和黄婉怡,2017)。这些研究通过案例分析和量化方法,深入探讨了高校社会服务能力的关键影响因素,为提升服务能力提供了实证支持,但研究多集中于特定领域或方法,缺乏跨领域的综合分析。

在教师角色与能力建设研究方面,关注教师在社会服务中的作用,以及应用型大学教师在社会服务中的挑战和解决途径(边峥峥等,2024);分析了高校教师参与社会服务的现状及影响因素,为理解教师角色提供了数据支持(严梓洛等,2023);通过评估高校对口支援的效果,强调了教师社会服务能力的重要性(曹宇莲和哈巍,2022)。这些研究为教师能力建设提供了理论依据和实践指导,但由于多聚焦于现状分析,对于如何系统提升教师社会服务能力还需进一步探讨。

研究方法的多样性是当前高校社会服务能力研究的一个特点。理论分析、调查研究和案例分析等方法被广泛采用。资源配置理论(陈国福等,2022;赵哲等,2018)、利益相关者理论(李波和王兴华,2016;雷杰和黄婉怡,2017;张卫民等,2024)、知识转移理论(曹宇莲和哈巍,2022)和组织变革理论(张水玲等,2017)是支撑当前研究的主要理论基础。

总体来看,当前关于高校社会服务能力的研究呈现出多元化的趋势,从不同角度和层面对高校如何更好地服务社会进行了深入探讨。然而,针对应用型本科高校社会服务能力提升的专项文献仍显不足,在研究方法方面借鉴社会学、管理学等相关学科的理论和方法进行综合分析方面的尝试较为有限。因此,需进一步探索跨学科方法的整合应用,深化对应用型本科高校社会服务能力提升路径的研究,从而为理论与实践的发展提供更为全面和深入的视角。

(二)国外关于高校社会服务能力的研究

国外关于高校社会服务能力的研究展现了该领域的多维度探索。首先,表现为研究主题的全面性和深度。国外学者对高校社会服务能力的研究覆盖了从伙伴关系构建(Donaldson & Daughtery,2011)、社会服务影响评估(Yorio,2012)、服务活动与高等教育核心功能的整合(Austin,2016)等多个方面。这些研究不仅深化了对高校社会服务能力本质和作用的理解,也为提升高校社会服务的实践提供了理论支撑和实证支撑。其次,表现为研究方法的创新性和有效性。通过采用案例研究(Powell,2014)、问卷调查(Netten,2012)和混合方法(Keetharuth et al.,2018),为深入探讨大学社会服务的复杂性和多样性提供了有力的方法论支撑。特别是混合方法的运用,能够有效结合定性与定量数据,为评估社会服务的综合影响提供了更为全面和细致的视角。此外,还表现为理论基础的多元性和应用,服务学习理论(Donaldson & Daughtery,2011)、利益相关者理论(Freeman & Dmytriyev,2017)和社会资本理论(Six et al.,2015)的应用,为理解和推进高校社会服务活动提供了丰富的理论视角。这些理论的引入不仅有助于理解高校在社会服务中的角色和责任,也强调了社会服务活动中的互惠互利和集体行动的重要性。

国外关于高校社会服务能力的研究涵盖了较为广泛的主题和方法论,特别是其针对不同利益相关者的伙伴关系构建、混合研究方法的运用,以及服务学习理论在社会服务活动中的应用等,为深化对应用型本科高校社会服务能力的研究提供了启发。然而,将国外的研究成果和经验应用于我国特定文化和社会背景下,尤其是在杭州的应用型本科高校中,要求我们在研究中考虑到不同文化背景的差异性。

(三)现有研究的启示

可以看到,对"高校社会服务能力"的研究强调了高等教育机构在现代社会中的多元角色。高校不仅是知识和学术研究的中心,也是社会创新、经济发展和文化传承的重要推动者。通过研究和实践社会服务能力,高校能够更好地响应社会需求,促进科研成果的转化,加强与地方政府和企业的合作,提高教育的社会效益,从而在全球化和知识经济时代发挥关键作用。

但是,国内的现有研究也存在着一些有待改进之处:一是案例研究有待进一步深入。现有案例分析往往缺乏对单一案例深入细致的探索,较难充分理解特定环境下社会服务的动态过程。二是忽视了多方利益相关者的互动。尚未充分考虑高校、地方政府、企业、社区等人类行动者及非人类行动者的互动关系和利益协调。三是理论应用的局限性。虽然利用了多种理论,但这些理论多为孤立使用,缺乏将不同理论整合应用于分析复杂现象的尝试。

二、应用型本科高校及其社会服务能力研究

(一)国内关于应用型本科高校的研究

自 20 世纪末尤其是 21 世纪初以来,应用型本科高校在中国高等教育体系中逐渐崛起,其主要特征为培养应用型人才、以本科教育为主、以教学为重心,面向地方经济社会发展。《中国教育改革和发展纲要》提出,高等教育应发展应用性学科和专业,培养高层次应用型和复合型人才(国务院,1993 年)。研究显示,应用型本科院校在国际教育分类中位于 5A－2 层级,与研究型大学(5A－1)和职业技术院校(5B)有所区分(孔繁敏,2006)。

在定位研究方面,首先表现为对多元化定位的探讨,表明应用型本科院校在促进社会发展中扮演着重要角色,强调了其使命与社会发展的紧密联系(潘懋元,2010);通过研究粤港澳大湾区的高等教育集群,展示了应用型本科院校在区域教育体系中的定位与作用,进一步丰富了对其功能和价值的认识(钟秉林和王新凤,2018)。在应用型本科与职业教育的关系方面,学者提出的"应用技术大学"培养模式,以及将应用型本科视为本科层次职业技术教育的观点,引发了关于应用型本科院校与职业教育之间关系的讨论(鲁武霞,2017;王继国和孙健,2016),也有学者认为应用型大学超越了普通教育和职业教育的范畴(胡天佑,2014)。这些观点突出了应用型教育在满足行业和职业需求中的特殊作用,也反映了对教育层次划分和教育目标定位的深入思考。尽管上述研究从不同角度对应用型本科院校进行了深入探讨,但如何在保持教育多样性的同时,确保应用型本科教育能够有效响应社

会发展需求和行业变化，仍然是一个挑战。

转型研究的探讨揭示了教育部等部门推动普通本科高校向应用型转型的动态，以及促进地方高校向应用型转型的努力，这一过程涉及了观念转变、目标定位、人才培养模式等多方面的影响（柳劲松等，2015）。黄达人（2015）通过访谈地方本科高校管理者，提出了一系列转型建议，包括强调地方性和应用型办学的定位，调整专业设置，推进课程改革、科学研究、双师型教师队伍建设，以及强调学科建设的重要性。这类研究展现了高等教育领域内对于应用型转型的深切关注，研究不仅涉及了转型过程中的关键影响因素，还提供了有针对性的转型策略和建议，具有重要的理论意义和实践价值，但还需进一步探讨转型过程中的策略选择、挑战应对和效果评估。

在人才培养研究方面，现代产业学院和行业学院成为应用型高校转型的关键节点，这要求构建符合社会需求的课程体系，强调实践教学，并建立教学质量保障体系（蒋惠凤等，2017）。《现代职业教育体系建设规划（2014—2020 年）》通过引导应用型本科高校建设，强调了应用型人才培养的重要性（教育部等，2014）。尽管如此，应用型高校在对接产业需求、实现多元协同育人体系方面仍存在不足，导致人才培养与产业发展趋势之间出现"倒挂"现象（童卫丰等，2022）。这类研究揭示了现有教育模式与产业发展需求之间的矛盾，指出了应用型本科高校在调整教育策略、加强产教融合方面需要进一步的努力，并将产业学院、行业学院等引入理论研究的范畴。但对于产业学院和行业学院等的关注，更多是学科建设和人才培养视角，对于其建设过程还可进一步深入研究。

综上所述，应用型本科高校作为高等教育的重要组成部分，其定位、转型和人才培养研究对于推动地方经济社会发展具有重要意义。现有研究对于应用型本科教育如何有效响应社会发展需求和行业变化的呼吁，对于转型策略的需求，对于行业学院引入应用型本科建设的经验等，本书都将予以回应。

（二）国外与应用型本科高校相关的研究

国外关于应用型本科高校（或类似概念）的研究主要集中在职业教育、技术大学、应用科学大学（University of Applied Sciences，UAS）及社区学院等领域。这些研究通常关注如何将高等教育与地方经济发展、产业需求及学生职业发展紧密结合。

一是关于职业教育与技术教育的研究。德国应用型教育（berufsausbildung）是其教育体系的重要组成部分，强调实践技能和理论知识的结合。德国的双元制职业教育模式（dual system）在国际上享有盛誉，它将学校教育与企业实习相结合，为学生提供实际工作经验（Shiarella et al.，2000）。美国的社区学院（community colleges）提供了大量的应用型教育，包括职业培训、技术教育和继续教育，旨在满足当地劳动力市场的需求（Fondacaro & Heller，1983）。

二是关于应用科学大学的研究。欧洲的应用科学大学是一类专注于应用研究和实践教育的高等教育机构。这些大学通常与行业紧密合作，提供与市场需求相匹配的课程（Hughes & Scott-Clayton，2011）。澳大利亚的科技类大学也是应用型教育的代表，它们强调与产业界的合作，提供以就业为导向的教育（Bahr，2010）。

三是关于产教融合的研究。许多国家的高等教育机构都在探索如何更好地将教育与产业需求相结合。例如，美国的合作教育项目允许学生在学习和工作之间交替，以获得实际工作经验。英国的"知识转移伙伴关系"项目则旨在促进大学与企业的合作，加速科研成果的商业化（Howlett，2010）。

四是关于政策与制度的研究。国际研究也关注政策如何影响应用型教育的发展。例如，欧盟的"地平线 2020"（Horizon 2020）计划支持创新和研究，鼓励大学与企业合作，以促进经济增长和就业。世界银行等国际组织也发布了关于如何通过教育改革促进经济发展的研究报告，强调了应用型教育在提高劳动力技能和创新能力方面的作用（Hirschy et al.，2011）。

此外,国际比较研究揭示了不同国家在应用型教育实践方面面临的挑战和所取得的成就。经济合作与发展组织(OECD)就曾发布报告,详细讨论了各国如何通过教育改革的革新,来应对全球化和数字化带来的挑战(Hoachlander et al.,2003)。

(三)现有研究的启示

现有研究表明,应用型本科高校在地方经济社会的发展中,正在扮演着越来越重要的角色。有些高校已经深度参与区域创新体系的构建,有些高校积极提供社区服务,努力促进文化的传承与发展,为地方的发展贡献智慧和力量。在此过程中,政策环境的作用显得尤为突出。当地政府在资金投入、法规制定和政策优惠等方面,能够给予在地高校较大的支持,还能够促进高校与产业界的紧密合作,使应用型本科高校的教育内容与市场需求得以有效对接。这不仅可以提升高校的办学水平,培养地方所需的应用型人才,也能为城市的创新发展做出贡献。这些研究为理解应用型本科高校在国际背景下的发展提供了丰富的视角,同时也为我国应用型本科高校的建设提供了参考和启示,说明了在教育普及化阶段开展应用型本科高校研究的必要性。

与此同时,传统的高等教育研究方法倾向于理论阐述,缺乏针对应用型教育和社会服务能力提升的实证研究工具。这限制了对应用型本科高校与地方互动有效模式和策略的深入探索。因此,需要采用更多元化的研究方法,如案例研究、行动研究、定量分析等,以促进知识的实践转化和社会服务能力的提升,进而支持地方经济和社会的全面发展。总体上看,现有的办学理念受限于"高水平研究型大学"的惯性;研究领域囿于"研究型大学"或"技能型人才"的惯性,忽视对地方高校的研究;研究方法囿于"理论阐述"的研究惯性,缺乏有效的研究工具。

三、大学与城市关系研究

本书探讨的高校社会服务能力，集中体现于高校与城市的关系，尤其是高校为城市发展提供的服务与支撑。大学与所在城市和社区的关系引起学界关注起源于中世纪时期的"市民与学人"(town and gown)之间的冲突，其中尤以牛津大学与牛津城的冲突为代表。随着工业化、城市化的进行和大学社会职能的扩大，大学与所在城市之间的联系日益密切，国外关于大学与城市关系的研究拓展到大学选址、大学与社区冲突、大学在解决城市危机中的作用、大学与城市和社区的合作伙伴关系等方面。马丁·泽朗(Martin Zerlang)在其《大学与城市》一文中指出，"城市和大学相互促进，共同成长"(Zerlang,1997)。研究者们普遍认为，尽管历史上存在过孤立与排斥关系，但从19世纪至今，大学与城市的关系进入相互促进、密切联系的时期。19世纪以来，大学和学生数量快速增长，向城市注入活力，学者们也逐渐"走出象牙塔"，广泛参与城市和社区事务。如布罗克里斯所说："对于每一位锁定在自己研究领域象牙塔中的教授而言，把他们的知识运用于社区是一种焦渴的智力冲动。"(张希胜,2007)而这种参与本身也给大学的知识创新和学科发展带来了契机。创新型城市在智慧城市、科技城市的建设中需要大学的智慧。资源型城市和老工业城市也都面临着增长瓶颈和城市转型问题。优化产业结构，培育新的城市产业链，寻找城市新的经济增长点和驱动力，已成为很多城市迫切需要解决的问题。可见，知识经济和城市化的发展，必然要求大学与城市的密切合作。

近代以来，大学与城市互动或校地合作的研究主要与高等教育的社会责任、地方经济发展需求及高等教育的区域服务功能紧密相关。随着高等教育的扩张和地方经济的转型，大学与所在城市或地区之间的互动关系日益受到重视。研究可以分为以下三个阶段：一是初期探索阶段。在20世纪中叶，随着高等教育的普及和地方经济的快速发展，学者开始关注大学与地方之间的关系。这一时期的研究主要集中在大学对地方经济的影响,以及如何通过大学促进地方发展(Clark,1960)。二是理论发展与实践探索阶段。进入 20 世纪后期,研究开始转向大学与城市互动的理论构建和实践模式探索。学者们提出了多种校地合作模式,如技术转移、产学研合作等,并探讨了这些模式在不同地区的实施效果(Etzkowitz & Leydesdorff,2000;Slaughter & Rhoades,2004)。三是深化与扩展阶段。21 世纪以来,大学与城市互动的研究进一步深化,不仅关注经济合作,还涉及社会、文化、环境等多个领域。研究者开始探讨大学与城市互动在促进可持续发展、社会创新和区域竞争力中的作用(Mowery & Sampat,2005;Boucher,2009;Baggen & Hutton,2017)。

（一）关于大学服务城市路径的研究

当前,合作关系在大学和城市之间日益加深,建立大学与城市的伙伴关系已成为双方合作的关键路径。为了促进大学与城市今后更好地合作,卡内基高等教育委员会提出了以下建议:建立都市区高等教育委员会;建立都市区教育机会咨询中心;建立与城市问题密切相关的管理职位,建立大学城市关系咨询委员会;在大城市建立中学后教育联络官职位;鼓励建立准大学机构或准校园机构,将大学的人才和关注点与城市需要联系起来(Carnegie,1972)。

众多研究者开始将大学与城市的伙伴关系作为研究对象。戴维·莫斯提出在大学与城市社区间发展伙伴关系。他指出,"社区与大学之间的伙伴关系大部分发生在城市地区"(David,2001),大学与社区建立伙伴关系的主要目的是促进城市贫穷地区的经济和社会平等,提高城市生活的质量。他以思索不同类型的高校与所在城市的关系为例,具体描述了大学和社区之间的伙伴关系。劳伦斯·马丁等研究者通过实例探讨了强化大学与社区伙伴关系的多种策略,涵盖了服务学习、社区服务提供、教师的社区参与、学生志愿活动、社区教学、应用型研究及组织结构的改革等方面。进一步地,他们对于建立成功的大学社区伙伴关系的核心因素进行了深入分析,这些因素包括资金支持、有效沟通、合作机制、可量化的成果及成果的可衡量性和扩散性、组织间的相容性及流程的简化(Lawrence,2005)。

随着大学服务社会职能的明确,不少学者开始探索大学服务城市的主要途径。费尔德曼认为,"只有随着一个区域创新的社会结构的发展,才能使大学对任何形式的经济增长产生效用"(Feldman,1994)。在创新集群中,大学为其他机构提供了知识密集型服务(knowledge intensive service,KIS),具体包括:原创理论和技术的生成;进入更加专业的知识服务中,如资本合作、产品开发、技术转移;对市场需求和机遇的评估;确保在公民和政府间支持性的公共政策;发展社会网络及以培训方式,为产业部门提供人力资源;在创新网络中鼓励变革的文化;机构间的开放合作与充分信任(OECD,2001)。

全美研究委员会(National Research Council)的报告《增长中的挑战:全球经济下的美国创新政策》(Rising to the Challenge: U. S. Innovation Policy for the Global Economy)认为,在美国,大学为区域创新基础设施的发展做出贡献,主要采取四种支持策略:首先,激励教师与学生投身于创新与创业活动;其次,通过建立和完善大学自有的研究园区和孵化器,促进衍生企业与区域创新体系的交流;再次,通过优化资金支持体系,辅助园区内企业成长并跨越发展初期的资金缺口;最后,建立大学间的协作关系,持续关注和实践变革性的政策、理念、创新技术(National Research Council,2012)。

21世纪以来,国内学者对大学与城市互动的策略与模式展开了深入研究,认识到这种互动是实现双方共赢的关键。研究强调了美国纽约市与其高等教育系统的互动关系,指出这种互动模式为中国城市化进程提供了启示(郄海霞和陈超,2013)。通过大学与城市互动的案例分析,强调了合作模式在推动地方大学发展中的作用(同玉洁,2009)。大学与城市之间的互动被认为是一种双向的互惠关系,其中大学的创新优势对创新型城市建设有着支撑作用,而城市的发展又能促进大学的发展,形成良性互动(赵清,2010)。同时,大学在推动创新型城市发展中的作用及大学、城市和企业之间的多方合作模式也得到了强调(张希胜,2007)。章仁彪和王雁(2008)的研究提出了"三区融合、联动发展"的战略,也进一步强调了大学与城市的互动模式。

这些研究展现了大学与城市合作的复杂性和重要性,为理解和优化高校与城市间的合作关系提供了丰富的理论依据和实践案例。学者们的研究不仅揭示了大学与城市合作的双赢潜力,也为城市化进程中的高等教育发展提供了新的视角,强调这种互动不仅能够促进城市的经济和社会发展,也有利于高校的学术研究、人才培养和社会服务功能的拓展。然而,如何在实际操作中平衡大学与城市的需求,确保合作模式的有效性和可持续性,仍是一个值得深入研究的领域。

(二)大学与政府关系的研究

1.国内大学与政府关系的研究

国内关于大学与政府关系的研究主要集中在高等教育与地方发展,大学与政府在科技成果转化中的关系,大学智库与政府的互动三个领域。

(1)高等教育与地方发展

高等教育作为地方经济社会发展的重要推动力,在人才培养、科技创新和文化引领等方面发挥着关键作用。高等职业教育具有明显的区域性特征,在经济社会高质量发展中具有核心地位(查永军和李启波,2023)。有学者指出,地方高校在满足地方经济发展和科技进步需求中发挥着提供精准智力资源和技术服务方面的功能(谢芳,2023)。在相关策略的支持下,高等教育能够更好地服务于地方经济社会发展(牛犇,2022)。内涵式发展是地方高等教育发展的重要方向,涉及教育质量的提升、特色发展及其与地方政府的协同合作。地方高校治理转型应当由外延走向内涵、由优势走向特色、由校地分离走向校地融合的发展道路(朱洪波和王友云,2021),为地方本科高校转型发展提出了分类转型(李海萍和郝显露,2021)、内涵式发展(余孝其,2022)等建议。地方政府在高等教育发展中扮演着政策制定者(马浚锋和胡阳光,2021;周浩波,2019)、资源配置者(许建领,2022;牛犇,2022)和合作伙伴的角色(周浩波,2019)。

可以看到,现有研究揭示了高等教育在支持地方经济社会发展中的多维作用。通过建立和谐的互动关系,高校能够有效利用自身的教育资源优势,支持地方政府实现可持续发展,为理解和优化大学与政府关系提供了理论支持,为后续的案例分析和模型建构奠定了基础。

(2)大学与政府在科技成果转化中的关系

第一,政府政策在高校科技成果转化过程中扮演着重要角色。通过实证分析发现,政府政策对科技成果转化的两阶段效率均有显著正效应(梁爽,2024);政策激励对提升高校科技成果转化非常重要,包括体制机制的完善和转化环境的优化(张二金,2024)。通过政策文本内容分析揭示了政策工具的组合使用有助于构建顶层设计,促进科技成果转化(郑晓齐和朱英,2022)。第二,政府与高校之间的合作关系对科技成果转化至关重要。通过基于全过程的高校科技成果转化能力研究,强调了政府在成果转化不同阶段的作用(张高明和张善从,2020)。通过分析高校科技成果转化中的症结及其化解逻辑,提出了政府引导下的供给侧突围策略(张金福和李哲婷,2022)。从科技成果转化基金的角度,探讨了政府如何通过金融创新促进科技成果转化(纪红和张旭,2022)。第三,政府的支持不仅体现在政策制定上,还涉及科技成果转化的绩效评价和提升策略。通过变异系数法与VIKOR法对地方高校的科技成果转化绩效进行了评价,为政府提供了科学的决策依据(林超辉等,2020)。通过对地方高校的实证研究,揭示了资金链、政策链等因素对科技成果转化绩效的影响(卢伟和张海军,2019)。从行动者中心视角出发,分析了地方高校科技成果转化政策执行的梗阻与归因,为政府提供了政策执行的改进方向(游艺和李名飞,2019)。

(3)大学智库与政府的互动

第一,智库作为高校服务社会和政府决策的重要平台,其建设与创新发展路径受到了广泛关注。高校智库的创新发展需要在政治、功能和技术层面进行推进,以适应国家治理体系现代化的需求(卜琳华和李崇正,2023)。研究强调了高校智库在服务国家战略需求中的作用,提出了智库建设应遵循的规律和运行机制。第二,智库的治理结构和合作机制是其有效运作的关键。高校智库应从前治理时代迈向多元治理时代,强调了构建多元主体协同互动的治理体系(戴栗军,2023)。有学者通过分析高校智库发展的内外部环境,提出了校际协同发展、媒体宣传联动发展等改善措施(齐少波和江闪闪,2021)。有学者探讨了地方高校与政府合作共建新型智库的动力机制及策略,强调了高标准定位和多方合作的重要性(张象林和杨锐锋,2015)。第三,智库在服务地方经济社会发展中扮演着重要角色。地方高校在满足地方经济发展需求中扮演着重要角色,强调了高校应为地方经济社会发展提供精准的智力资源和技术服务(谢芳,2023)。有学者对中部地区地方高校特色智库建设进行了研究,提出了智库建设的具体模型和运行机制(黎勇,2019)。也有学者分别从如何提升地方高校服务区域发展能力和高校智库协同建设路径进行了探讨,提出了智库在区域发展中的职能和作用,以及不同高校间智库的协同发展策略(周辉,2018)。

可以看到,高校智库在服务地方发展中的作用得到了理论界和实务界的广泛认可,是高校与政府互动的重要策略之一,其平台建设、制度建设、作用发挥及互动过程中的政策、信息、知识的流动等,都为后续研究奠定了基础。

综上所述,政府政策、科技成果转化及大学智库建设等,都是学者们在研究大学与政府关系时密切关注的领域,要求构建更加开放、协调的合作机制,以促进知识的流动与应用。这些研究都是本书建构模型与提出改进策略的基础,本书还将在与政府的合作路径上进行进一步的探索。

2.国外大学与政府关系的研究

大学、产业和政府互动合作关系研究主要体现为三重螺旋模型与创新系统的研究,以及制度框架与政策对大学发展影响的探讨。

首先,通过分析大学、产业和政府之间的互动流动,三重螺旋模型提供了创新过程中自我组织和稳定性之间关系的新视角(Leydesdorff & Meyer,2003)。研究不仅揭示了知识创新网络中的动态特征,还强调了大学研究在促进知识经济转型中的关键作用(Etzkowitz & Leydesdorff,2000)。阿德比莱的研究进一步阐释了三重螺旋模型在促进大学、产业和政府之间关系的发展,以及在推动创新和经济增长中的实际影响(Adegbile,2021)。

日本学者金子元久(2007)认为,政府在教育领域进行投资时,应考虑到经济和社会的协调发展,并揭示了政策调整与大学适应性变革的关联。学者们聚焦高等教育大众化、市场化的发展历程,分析政府从规模扩张转向质量协调的战略中,双方在资源分配、发展定位上的动态互动。莱兹多夫和迈耶探讨了三重螺旋模型作为衡量创新过程的新进化模型,强调了经济交换、智力组织和地理限制在复杂系统中是如何相互作用的(Leydesdorff & Meyer,2003)。

可以看到,三重螺旋模型提供了分析大学、产业和政府互动合作关系的强有力的理论框架,对于理解和促进知识创新体系的发展具有重要的理论意义和实践价值。现有研究不仅加深了对创新系统动态的理解,还为制定有效的政策和策略提供了理论依据。然而,实现这一模型在不同国家和地区的有效应用,需要考虑到地方特有的社会经济条件、制度环境和文化背景等。同时,如何进一步优化大学、产业和政府之间的合作机制,以应对快速变化的技术和市场需求,是本书重点关注的问题。

(三)大学与企业关系的研究

1.国内大学与企业关系的研究

国内大学与企业的关系研究主要集中在产学研合作与知识转移、教育模式与人才培养、产业发展与区域经济,以及地方高校与区域经济社会互动方面。在产学研合作与知识转移方面,首先,现有研究探讨了互动模式与机制,研究表明,在产学研合作中,大学与企业之间的互动模式呈现出多样化特点,包括直接的技术转移、共同的研发项目、人才培养等。其次,现有研究探讨了大学与企业互动的影响因素,大学科研人员参与产学知识转移的动因、组织氛围和外部环境是影响其参与决策的关键因素(刘京等,2018)。最后,现有研究还探讨了创新绩效,认为良好的契约治理和关系治理机制及组织学习能力的强化,能显著提升大学衍生企业的创新绩效。在教育模式与人才培养方面,通过校企合作、产学互动的运行机制,整合资源,形成优良的人才培养环境。应用型本科院校与企业的互动,需贴近市场需求,主动服务地方经济发展。在产业发展与区域经济方面,行业特色高校与母体行业之间的依存关系对行业发展具有重要影响。地方高校与区域经济社会的互动共进,促进了地方经济的发展。在创新文化与共生模式方面,大学与文化创意产业之间的共生模式,促进了双方的互动发展。因此,应进一步推进大学和产业的互动,重构创新文化价值体系,培养创新型人才。

2.国外大学与企业关系的研究

在英美等国家,大学与企业之间的关系是创新和知识转移的重要驱动力,近年来受到了广泛的研究关注。现有研究既有对合作价值的探讨,也有对实践挑战的审视。一方面,研究表明大学与企业的合作关系在促进知识转移、创新和经济增长方面发挥着重要作用。另一方面,研究还强调了合作过程中需要破解的合作障碍和需要优化的合作模式等现实命题。具体到实证研究层面,研究成果包括:一是欧盟国家大学与工业研发合作的研究,如坎宁安和阿尔伯特(Cunningham & Link,2015)的成果深化了学界对该领域的认知,明确了与大学合作可显著提升工业投资的效率与效果。二是英国大学与工业研究合作的趋势的研究,如卡尔弗特和帕特尔(Calvert & Patel,2003)以联合科学出版物为分析指标,揭示了 20 年来英国大学与工业之间的合作量自 20 世纪 80 年代以来的快速增长态势。三是英国大学与企业互动方式及其影响因素,如德埃斯特和帕特尔(D' Este & Patel,2007)基于对英国学术研究人员的大规模调查,剖析了学术研究人员与工业界的多元互动渠道及其影响机制。四是大学与企业合作的空间特征研究,如德埃斯特和亚玛林(D'Este & Iammarino,2010)聚焦联合研究合作,探讨了研究质量与地理接近性对合作频率的影响路径。这些研究共同构建了英美语境下大学与企业关系的多维研究图景。

现有研究从产学研合作、人才培养、知识转移、创新文化等多个角度探讨了大学与企业/产业/行业之间的互动关系,为理解双方合作的复杂性提供了全面的视角。不仅基于理论构建分析框架,还通过实证研究、案例分析等方法,深入探讨了合作模式的实际效果和操作机制,为理论与实践的结合提供了良好示范。与此同时,通过分析大学与企业/产业/行业的互动现状和存在问题,研究提出了有针对性的政策建议和改进措施,对促进双方更有效地合作具有指导意义。

(四)大学与社区关系的研究

"社区"这一概念,最初由德国社会学家斐迪南·滕尼斯(Ferdinand Tönnies)在 1887 年的著作《共同体与社会》中明确提出。他描绘的"共同体/社区"是一个由同质人口构成的群体,他们拥有共同的价值观念,彼此关系紧密,相互扶持,充满了人情味(滕尼斯,2020)。随后,德国社会学家兼哲学家格奥尔格·齐美尔(Georg Simmel)从心理学角度对社区理论进行了深入探究,并在其 1908 年出版的《社会学》一书中提出了著名的"社会互动理论"。齐美尔认为,社区是社会的最小单位,互动的形式应与互动内容相匹配,他还详细剖析了社交、统治与服从、冲突与凝聚等具体的互动形态(颜煌,2015)。

随着时间的推移,社区研究不断深化。1915年,美国社会学家弗兰克·法林顿(Frank Farrington)在其著作《社区发展:将小城镇建设成为更加适宜生活和经营的地方》中提出了"社区发展"的概念,他主张政府应引导各方资源和力量共同推动社区进步。之后,德国社会学家、政治学家马克斯·韦伯(Max Weber)在其1920年出版的《社会组织和经济组织理论》中,从社会关系角度对社区进行了界定,他将社区视为聚落和居民点,而都市社区则被他定义为商业交易的聚居地。

进入20世纪20年代,社区研究的重心逐渐从德国转向美国。特别是以美国芝加哥大学的罗伯特·帕克(Robert Park)和欧内斯特·伯吉斯(Ernest Burgess)等人为代表的"芝加哥学派",他们不仅在社区研究方面取得了显著成果,还深入探索了社区发展。他们提出了人文地理区位论,突出了社区间的地理差异性,深化了对社区及其发展理念与内涵的理解,从而推动了社区研究领域的兴盛。

1. 国内大学与社区关系的研究

国内学者关于大学与社区关系研究的起步较晚,关注度不足。近年来,虽然相关文献大量增加,但多数仍以介绍国外大学与社区合作的案例为主。如,郄海霞(2009)介绍了美国大学与社区之间的冲突和合作关系,重点关注住房、交通和停车、环境和公共教育等方面;刘海燕和晏维龙(2021)探讨了美国大学住宿书院的本土建构及经验启示,提出我国大学书院制改革应明确促进学生全面发展的价值追求,把握师生互动的育人核心要素;黄茂汉和邱瑾(2023)讨论了美国南佛罗里达大学全学科数据素养教育体系构建及启示,提出了依托专门机构建立全学科数据素养教学框架的建议;张建功和陈书柳(2022)基于共生理论分析了牛津大学与社区参与的实践,提出了改善共生环境以激发外生动力、优化共生模式以拓展参与深度的建议;陈志伟和国兆亮(2019)分析了德国创新高校计划的结构特征及实现路径,分析了如何通过思想、知识和技术的相互转化,促进应用型大学完成研—产—服的第三项职能。

国内关于大学与社区关系的研究主要集中在社区治理领域,如,史龙鳞和陈佳俊(2021)研究了新时代高校学生社区协同育人的机制,强调了空间整合、主体聚合、服务融合和技术支撑四类协同机制的重要性;刘超和邓琼(2023)探讨了高校助力社会治理体系建设的有效路径,强调了高校在社会治理体系建设中的重要职责,指出这是高质量发展的必然要求;王庆华和宋晓娟(2019)采用共生型网络化治理框架分析社区治理,通过共生理念和网络治理结构设置,推动社区治理的创新;吴波(2020)利用服务学习教学法的一次行动探索分析了服务学习如何通过整合学生的课堂学习和亲身参与的服务实践来达到教育目标。

2. 国外大学与社区关系的研究

英美国家大学与社区关系的研究现状相对成熟,涵盖了文化角色、互动模型、服务学习、实践案例等多个方面,例如,在大学与社区的文化角色方面,保罗·查特顿研究了大学与社区之间的互动,特别强调了大学在社区中的文化角色(Chatterton & Goddard,2000)。该研究指出,大学的文化角色从精英大学的高文化角色转变为当代大众大学的更广泛文化角色。在大学社区合作的互动和情境模型方面,苏亚雷斯-巴尔卡扎等提出了一个发展和维持大学社区合作伙伴关系的互动和情境模型(Suarez-Balcazar et al.,2005)。这些合作伙伴关系涉及不同背景和学科的个体,他们共同努力,解决对社区重要的社会问题。服务学习也是大学与社区关系研究领域的一个重要议题,美国大学将大学生服务社区的活动称为"服务学习",这是一种教育理念和实践方法,强调通过学校和社区的合作,将服务与课程联系起来,培养学生的社会责任感和实践能力,其作为一种结合社区服务与学术学习的教育方法,已经成为高等教育中越来越受重视的一部分,相关研究已经深入教师动机、对学生的影响、在研究课程中的应用等具体的领域(Vasconcellos et al.，2020)。美国高校与社区互动已经制度化，许多高校设有专门机构来管理这方面的事务，如政府与社区事务办公室。这些机构通过与社区的互动，加强了大学与社区的和谐关系(Holton et al.，2016)。对社区的服务主要以教育培训为主，包括儿童课外教育、师资培训、科学技术普及等，各高校根据自己的特色与资源，提供多样化的服务(Comeau et al.，2018)。同时，美国大学长期向社区开放图书馆、博物馆和体育馆等资源，鼓励学生参与社区服务，如家教、陪伴老人等。

(五)现有研究启示

以上对于"大学与城市关系"议题的研究都进行了重要的推进，对其解释也更进一步。然而，已有研究都尚未注意到某些关键因素的影响，或者未充分深入探讨某些细分的研究议题。具体而言，已有研究的不足体现在：

第一，从研究设计角度，已有研究更多关注了大学与城市互动的直接经济和社会效益，例如大学对城市经济发展的促进作用(邢建辉，2006；赵效为，2004；邵仲岩，2005)，而较少关注长期和间接的文化影响，如大学对城市长期文化氛围和创新能力的塑造。

第二，从资料分析方法上看，已有研究更多关注了定性的描述性分析，例如通过案例研究探讨大学与城市的互动模式(郗海霞，2006；唐伽拉和吕斌，2006)，而较少关注定量方法的运用，如利用统计数据或计量模型来量化大学与城市互动的具体效应和影响因素。

第三，从论证角度看，已有研究更多关注了大学对城市的正面影响，如促进城市经济增长和社会进步(邢建辉，2006；罗巧灵，2009)，而较少关注可能的负面效应或挑战，如大学发展对城市资源的压力、城市环境的改变，以及大学与城市间潜在的利益冲突。

综上所述，尽管已有研究为理解大学与城市互动提供了宝贵的视角和洞见,但在研究设计、资料分析方法和论证逻辑等方面仍有待深入和完善。未来的研究需要更全面地考虑大学与城市互动的多维度影响,并采用更多样化的研究方法来丰富和深化这一领域的理论和实证研究。

四、高校社会服务能力评价研究

(一)国内关于高校社会服务能力评价的研究

国内关于高校社会服务能力评价的研究已经取得了一定成果,并在理论构建和实践应用方面取得了显著进展。众多学者从多个角度出发,深入探讨了高校社会服务能力的具体方面和细节,为全面评价高校社会服务能力提供了有力的理论支撑。

在研究内容上,一些学者关注高校在科技创新和成果转化方面的社会服务能力。他们认为,高校作为科技创新的重要力量,应当充分发挥自身在科研和技术创新方面的优势,推动科技成果的转化和应用,为地方经济社会发展提供智力支持和专业服务。学者们逐渐明确了高等教育机构社会服务能力的定义,强调其在区域发展中提供智力支持和专业服务的实际作用,并通过对山东省高校的深入调研,将社会服务能力细化为教学、科研、文化活动和资源服务四个维度,并运用结构方程模型对这些服务能力进行评估(刘涛和油永华,2016)。这些研究不仅揭示了高校在科技创新和成果转化方面的潜力和作用,也为高校提升社会服务能力提供了具体的路径和方向。

在文化传承和创新方面,学者们认为,高校作为文化传承的重要基地,应当承担起传承和弘扬优秀传统文化的责任,同时推动文化的创新和发展。有学者从内外两个维度对高职院校的社会服务能力进行了深入剖析(吴一鸣和赵飒飒,2016)。内部因素涵盖了专业与社会需求的对接、人才培育能力、教师队伍的适应性、设施支持及体制上的创新;外部因素则聚焦于高校服务区域产业、行业和人才发展的能力。这些研究不仅凸显了高校在社会文化进步中的核心作用,更为高校在文化传承与创新领域发挥更大作用提供了理论支持。

此外,还有学者尝试从跨学科的角度来综合评价高校的社会服务能力。他们认为,高校的社会服务能力是一个综合性的概念,涉及多个领域和方面,因此需要采用跨学科的方法来进行全面评估。曲林(2012)提出了一个基于复杂系统的评价框架,通过专家评分和层次分析法确定指标权重,并运用模糊数学和灰色理论构建评价模型,以全面评估社会服务能力。而基于高职教育专家、学生、家长和居民的调查,构建了一个包含九个一级指标的评价体系,使用层次分析法(analytic hierarchy process,AHP)确定权重,并对指标进行排序。这些研究提出了更为全面、综合性的评价模型和指标体系,为高校社会服务能力评价提供了更为科学和客观的方法。

在政策层面,国家也出台了文件和政策,强调提升高校社会服务能力的重要性,鼓励开展社会服务评价工作。这些政策不仅为高校社会服务能力评价提供了指导和支持,也促进了高校在这一领域的积极探索和实践。

(二)国外关于高校社会服务能力评价的研究

国外对高校社会服务能力的评价研究呈现出多元化发展趋势,涵盖了评价框架与指标的建立、评价方法与工具的创新,以及评价结果的应用与影响分析等方面。

在评价框架与指标的建立方面,杜根和科米韦斯基于社会变革领导力发展模型,通过对 50 所学校的 14252 名大四学生进行研究,探讨了高等教育对八项领导力成果指标的影响。研究发现,与同龄人进行社会文化对话、教师指导及参与社区服务是影响学生社会责任领导力能力的关键因素(Dugan & Komives,2010)。伯吉斯和卡彭特描述并分析了在英国进行的为期 3 年的旨在建立评估社会工作教育成果的能力的项目,通过为 6 个大学社工工作项目建立一个促进行动学习的小组,涉及以不同方式参与的学术、实践、服务用户和护理教育者，以衡量社会工作教育成果（Burgess & Carpenter，2008）。

在评价方法与工具方面，考辛斯和莱斯伍德回顾了过去 15 年在教育、心理健康和社会服务领域进行的关于评估结果使用的实证研究，开发出了一个包含 12 个影响因素的概念框架，列出了影响使用的 12 个因素，其中 6 个因素与评价实施的特征有关，另外 6 个因素与决策或政策制定的特征有关（Cousins & Leithwood，1986）。还有学者通过问卷结果、大学社会服务的目标和原则，建立了大学社会服务的评估指标体系，该体系由三个主要指标和 7 个次要指标组成，为大学社会服务提供强有力的支持（Di & Liu，2010）。

在评价结果的应用与影响方面，博兹曼和萨雷维茨提出了"公共价值图谱"（public value mapping，PVM），可以通过评估研究项目对非科学、非经济目标的影响来改善研究评估，帮助高校科学地制定政策（Bozeman & Sarewitz，2011）。霍尔布鲁克和陈婉仪得出了这样的结论，即，纳入服务学习的大学与机构合作可以建设社区研究能力，并将学生的研究技能应用于社会服务机构，使教职员工和学生都受益（Holbrook & Chen，2017）。

值得一提的是，英国政府在 20 世纪末开始重视高校对社会与经济发展的贡献，布莱尔政府上台后，通过"第三条道路"政策，推动了高校社会服务职能的发挥。政府通过重塑政策内涵、建立专项拨款和启动评价项目（如 HE-BCI 项目）来支持高校社会服务。HE-BCI 项目自 1999 年起实施，旨在全面展示高校社会服务水平，为管理决策和政策发展提供依据，包括质性调查问卷和量化数据收集，覆盖高校与知识交换相关的多个方面，兼顾社会服务多样性、获取高质量数据和注重过程性评价。2017 年，英国政府提出了知识交换框架（knowledge exchange framework，KEF），作为 HE-BCI 的继承和发展，旨在提供更直观、全面、透明的高校社会服务表现信息，通过细致的高校分类、厘定人文社会学科社会服务评价方法和同类可比的结果呈现，激发高校释放更大的社会服务潜能。

(三)现有研究的启示

这些研究成果表明,高校社会服务能力评价不仅关注教育成果的直接输出,更强调评价过程的参与性、实用性和对社会影响的考量,体现了对高等教育社会服务功能深层次理解和全面评价的追求。中外高校社会服务能力评价研究的现状呈现出以下特点和差异:

第一,研究视角的多样性。国外研究更注重评价框架与指标的建立,以及评价方法与工具的创新,强调评价结果的应用与影响分析。例如,杜根和科米韦斯的研究侧重于领导力成果指标,而博兹曼和萨雷维茨提出了"公共价值图谱"来改善研究评估。国内研究则更多关注社会服务的内在构成和外部影响(刘涛和油永华,2016)的研究,以及方法论探索(张磊,2012;曲林,2012)。第二,研究方法的创新。国外研究在评价方法上展现出更多的创新性,如模糊数学、神经网络等现代数学工具的应用。国内研究则在方法论上相对传统,多采用结构方程模型、AHP 方法、层次分析法等。第三,评价内容的深度。国外研究更注重评价内容的深度和广度,如对领导力、社会工作教育成果的深入探讨。国内研究则更侧重于构建评价体系,开展社会服务能力的内外层面分析(吴一鸣和赵飒飒,2016)。第四,对实践应用的重视。国外研究强调评价结果的实际应用,如霍尔布鲁克和陈婉仪提到的服务学习与社区研究能力的建设(Holbrook & Chen,2017)。国内研究则更多关注评价体系的构建和理论探讨,实践应用相对较少。第五,评价的独立性。国外如英国的 KEF 提供了独立的高校社会服务评价,而国内尚未形成独立的社会服务评价项目,社会服务评价多作为其他评价体系的一部分。

尽管高校社会服务能力的内部视角(如人才培养、科研活动)非常重要,但由于研究所限,关注外部关系问题(如服务对象、社会影响)同样关键。这有助于揭示高校如何通过与外部环境的互动来实现其社会服务职能,以及这些服务如何影响社会和被社会接受。同时,本书拟采用的模糊集定性比较分析(fsQCA)评价方法具有创新性,因为它结合了定性和定量分析,能够处理复杂的因果关系,特别是在处理模糊性和不确定性方面具有优势。这种方法允许研究者在评价过程中考虑多种可能的条件组合,可以更准确地识别和分析这些外部关系,从而更全面地理解高校社会服务能力的形成机制,为高校社会服务能力的改进提供更有针对性的策略。

第二节 理论基础

为了建立对应用型本科高校社会服务能力提升路径的全面理解,本书将从教育内外部关系规律理论出发,结合三螺旋理论和行动者网络理论,构建一个多维度的分析模型。这些理论不仅阐释了高等教育的内外部互动机制,还强调了知识经济时代下高校与社会协同发展的重要性。

一、教育内外部关系规律理论

(一)起源与发展

教育内外部关系规律理论由我国著名高等教育学家潘懋元先生于1980年在湖南大学讲课时首次正式提出(张德祥和李枭鹰,2018)。潘懋元先生从众多教育规律中提炼出两个最基本的规律:教育内部关系规律和教育外部关系规律。教育内部关系规律指教育要受教育对象身心发展规律和特点的影响和制约,同时又促进其发展。教育外部关系规律指教育要受政治、经济、文化等社会因素的影响和制约,同时又对社会发展产生相应的作用。

潘懋元(1996)强调高等教育要遵循内外部关系规律,内部关系规律要求高等教育要全面协调学生德智体美育发展,外部关系规律要求高等教育适度适应社会发展需求。高等教育区域协调发展要在横向考虑不同区域高校发展协调的同时,纵向考虑同一区域内高校与政治、经济、社会系统的协调。

当前,国际高等教育迅速发展变革和区域社会经济发展对人才的需求,都要求现代大学对自身功能定位、教育理念和管理特点等进行再审视。应用型本科高校作为国家和区域创新体系的重要组成部分,要适应区域社会发展需求,解决区域内重大科技问题,实现技术转移和成果转化,这也要求区域性大学进行内外部变革。面对机遇和挑战并存的现状,区域性大学寻求内外部变革的呼声日益高涨。

教育内外部关系规律理论不但揭示了教育与社会发展的互动机理,也为理解高等教育与区域社会关系、把握高校功能定位与变革方向等提供了重要理论基础,其理论价值和实践启示至今仍然较为重要。尽管有学者质疑其划分的可行性(黄济,1998),还有学者认为该规律是一种"适应论",没有抓住高等教育活动的本质(展立新和陈学飞,2013)。但基于学者们的论证(李枭鹰,2020;刘志文和邹晓平,2013),以及该理论对地方高校在提升社会服务能力的指导作用,本书选择教育内外部关系规律理论作为本书的理论基础之一。

(二)基本内涵与特征

根据潘懋元先生 1997 年的文章《教育基本规律及其在高等教育研究与实践中的运用》中的观点,教育内外部关系规律理论旨在阐明教育与社会之间的相互作用及教育内部各要素之间的协调关系,其内涵与特征可以从以下几个方面展开理解:

第一,这一规律强调教育系统不是孤立存在的,而是必须与社会的经济、政治、文化等因素相适应。教育的发展方向和内容受到社会需求的直接影响,同时,教育也对社会的进步和发展起到推动作用。这种双向互动关系表明,教育必须符合社会变革的需求,适应生产力与科技发展水平、社会制度、传统与外来文化的变化。

第二,教育的发展是一个全方位、多角度的过程。对内而言,强调德育、智育、体育、美育和劳育的协调并进,促进学生的全面发展。这意味着在教育实践中不能偏废任何一个方面,应通过全面而综合的教育手段,实现学生的全面发展和潜能的充分发挥。然而,教育内部关系规律的有效运行无法摆脱外部关系规律的制约,即教育的内部发展必须适应外部社会的需求和变化。同时,教育通过其内部的优化和创新,也能反过来影响和推动社会的发展。

第三,通过教育内外部关系规律,探讨了市场经济条件下高等教育改革的方向,包括私立高等教育的发展、高等教育的地方化问题及高等教育服务农村的策略,从而为高等教育的改革与发展提供了理论指导。研究指出,教育规律虽然具有普遍性和抽象性,但其应用于具体的教育实践时,需要考虑到实践的特殊性和复杂性。规律到实践的转化需要通过制定合理的原则、政策、规章和具体措施来实现。高等教育研究不仅应用教育基本理论,还能通过实践探索和理论创新,丰富和发展教育基本理论,形成理论与实践相互促进的良性循环。

(三)与本研究的适切性

教育内外部关系规律理论揭示了高等教育既有其自身发展规律,也与社会发展存在互动关系。高校在遵循内部规律的同时,也要适应社会发展需求,双向互动。高校要研究社会政治经济文化变化,调整自身发展战略,培养适应社会需求的人才;也要积极维系与政府、社区和媒体的关系,营造有利于自身发展的外部环境。

教育内外部关系规律理论为研究高校社会服务能力提升提供了重要理论基础。一方面,它强调教育必须与社会发展相适应,这就为应用型本科高校走出"象牙塔",不一味追求学术指标提供了理论支持。应用型本科高校需要根据社会和行业的需求调整教育内容和培养模式,以培养符合市场需求的高素质应用型人才。与此同时,教育外部关系规律关注教育系统与社会系统及社会子系统之间的关系。应用型本科高校需要与地方政府、行业企业和社区等外部主体建立紧密的合作关系,共同推动人才培养和社会服务项目。另一方面,教育内部关系规律,涉及教育系统内部各要素之间的相互关系和协调,强调遵循教育发展的客观规律在提升社会服务能力的过程中,需要优化内部教育资源配置,加强师资队伍建设,改进教学方法和课程体系,以提高教育质量和效率,为高等教育改革与发展提供了理论指导和实践路径。

二、三螺旋理论

(一)起源与发展

三螺旋理论(Triple Helix Model)的起源可以追溯到 20 世纪 90 年代中期,由亨利·埃茨科维茨(Henry Etzkowitz)和洛伊特·劳德斯多夫(Loet Leydesdorff)首次系统地提出(Etzkowitz & Leydesdorff,1995),他们受化学与生物学研究中的三螺旋模型启发,将其运用于经济社会发展领域。他们合著的《大学与全球知识经济:大学—产业—政府关系的三螺旋》是三螺旋理论的奠基之作,详细阐述了该模型的理论基础和实践意义(Etzkowitz & Leydesdorff,1997)。在三螺旋模型中,这三个主体不仅各自发挥着传统角色的作用,而且还跨越了传统边界,形成了新的合作关系和创新网络。大学不再仅仅是教育和研究的场所,它们还直接参与知识的商业化、创业活动及地区经济发展。产业界通过与大学和政府的合作,加强研发能力和技术创新。政府则扮演着促进和支持这种合作关系的角色,通过政策制定和资金支持,为创新生态系统提供良好的环境。三螺旋理论一经提出,就受到学术界的关注,2015 年,清华大学管理学院举办了第 13 届三螺旋国际会议,吸引了许多学者到会。

三螺旋理论旨在解释知识社会中大学、工业(企业)和政府三者之间的互动关系如何促进创新和经济发展,是对当时全球经济结构转型和知识经济兴起的直接回应。在这一背景下,传统的线性创新模式(即从基础研究到应用研究,再到产品开发的单向过程)已无法满足经济发展的新需求。该理论起源于对科学知识在社会经济发展中作用的研究,是在高科技领域内部和周边地区的经验研究基础上形成的,强调了大学、政府和产业之间的互动关系,认为这三者在创新过程中应相互依赖、相互促进,共同推动知识经济的发展。

随着知识经济的深入发展,三螺旋理论逐渐成为分析和指导区域创新系统建设的重要理论。该理论不仅在学术界引起了广泛关注,也被政策制定者和实践者所采纳,用于指导国家和地区的创新政策制定。例如,联合国千年计划"科学、技术和创新"专题组在 2004 年的中期报告中提到了三螺旋理论,将其作为指导发展中国家利用科技创新推动国家发展的一种导向性意见(Etzkowitz & Leydesdorff,2000)。

三螺旋理论的发展经历了三个阶段。最初,该理论主要关注大学、政府和产业之间的基本互动模式和角色,主要用于研究科技政策、大学与工业合作、区域经济发展等,认为这三个实体是知识创新和技术转移的关键动力(Etzkowitz & Leydesdorff,1995)。后来,学者开始研究全球化、网络化对三螺旋互动的影响,探讨如何在全球范围内构建有效的创新网络和合作模式,研究深入全球化与创新管理、网络化创新系统、跨国公司的研发策略、高等教育机构的国际化战略等方面(Ye et al. ,2013)。进入成熟期后,该理论逐渐强调创新生态系统中多样化主体的作用,包括非营利组织、社会企业等新兴参与者,研究开放创新策略、创新生态系统构建、社会创新与企业社会责任等(Chesbrough,2003)。

高等教育领域很早就重视三螺旋理论的运用。近年来,高等教育领域对于三螺旋理论的运用主要体现在三个方面。第一,在地方应用型高校与区域发展的协作模式方面,张一弛和王卫东(2023)提出了基于三螺旋理论的"地方应用型高校—地方政府—地方市场"("U—G—M")协作模式,旨在破解地方应用型高校的发展困境,打造高质量的一流应用型本科教育;赵之灿和田浩然(2023)通过实证分析发现高等教育规模在产业发展水平与人才要素水平之间的双向影响中起到显著为正的交互效应,提出发展高等教育来破解地区产业与人才之间的循环困境的策略;张璋、赵制斌和何江川(2022)基于三螺旋模型对产教城融合的发展路径进行研究,提出加大区域特色的产教融合政策建设,构建具有区域应用型本科特色的办学模式。第二,在高等教育与区域经济互动的理论框架方面,牛犇(2022)尝试建构以人力资源理论和三螺旋模型为核心机制的高等教育驱动区域经济发展的理论框架,并分析了美国硅谷、日本关西和筑波及中国深圳的典型案例;孙菁(2022)研究了研究型大学参与区域创新的机制,强调大学通过更新知识生产模式、推进成果转化等方式强化创新推动力,完成从政府主导型模式向大学推动型模式的演化;李瑞琳、Hamish 和 Coates(2020)梳理了大学社会服务职能的发展脉络,提出当代大学社会服务职能以广泛参与为基本特征,对实现高等教育和社会共赢起到了重要的促进作用。第三,在创业型大学的本土化与实践探索方面,贺明华(2021)探讨了建设性新闻教育的理念,提出应立足本土,创新三螺旋教育模式,构建本土建设性话语体系,目标指向国家、人民乃至人类命运共同体;胡瑞等(2021)分析了英国高校创业教育政策的变迁和特征,提出未来应着力健全创业教育组织,推进创业型大学发展,打造三螺旋体系,完善创业教育平台;付八军(2019)对创业型大学内涵进行了溯源性解读,提出中国特色的创业型大学理论推动创业型大学的中国实践,中国创业型大学的成功实践最终成就了创业型大学理论的中国流派。

总之,三螺旋理论为理解和指导高等教育机构在知识经济时代的角色和功能提供了一个有力的理论框架。它强调了大学、政府和产业之间的互动合作,为高等教育机构在促进社会经济发展中发挥更大作用提供了理论支持和实践指导。随着知识经济的不断发展,三螺旋理论将继续在高等教育领域发挥其影响力。

（二）核心内容

三螺旋理论的核心内涵在于其对创新主体和要素的重新划分与理解。该理论将大学、政府和企业作为创新的三大支柱，强调它们在知识经济中的互动作用，以及这种作用如何共同推动社会经济的发展。该模型的提出是对传统创新理论的一种扩展，它不仅关注单个组织内部的创新活动，更强调组织间的协同和互动。

在三螺旋理论中，大学、政府和企业各自扮演着独特的角色。大学作为知识的生产者和传播者，不仅负责教育和研究，还承担着将知识转化为实际应用的责任。政府则从传统的监管者和资助者角色转变为创新的促进者和合作伙伴，通过制定政策、提供资金支持和创造有利环境来推动知识的应用和商业化。企业则作为创新的实施者，将大学产生的知识和技术转化为产品和服务，推动经济的增长。三螺旋理论的特征包括以下5点。

1. 螺旋内部的进化

每个螺旋内部都在经历着变革。大学正在从传统的教学和研究机构转变为更加注重知识应用和技术创新的实体。政府在创新中的角色也越来越多元化，不仅提供资金支持，还参与创新过程，如设立科技园区、提供税收优惠等。企业则在不断寻求与大学合作的机会，以获取最新的科研成果和技术。

2. 螺旋之间的相互影响

三螺旋理论强调大学、政府和企业之间的相互作用。这种互动不仅体现在知识流动上，还包括资源、人才和技术的共享。例如，大学的研究可能直接促进企业的产品开发，而企业的需求又可能引导大学的研究方向。政府则通过政策调控，促进这三者之间的良性互动。

3. 新的三边网络的覆盖

三螺旋理论促进了新的组织形式和网络的形成。这些网络包括合作研究中心、科技园区、孵化器等，它们在大学、政府和企业之间建立起桥梁，促进了知识的交流和应用。这些网络的形成,有助于打破传统的组织边界,促进跨领域的合作。

4.三螺旋网络的回归效应

三螺旋理论中的互动不仅在三者之间发生,还对更广泛的社会产生影响。例如,大学的研究可能推动社会对某一领域的认识,政府的政策可能改变整个行业的发展方向,企业的成功可能带动相关产业链的发展。这种递归效应使三螺旋理论成为一个动态的、自我增强的系统。

5.三螺旋的动力机制

三螺旋理论三大创新主体与三类流动要素的协同效应是其理论架构的核心。在这个理论模型中,大学、政府和企业是三个主要的行动主体,它们各自拥有不同的角色和功能,又在创新过程中相互依赖、相互影响。

(1)大学(academia):在三螺旋理论中,大学不仅是知识的创造者,还是知识传播和应用的推动者。大学通过教育和研究活动,培养人才、产生新知识和技术。在该理论模型中,大学的角色扩展到了与产业界的合作,包括技术转让、共同研发、孵化创业项目等,以促进科研成果的商业化和社会化。

(2)政府(government):政府在三螺旋理论中扮演着政策制定者和环境塑造者的角色。它通过制定有利于创新的政策、提供资金支持、建立法规框架等方式,为大学和企业的合作创造条件。政府还可能直接参与创新活动,如设立科技园区、研发基金等,以促进知识和技术的转化。

(3)企业(industry):企业是三螺旋理论中的商业化主体,负责将大学产生的知识和技术转化为市场产品。企业通过与大学的合作,获取最新的科研成果,推动技术创新和产品开发。同时,企业的需求和市场反馈也为大学的研究方向提供了指导。

要素的循环流动包括人员循环、信息循环和产品循环,它们在宏观和微观层面上促进了三螺旋的动态运作。

(1)人员循环(human circulation),是指人才在大学、产业和政府之间的流动。这种流动不仅包括单向或永久性的人员转移,还包括双重职业生涯和在多个机构间轮流或定期工作的情况。人员循环有助于新思想和新知识的传播,并且促进跨机构的理解和合作。在美国等发达国家,存在所谓的"旋转门"现象,即人员在学术界、产业界和政府部门之间频繁转换角色,这有助于三螺旋模型的发展。

(2)信息循环(information circulation),它作为创新网络的核心要素,为组织间的合作提供了坚实的基石。在信息化浪潮席卷的当下,信息交流的方式愈发多样且高效。政府政策、基金动态、研究成果及产业合作需求等关键信息,主要通过网络平台进行快速传递。这种信息循环不仅构建了一个紧密相连的创新区域网络,使得各方能够实时获取所需信息,更在无形中促进了合作创新的深入发展。可以说,信息循环不仅是信息交流的网络,更是推动合作创新的重要区域。

(3)产品循环(product circulation),它涉及参与者之间的相互作用和动力,确保各方在利益上的一致性。产业和政府对大学的需求在于大学能够提供优秀的人才、知识和技术。如果大学无法满足这些需求,就难以吸引资助。政府需要提供有效的政策和支持,以激发大学和产业的创新热情。同时,产业公司也需要满足大学和政府的期望,提供高质量的产品和服务。

在三螺旋模型中,这些循环不仅在宏观层面上促进了大学、产业和政府之间的合作,也在微观层面上推动了每个主体内部的发展。宏观循环涉及三股螺旋间的相互作用,如合作政策、项目和平台的建立,而微观循环则发生在每个螺旋内部,通过内部循环释放产品和创新成果。这些循环相互作用形成了协同效应,推动了知识的创新和应用,促进了经济社会的发展。

(三)三维九要素模型

在三螺旋模型的基础上,学者郄海霞(2008)构建了一个分析美国研究型大学与城市互动的三维九要素模型(见图2.1),这一模型旨在深入理解美国研究型大学与城市之间的复杂关系。该模型基于大学与城市的主要活动群体及相关要素之间的互动,揭示了大学与城市互动的主要维度和方式,以及这些互动的主要机制。

该模型认为,大学与城市的互动本质上是大学的结构要素与城市的结构要素相互作用的过程。模型将大学与城市的互动分为三个维度,每个维度包含三个要素,共计九个要素。大学与城市政府中包括土地(城市土地使用规则与大学规划)、税收(城市的经济来源与大学的免税地位)要素。大学与产业组织中包括知识(城市产业结构调整与大学专业设置)、技术(大学研究成果的技术转化)、人才(人才培养模式与产业需求)要素。大学与市民中包括住房(学生宿舍与市民住宅的关系)、交通(交通拥堵与停车问题)、环境(大学对社区环境的影响)、教育(大学为当地社区提供的教育服务)要素。在要素分析的基础上,郄海霞进一步指出,这三个维度的互动不是孤立的,九个要素之间也存在相互关联,进而构建了一个网络式互动机制,包括政府的政策引导机制、市场的调节机制和文化的整合机制。这些机制共同作用,体现了大学与城市在政治、经济和文化方面的关系,并通过寻求文化认同和建立信任关系,减少了冲突,促进了大学与城市社会的和谐发展。

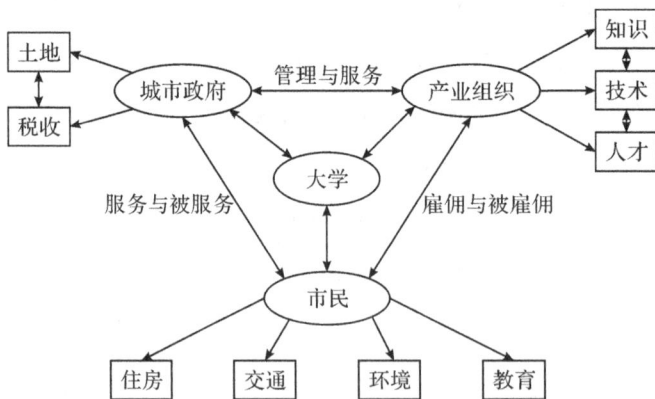

图 2.1　美国研究型大学与城市互动关系

三维九要素模型为理解大学与城市之间的互动提供了一个全面的分析框架,强调了在互动过程中需要平衡自我利益与公共利益与地方主义,以实现共赢的目标。这一模型不仅适用于美国的研究型大学,也为其他国家和地区的大学与城市互动提供了理论参考。

(四)三螺旋理论与本书的适切性

三螺旋创新理论是对伯顿·克拉克"三角协调结构模式"的进一步深化。埃茨克维茨认为:"到了今天,高等教育与产业部门之间的关系是直接的、无处不在的。"①在三螺旋结构中,大学、产业部门、政府之间通过各种网络紧密地连在一起,成为新的知识生产体:大学的角色是生产知识;产业部门是利用知识;政府则是提供制度环境和基础设施保障,推动大学与产业之间关系的发展。建立在"三角协调结构模式"的基础上的三螺旋模型,将研究要素继续建立在大学、政府、产业三要素的基础上。如果说"三角协调结构模式"更加关注宏观上的三者之间的关系,由此探索国家的教育政策走向,三螺旋模型则将研究重点深入三个主体的相互关系及其内部发展。

第一,互动机制的分析揭示角色定位与合作模式:通过对大学、政府和企业三者之间互动机制的细致分析,三螺旋理论为理解应用型本科高校在社会服务领域的角色定位提供了理论框架。此外,该理论模型还强调了合作模式和创新路径的重要性,指出如何通过这种三方互动促进知识创新和社会经济发展。在应用型本科高校与地方社会的互动中,这种分析有助于识别和构建有效的合作机制,从而推动社会服务能力的提升。

第二,多维度视角识别问题与提供策略:三螺旋理论的多维度视角有助于全面识别校地互动中存在的挑战和问题。通过考察大学、政府和企业之间的相互作用及其对社会服务项目的影响,不仅揭示了合作中的潜在障碍,也提供了克服这些障碍的理论指导和实践策略。这种全面的分析框架促进了对高校社会服务能力提升路径的深入理解,为实现更有效的校地合作提

①张雅婷,姚小玲.区域经济背景下美国研究型大学创新创业变革路径探究——以耶鲁大学为例[J].山东社会科学,2018(6):145-149.

供了策略建议。

第三,与行动者网络理论的结合:三螺旋理论对主体和要素的区分与郯海霞三维九要素模型的要素分析等,都为与行动者网络理论(actor-network theory,ANT)的结合奠定了基础。行动者网络理论的引入,通过考虑人类行动者与非人类行动者在社会技术网络中的作用,为分析校地互动提供了一个更为广阔的视角。这种理论结合不仅丰富了对互动机制的理解,也为探索新的社会服务创新路径提供了方法论上的支持。通过综合这两种理论视角,研究能够更深入地探讨应用型本科高校如何通过校地互动促进社会服务能力的提升,以及这一过程中所涉及的多元主体和复杂要素(Callon,1986)。

综上所述,三螺旋理论为应用型本科高校在社会服务能力提升方面提供了理论依据和实践指导。通过深化与地方政府和产业界的合作,高校能够更好地发挥其在人才培养、科学研究和技术创新方面的优势,共同推动区域经济的可持续发展。同时,结合行动者网络理论,我们可以更全面地理解高校在社会服务中的角色和作用,为解决校地互动中的问题提供新的视角和策略。

三、行动者网络理论

(一)行动者网络理论的起源及发展

行动者网络理论是社会学领域的一个重要理论,它在 20 世纪 80 年代由布鲁诺·拉图尔(Bruno Latour)、米歇尔·卡拉汉(Michel Callon)和约翰·劳(John Law)等人提出。该理论试图超越传统社会学对于社会结构和人类行为的理解,强调技术、非人类行动者(如技术、自然物等)与人类行动者之间的网络关系。行动者网络理论的核心思想是,社会是由行动者(无论是人类还是非人类)和它们之间的关系网络构成的,这些行动者通过它们的互动形成了一个不断变化的网络。

行动者网络理论的形成与科技研究(science and technology studies,STS)领域的兴起密切相关。在 20 世纪 70 年代,社会学家和历史学家开始对科学知识的社会构成性质感兴趣,关注科学实践中的社会因素和技术发展如何影响社会结构。拉图尔、卡拉汉和劳等研究者通过对科学实验室的实地考察,提出了对科学实践社会学构成性的理解,进而形成了行动者网络理论的雏形。

行动者网络理论最初关注科技在社会中的作用,特别是科技如何与社会互动和互相塑造。拉图尔的《科技是怎样构建的》(1987)和卡拉汉对技术创新过程的分析,标志着行动者网络理论的形成。20 世纪 90 年代,行动者网络理论的研究者开始扩展理论的应用范围,不仅关注科技与社会的关系,而且开始探讨更广泛的社会和文化现象。拉图尔在《我们从未是现代的》(1993)中批判了现代社会的二元对立观念,如自然与社会、主体与客体的分离,强调了"网络"概念在理解社会构成中的中心地位。进入 21 世纪,行动者网络理论继续深化并应用于更多领域,如法律、经济、教育和管理学等。同时,行动者网络理论也面临着来自社会学和其他领域的批评,这些批评主要集中在理论的过度相对主义和忽视权力结构方面。尽管如此,行动者网络理论通过强调物质性和技术在社会关系中的作用,为理解复杂社会现象提供了新的视角和工具。

其关键贡献在于,行动者网络理论突破了只关注人类行动者的传统视角,强调非人类行动者(技术、自然对象等)在社会网络中的作用;该理论提出社会是由行动者和行动者之间的关系所构成的网络,强调了社会结构的流动性和动态性;该理论主张在分析社会时不应预设任何行动者的重要性,而是应通过研究它们在网络中的作用来确定。

(二)行动者网络理论的核心内容

行动者网络理论经过长时间的发展与扩充,逐渐成为一个可以适用于多学科领域的理论。其核心贡献在于重新定义了社会结构,强调了人类和非人类行动者(如技术、物体、自然等)在形成社会过程中的相互作用和网络关系。其核心内容包括:

(1)强调行动者的对等性:行动者网络理论的一个基本原则是将人类和非人类行动者置于对等的地位,认为非人类行动者也能够对社会过程产生影响。这种观点挑战了传统社会学的人类中心主义,认为不仅人类行动者能够影响社会结构,非人类行动者也同样参与着社会关系网络的构建。

(2)提出网络概念:行动者网络理论将社会视为由多种行动者构成的网络,强调行动者之间的关系和连接。在这个网络中,行动者通过相互作用形成稳定的结构和模式,但这种结构并非固定不变的,而是在不断的互动中重新配置。

(3)重视转译过程:行动者网络理论提出了"转译"(translation)的概念,描述了如何将不同行动者的利益、目标和行为融合在一起,形成共同的网络。转译过程包括了招募行动者、协调行动者间的关系及转化行动者利益的过程。

行动者网络理论为研究者提供了一种新的方法论视角,能够助力研究者细致入微地追踪行动者之间的微妙关系及网络的形成过程。这种方法不仅注重实证研究的严谨性,更强调对细节的敏锐捕捉,从而推动了跨学科研究的深入发展。与此同时,该理论通过强调人类与非人类行动者之间的相互作用,打破了自然科学与社会科学、技术与社会、人与物之间的传统界限,为研究者提供了一个全新的视角,以更深入地理解科技、社会、自然界之间复杂而微妙的关系。此外,行动者网络理论还为理解复杂的社会系统提供了一种有力的框架,已经运用到政策分析、组织研究、环境研究等多个领域,提供了分析社会问题的新视角和新工具,能够助力研究者更加全面地把握社会系统的运作机制,为解决现实问题提供更有针对性的建议。

（三）行动者网络理论在高等教育领域的应用

行动者网络理论在高等教育领域的研究中被应用于探索教育实践、组织结构、技术整合及政策制定等多个方面。行动者网络理论的核心在于理解人类和非人类行动者（如政策、技术、文化等）如何在网络中相互作用，从而塑造教育的过程和结果。

在教育实践和课程设计方面，托马斯和维利尔斯（Thomas & Villiers，2002）将行动者网络理论用于分析高等教育机构中的复杂社会环境，模拟人类和非人类行动者之间的动态复杂关系。塔蒙斯使用行动者网络理论对英格兰进修教育学院提供的高等教育课程进行了研究，探讨了课程运作中的人类和非人类行动者之间的复杂关系。后来，塔蒙斯又基于拉图尔的工作，使用行动者网络理论来探索高等教育研究中理论的作用和应用。

在技术整合和虚拟学习网络方面，哈比卜和约翰内森（Habib & Johannesen，2014）使用行动者网络理论来分析学术人员在获取和实施教育技术过程中的参与程度和性质。阿克兰和斯温尼（Ackland & Swinney，2015）运用行动者网络理论探索了非人类行动者在高等教育专业发展模块中如何作为门户和障碍影响虚拟学习网络。科菲等（Kwofie et al.，2020）应用行动者网络理论研究加纳大学机构实施电子学习的过程，揭示实施过程中的结构、组织和承诺缺失。

在组织结构和网络分析方面，特乌姆-达科和莱斯利·哈克使用行动者网络理论探索影响南非一所大学的学者间知识共享的因素。萨拉乌（Sarauw，2016）探讨了丹麦在参与欧洲波洛尼亚进程中，如何利用行动者网络理论促进高等教育改革。巴斯（Bass，2018）利用行动者网络理论探讨移民政策对教师教育中的分歧话题的影响。

在政策制定和教育改革方面，博伊兰（Boylan，2010）运用行动者网络理论的概念工具来描述和分析数学教师变革的案例，探讨了教育改革中的关系性、翻译和流动性。麦克莱姆和塞维尔（McClam & Sevier，2010）运用行动者网络理论分析教师教育中传统评分实践的改变对教师—学生关系的社会效应。卡罗尔(Carrol,2018)运用行动者网络理论描述大学课程教学中人类行动者(如教师、学习者、管理员等)与环境中的非人类行动者(如书籍、电脑、教室等)之间的相互作用。

通过上述研究可以看到,行动者网络理论在高等教育研究领域的运用展示了其作为一种分析和解释工具的广泛性和有效性。该理论的核心优势在于其能够提供一个全面的视角,用于理解和解释高等教育中的复杂现象,特别是在涉及人类行动者(如教师、学生、行政人员)和非人类行动者(如技术、政策、制度)的互动时。通过将注意力集中在这些行动者之间的网络和关系上,行动者网络理论能够揭示教育实践、技术整合、组织结构和政策制定等方面的深层动态。

然而,行动者网络理论在高等教育研究领域的应用也存在一些不足,主要体现在其理论框架有时显得过于抽象和复杂,导致其在实际研究中的应用受到限制。与此同时,该理论的方法论重点在于揭示网络中的关系和互动,有可能忽视了更广泛的社会、文化和政治背景对教育现象的影响。而该理论重点在于描述和分析,而不是提供预测或规范性的建议的特点,则可能限制其在解决实际教育问题中的应用。因而,还需要借助其他理论工具助力研究进一步深化。

本书利用行动者网络理论来描述和分析大学与城市互动过程中的人类行动者与非人类行动者,并借助 fsQCA 推进研究深入。这种分析能够帮助我们更深入地理解大学与城市之间的复杂关系,包括认识大学与城市互动中的各种行动者(如大学、政府、企业、社区等)和非人类行动者(如政策、技术、文化等),并通过组态分析来加深对于这种互动的认识。通过这种方式,提供了一个独特的视角,用于探索和解释大学与城市之间的合作模式、影响因素和潜在的挑战,从而为高校社会服务能力的提升提供更全面的理解和策略。

（四）行动者网络理论与本书的适切性

选取行动者网络理论作为分析大学与城市互动问题的视角，其合理性和可行性分析如下。从合理性方面考虑，行动者网络理论与大学与城市之间的互动存在多个契合点：

首先，大学与城市互动具备多主体互动的复杂性。大学与城市互动本质上是一个多主体参与的复杂过程。行动者网络理论的视角认为，不仅人类主体（如大学、城市政府、企业、居民等）在这个网络中发挥作用，非人类主体（如技术系统、建筑、政策文档等）也是互动过程中不可忽视的行动者。这种广泛的主体定义，使行动者网络理论特别适合分析和处理大学与城市之间的互动复杂性。其次，大学与城市互动存在共同目标下利益整合的可能。在大学与城市的互动过程中，尽管各个行动者有着不同的资源和利益要求，但他们的整体目标——促进双方甚至更广泛社区的发展——是一致的。行动者网络理论的翻译过程强调了如何将不同行动者的利益、目标和行为融合在一起，形成共同目标导向的网络。这一过程反映了如何在看似分散的利益中寻找和构建共识，从而促进大学与城市之间有效的互动。最后，大学与城市互动存在弱中心网络的特征。行动者网络理论提出的网络是"弱中心"的，这意味着虽然网络中可能存在关键行动者，但没有任何一个行动者能够完全控制网络。这与大学与城市互动的实际情况相吻合，其中多个主体以平等合作的方式参与互动，这种视角有助于理解大学与城市如何在没有绝对权力中心的情况下协作。

从可行性角度看，用行动者网络理论分析大学与城市互动过程有如下优势：

首先，有利于构建网络与明确责任。通过行动者网络理论的转译过程建构起的行动者网络，能够清晰地识别和定义参与大学与城市互动的各个行动者及其职责。这有助于避免责任推诿，明确各方在互动过程中的作用和贡献，从而提高互动效率。其次，有利于展现动态互动过程。大学与城市的互动是动态发展的,受外部环境、行动者间相互作用等多种因素影响。应用行动者网络理论分析,可以有效捕捉这种动态性,通过网络分析揭示互动过程中的关键节点和潜在矛盾,促进策略的及时调整和优化。最后,有利于促进过程性治理思维。行动者网络理论的应用鼓励采用过程性的治理思维,关注互动过程中的变化和适应,而非仅仅关注静态的政策制定。这有助于从更宽广的视角理解和分析大学与城市之间的互动,形成更为灵活和响应性的治理策略。

基于行动者网络理论分析大学与城市互动问题,不仅在理论上合理,因其能够全面覆盖互动过程中的多样性和复杂性,而且在实践中也具有高度的可行性,通过构建行动者网络和促进过程性治理,能有效促进大学与城市之间的协调发展和互动。行动者网络理论提供了一种新颖的分析和解决复杂社会互动问题的方法论,为促进大学与城市之间更加和谐、有效的合作关系提供了理论支撑和实践指导。

第三章　高校社会服务能力提升的
行动者网络:探索性案例研究

　　行动者网络理论提供了一个有效的分析工具,有利于人们认识大学与城市互动的主体、主体间的作用和影响过程。本章将针对高校社会网络对高校社会服务能力提升的作用机制问题,选择杭州市的四所高校进行详细的案例分析,并在此基础上,构建通过大学与城市互动提升高校社会服务能力的初始概念模型与相应的研究命题,作为衡量应用型本科高校在地化社会服务行动者网络的参照标准,通过开展相关的实证研究,探索地方应用型高校在地化社会服务的优化路径。

第一节　案例选择与材料收集

一、案例选择

　　案例研究作为一种研究方法,扮演着理论构建的角色。通过分析一个或多个案例中的实证数据,能够构建理论概念、提出命题或发展理论(Eisenhardt,1989)。尽管大多数组织或其经验都不可完全复制,但都具有一定的借鉴意义(潘善琳和崔丽丽,2016)。案例研究重视个体案例的独特性,认为每个案例都可被视为一个独特的实验,是自成一体的分析单元

(Eisenhardt & Graebner,2007),可以对其进行个性化的深入研究。在具体的数据收集方法方面,可以只使用定性数据,也可以将定性数据和定量数据结合起来(Yin,2014)。基于此,本书选择位于杭州的四所高校展开案例分析。

(一)为什么是杭州?

随着社会对高等教育功能的期待不断提高,应用型本科高校在促进地方经济和社会发展中扮演着越来越重要的角色。这种期待不仅包括培养适应地方发展需要的人才,更包含高校在科研、文化传承、社会服务等方面的直接贡献。杭州市既是浙江省的省会,也是长三角地区的重要城市之一,不仅在地理位置上占据着重要地位,更在经济社会发展和高等教育领域展现出了强大的潜力。特别是在当前的战略背景下,选择杭州市作为研究地域具有深远的意义。

首先,从战略层面审视,杭州是浙江省高等教育强省建设的重要阵地。浙江省政府为推动高等教育实现内涵式发展,提升高校服务地方经济社会发展的效能,制定并实施了诸如《浙江省普通高等教育发展总体规划》和《浙江省"315"科技创新体系建设工程实施方案》等一系列重要规划和方案。在这一背景下,在杭高校作为高等教育强省建设的中坚力量,积极响应政策导向,通过不断深化内涵建设,提高教育质量,有效为地方经济与社会发展注入了强大的人才和智力动力。这不仅凸显了在杭高校在地化社会服务能力提升的重要性,同时也为研究提供了丰富的素材和广阔的空间。

其次,杭州在推进高水平大学建设和一流学科建设方面取得了较为显著的成效。在国家和省市层面的战略规划指引下,在杭高校得到了强有力的政策扶持。在科技创新和产业服务领域,在杭高校逐渐明确了自身的发展方向,与应用型本科高校的建设目标不谋而合。特别是在《2024年杭州市政府工作报告》中,明确指出了将深化科技创新,继续实施"315"科技创新体系建设工程。这就为高校提供了更加广阔的政策空间,助力高校进一步拓展科技创新和社会服务能力。同时,在杭高校在学科建设、科研水平及创新人才培养等方面均取得了显著进步,为地方经济社会的发展提供了坚实的科技支撑和人才保障,为本书提供了丰富而宝贵的案例和经验。

再次,杭州在经济社会发展和城市建设方面取得了令人瞩目的成就。2023 年,杭州经济总量实现了新的跨越,成为全国经济总量突破 2 万亿元的城市之一,为应用型本科高校提供了广阔的社会服务空间。杭州的高新技术产业、电子商务、文化创意产业等发展迅速,对应用型人才的需求旺盛,这为高校的社会服务能力提升提供了实际需求和实践平台。《2024 年杭州市政府工作报告》中强调了继续推进新型工业化,大力发展新质生产力,这为高校在产业服务和人才培养方面提供了新的机遇。这些都使在地高校能够更好地融入地方经济社会发展,发挥其在人才培养、科技创新、文化传承等方面的作用。

最后,教育作为社会的一个子系统,必然受到社会其他子系统的影响和制约。同时,教育也通过培养人才、传播知识、创新科技等方式反作用于社会,推动社会的发展和进步。在杭高校作为教育系统的重要组成部分,其在地化社会服务能力的提升正是教育与社会相互作用的具体体现。通过深入研究在杭高校在地化社会服务的实践,可以揭示出教育与社会相互作用的机制和规律,为高等教育事业的发展提供有益的参考和启示。

因此,选择杭州市作为研究地域,既符合浙江省高等教育强省建设的战略需求,也体现了杭州在推进经济社会发展和高等教育进步方面的积极作用。通过对在杭高校在地化社会服务能力的深入研究,可以运用教育理论分析其与社会发展的相互作用,揭示出应用型本科高校社会服务能力的提升机制和发展趋势,为高等教育事业的发展提供有益的参考和启示。同时,也有助于推动在杭高校更好地融入地方经济社会发展,发挥其在人才培养、科技创新、文化传承等方面的作用,为高等教育高质量发展探索路径。

(二)为什么是这四所高校?

本书选取了 A 大学、B 大学、C 大学及 D 大学这四所高校作为案例对象,并非随机的选择,而是基于它们本身的学校属性,以及它们在在地化社会服务、应用型人才培养和高等教育改革等方面的表现与特色。

首先,从这四所学校的属性看,2015 年,浙江省教育厅、省发展和改革委员会、省财政厅联合发布了《关于积极促进更多本科高校加强应用型建设的指导意见》,随后,确立了 10 所"应用型建设示范高校"(浙江省教育厅,2015),A 大学、B 大学和 D 大学位列其中,C 大学虽不在其列,但早已是教育部确定的中德合作培养高等应用型人才试点院校、教育部"卓越工程师教育培养计划"首批实施高校,也是"国家'十三五'教育现代化工程——产教融合发展工程"建设高校,一直明确提出致力于建设一所具有德国模式和中国特色的新型现代应用型大学。同时,这四所高校都是 2016 年成立的浙江省应用型本科高校联盟的首批成员。

其次,从地理位置与行政归属角度看,这四所高校均位于杭州。A 大学和 B 大学作为市属高校,与杭州政府及社会各界的联系尤为紧密,能够更直接、更高效地参与地方经济社会发展的各项活动。而作为省属高校的 C 大学和 D 大学也拥有丰富的资源和广阔的平台,能够在更大范围内发挥其社会服务的功能,为整个城市乃至更广区域的发展助力。这种独特的地理位置与行政归属的优势,为这四所高校在服务地方、推动地方发展方面提供了得天独厚的条件,成为城市发展不可或缺的力量。

再次,从这四所学校的在地化社会服务及应用型人才培养方面来看,它们均取得了显著的成就。作为浙江省教育厅确定的本科应用型试点建设高校和应用型本科示范高校,它们在教育教学改革、人才培养模式创新等方面进行了积极的探索和实践。经过多年的建设与发展,这些高校已经形成了各具特色的应用型人才培养体系和社会服务模式,为地方经济社会发展提供了有力的人才支撑和智力保障。

最后,从社会服务与产学研合作的角度来看,这四所高校都展现出了强烈的社会责任感和创新能力。A 大学在服务杭州方面制定了全面的"服务杭州规划",并得到了市政府的大力支持,体现出其社会服务功能的深度和广度。B大学在转型为市属公办高校后,积极融入城市发展规划,成立了地方合作处等部门及城市大脑研究院等研究机构,为地方发展提供了智力支持和科技服务。D大学的行业学院建设颇具特色,通过与行业企业的深度合作,实现了人才培养与产业需求的无缝对接。C大学则在产业合作和国际化方面取得了显著成果,通过产学研合作和国际交流,推动了学校的快速发展和地方经济的转型升级。

通过对这四所高校在地化社会服务及应用型人才培养等方面的深入探索,可以从中汲取宝贵的实践经验和创新模式,不仅有助于验证并丰富高等教育与社会发展相互作用的理论框架,还能推动高等教育理论的进一步发展和完善。同时,研究成果也将为其他高校提供借鉴和启示。在研究方法上,采用了案例分析法对这四所高校的具体案例进行深入剖析。通过这一方式,能够清晰地揭示出它们在在地化社会服务方面的具体做法、所取得的成效及所面临的挑战和问题,不仅有助于我们更深入地了解这四所高校的实际情况和发展动态,更能使我们得出具有针对性的结论与建议。

概而言之,本书选择A大学、B大学、C大学和D大学这四所高校作为研究对象,是因为它们在地理位置、行政归属、高等教育改革、应用型人才培养和社会服务等方面的突出表现和特色(见表3.1)。通过深入研究这些高校的具体实践和创新模式,可以进一步推动高等教育与社会发展的互动与融合,探索应用型本科高校提升社会服务能力之路。为了全面分析这些实践中的复杂性和动态性,本书采用了行动者网络理论作为主要的分析框架。行动者网络理论提供了一种独特的视角,强调人类行动者(如高校、政府、企业和社区等)和非人类行动者(如政策、技术和文化等)之间的相互作用,以及这些相互作用如何共同构建起支持社会服务的网络。

表 3.1　案例高校概述与入选理由

学校	所在城市	隶属	入选理由
A 大学	浙江省杭州市	市属公办高校	浙江省应用型建设示范高校,浙江省应用型本科高校联盟首批成员。A 大学与杭州市政府有着密切的合作关系,得到了市政府的大力支持。学校通过"政学合作"模式,实现了资源共享、优势互补,共同推进高等教育质量的提升和社会服务能力的增强
B 大学	浙江省杭州市	市属公办高校	浙江省应用型建设示范高校,浙江省应用型本科高校联盟首批成员。作为一所地方本科院校,B 大学积极响应国家政策,致力于成为高水平的应用型大学。通过与政府、企业、社区等多元行动者的合作,推动教育教学改革,提升社会服务能力,以更好地满足城市发展的需求
C 大学	浙江省杭州市	省属公办高校	教育部确定的中德合作培养高等应用型人才试点院校、教育部"卓越工程师教育培养计划"首批实施高校,"国家'十三五'教育现代化工程——产教融合发展工程"建设高校,浙江省应用型本科高校联盟首批成员。C 大学以其国际交流项目和产学研合作模式而著称,展示了高校如何通过国际化策略增强社会服务能力。学校与阿里巴巴集团的深入合作,共同设立"云计算"实验班,培养实战能力和创新精神的学生,体现了产教融合的实践
D 大学	浙江省杭州市	省属民办高校	浙江省应用型建设示范高校,浙江省应用型本科高校联盟首批成员。D 大学以其行业学院建设而突出,紧密围绕地方经济发展的重点领域,与行业龙头企业和地方政府紧密合作,共同建立行业学院,培养符合未来产业发展需求的高素质应用型人才,促进了教育内容与地方经济需求的对接

二、案例材料收集

案例资料的全面性和准确性直接决定着案例研究的质量。本书案例资料的收集通过以下方式进行:一是通过高校的官方网站、公众号、宣传材料等收集信息和资料,查询相关新闻报道、评论等收集背景资料;二是通过研究论文和学术专著等途径收集资料;三是采用实地访谈和电话访谈相结合的方法对目标大学的管理人员、教师进行半结构化访谈和问卷调查;四是收集工作总结、领导发言和学校文件等资料,通过不同渠道来源和访谈对象来检验资料,提高材料的信度和效度。在材料收集过程中,采用霍姆斯(Holmes,1985)的选择和分类的标准,重点关注人的特征、社会的特征和知识的特征(祝怀新,2007)。

三、调研方法:专家访谈

为确保访谈的有效性,研究者首先通过网络调研法,登录四所高校官方网站,对其开展的社会服务活动进行调研,识别大学与城市互动过程中涉及的各个行动者,并在此基础上,展开了专家访谈设计。

探讨"高等教育和社会发展的新形势下应用型本科高校如何进一步提升社会服务能力"是一个复杂且多维的研究主题,旨在深入理解应用型本科高校社会服务能力的提升路径。专家访谈作为一种质性研究方法,在此类研究中尤为重要,因为它能够提供深入的见解和多角度的理解。本书中的专家访谈方法及设计思路是:

首先,访谈目的和理论框架。访谈的主要目的是收集关于高校社会服务能力提升过程中,如何通过行动者网络理论的视角提升社会服务能力的深度见解,也包括经典的实践案例。基于行动者网络理论,研究将关注人的要素(如大学、政府、企业、社区)和非人的要素(如政策、资源、技术)如何相互作用,共同影响社会服务能力的提升。

其次,访谈对象。访谈对象的选择应围绕能够提供关键信息和深度见解的专家。这些专家包括:负责制定和执行与城市互动相关的策略的大学管理人员、参与产教融合项目等互动活动的教师等;负责教育、科技、社会服务等领域的政府官员;与大学有合作项目的企业管理者;参与或受益于大学和城市的合作项目的社区组织的负责人等(见表3.2)。

表 3.2　访谈对象记录

序号	单位性质	单位名称	访谈时间	访谈对象
1	企业	CY 科技有限公司	2023 年 7 月	科技副总
2	企业	GG 科技有限公司	2023 年 7 月	项目负责人
3	企业	OX 科技有限公司	2023 年 7 月	公司负责人
4	企业	XHS 科技有限公司	2023 年 10 月	项目负责人
5	社区	杭州市 CM 社区	2023 年 8 月	社区书记
6	社区	杭州市 XY 街道	2023 年 8 月	项目负责人
7	社区	杭州市 WM 社区	2023 年 8 月	社区书记
8	政府	杭州市 WL 局	2023 年 8 月	副处级调研员
9	政府	杭州市 JT 局	2023 年 8 月	副处级调研员
10	高校	C 大学	2023 年 9 月	部门中层干部
11	高校	B 大学	2023 年 10 月	部门中层干部
12	高校	A 大学	2023 年 10 月	学院书记
13	高校	D 大学	2023 年 10 月	学院院长

再次,访谈方法与数据收集。采用半结构化访谈方法,这种方法既有开放性问题以引导受访者自由表达,也有封闭性问题以确保覆盖所有研究主题。访谈应在安静、无干扰的环境中进行,预计每次访谈时间为60至90分钟。访谈尽量进行录音并转录成文本,以展开分析。对访谈内容进行编码和分析,识别关键主题和模式。

最后,访谈提纲设计。根据研究需要,采用专家访谈法,深入了解大学与城市互动视角下高校社会服务能力提升的实际情况。为深入探索各参与方的互动方式、面临的障碍、利益关系及合作模式等方面,本书设计了一套访谈提纲,如图3.1所示。

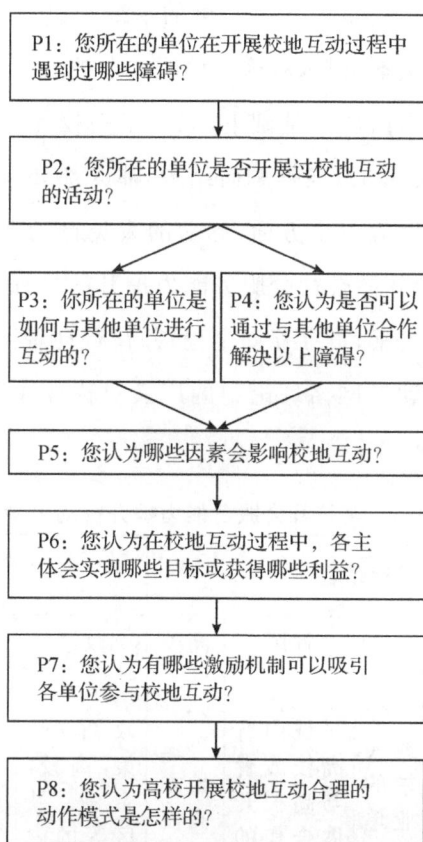

图 3.1　高校社会服务能力提升情况访谈提纲

访谈提纲从访谈 P1 探究大学与城市互动的障碍开始,作为引入研究主题的切入点。依据参与者是否有与其他机构或组织的合作经验,将其引向不同的访谈路径:有合作经验的参与 P3 访谈,无合作经验的参与 P4 访谈。P3 访谈部分旨在收集参与者的合作方式、责任分担及与其他参与者的联系情况。通过 P5 和 P6 访谈,深入了解各参与方所面临的障碍和利益点。P7 和 P8 访谈则聚焦于获取大学吸引其他参与者加入合作的动因、建议的运作模式等信息。在进行网络调研和文献回顾的基础上,本书对高校社会服务能力提升的基本情况已有所了解。为获得更详细的数据,本书对 4 所高校、4 家企业、2 位政府官员及 3 位社区资深工作者进行了上述访谈。访谈每次大约持续了 60 分钟,在获得受访者许可的情况下进行全程录音,并在访谈结束后将录音转录为文本资料,对这些访谈文本进行描述性的分析处理。

在文献综述和专家访谈的基础上,识别出高校社会服务能力提升过程中的行动者,具体见表 3.3。根据调研结果,非人类要素主要包括内外部政策、技术资本、文化环境等三个方面,涵盖的人类行动者主要为大学、政府、企业或社区等。同时,在高校社会服务能力提升的过程中,教育资源与信息技术作为关键的影响要素,贯穿互动全程,并在行动者网络中扮演非人类行动者的角色。依据行动者网络理论中的广义对称性原则,构成高校社会服务能力提升的行动者要素。

表 3.3　高校社会服务能力提升行动者构成

行动者	人类行动者				非人类行动者		
	政府	企业	社区	高校	政策	技术	文化
成员	供给政策和资源的教育部门、财政部门、文化宣传部门等	有技术/专业或人才需求的企事业单位、行业机构	区域内有高校或者与高校开展合作的社区	地方高校	政府政策,高校、企业、社区等的内部政策等	科研合作教学培训基础设施等	基础设施、文化体育活动、志愿者服务等

四、案例分析框架:基于行动者网络理论视角的转译过程

探讨大学与城市各主体互动,行动者网络理论为我们提供了一个有利的分析框架(见图 3.2)。根据这一理论,我们需要首先识别网络中的人类行动者和非人类行动者。在此基础上,互动的达成可以解释为一个转译的过程,转译过程在行动者网络理论中是一个核心概念,它描述了行动者如何通过一系列策略和行动,将其他行动者纳入自己的网络中,或者如何被其他网络所吸纳。根据行动者网络理论的转译四步骤(Latour,2005)来分析访谈文本,首先确定关键行动者,接着分析各行动者遇到的障碍和他们追求的利

益。通过关键行动者的努力协调,吸引更多行动者加入网络,最终构建一个较为稳定的、旨在提升高校社会服务能力的行动者网络。

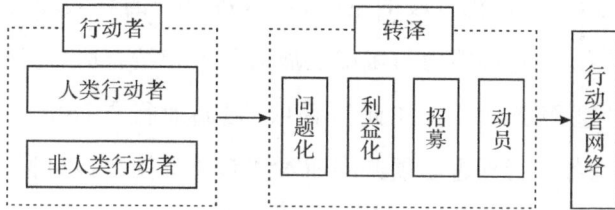

图 3.2　行动者网络的转译过程

(一)步骤一:问题化(problematization)——确立关键行动者

在问题化阶段,关键行动者需要识别需要解决的问题,明确网络各主题的行动目标(徐小容和胡佳思,2023)。通过分析图 3.1 的 P3 访谈中提及的关于各行动者的任务及他们之间的联系等信息,能够明确各行动者的角色定位、具体职责及彼此间的关系网络。在大学与城市互动以提升社会服务能力的问题化阶段,高校、政府、企业和社区各自扮演着独特的角色。高校作为知识的创造者和传播者,是推动大学与城市互动的关键力量。它们通过研究和教育活动,为城市提供智力支持和人才培养;同时,高校也是连接政府、企业和社区的桥梁。政府在这一过程中扮演着政策制定者和资源分配者的角色,通过制定有利于大学与城市互动的政策,提供财政支持和政策优惠,激励高校参与社会服务。企业作为市场需求的主体,它们的需求和投资可以为高校提供实践平台,同时也是将高校科研成果转化为社会服务的重要途径。社区作为社会服务的直接受益者,其需求和反馈为高校提供了服务方向和改进的依据。非人类要素如政策资源、教育资源、信息技术、基础设施(如图书馆、运动场等公共设施等)和文化资本(如城市的历史、文化传统等)也在这一过程中发挥着重要作用。政策资源为大学与城市的合作提供了法律和制度保障,教育资源确保了人才培养和知识传播的质量,信息技术促进了信息的快速流通和资源共享,基础设施和文化资本则为城市的整体发展提供了物质和精神基础。

在大学与城市互动的网络中,高校扮演着关键行动者的角色(陈元媛,2022)。首先,通过问题化阶段的策略,可以将自身的育人和研究优势转化为社会服务能力,当这些能力与城市发展的需求相结合时,便能够催生一系列可开拓的社会服务项目。在此过程中,强制通行点(obligatory passage points,OPP)是各个行动者必须共同面对和解决的问题或目标,关注这些问题可以发现并实现各主体的利益,从而确保网络的稳定和有效运作。对于高校而言,这些强制通行点可能包括确保研究成果的实用性和创新性,满足政府的政策导向,回应企业的实际需求,以及解决社区面临的具体问题等内容。同时,高校还要在网络中与其他行动者建立起信任和合作机制,确保资源的有效配置和利用,并且促进知识、技术和人才的流动。通过解决这些强制通行点,高校的社会服务能力得以释放,转化为推动城市发展的强大动力。而在这个过程中,高校也与其他行动者实现了共赢,共同推动了整个网络的稳定和高效运作,进而推动城市的发展。

(二)步骤二:利益化(interessement)——行动者利益和障碍分析

在利益化阶段,作为关键行动者的高校通过一系列分析和举措固定并强化其他主体在网络中的角色(杜鹏辉,2024)。行动者试图吸引其他行动者的兴趣,使他们对问题产生关注,并愿意参与到解决问题的过程中来。研究者利用图 3.1 中 P5 和 P6 的访谈文本,结合文献研究,梳理并提炼出参与大学与城市互动提升高校社会服务能力的各行动者所面临的障碍和追求的利益。采取质性研究的方法对访谈资料进行深入分析,首先通过开放编码对访谈内容进行现象描述和标签贴附,将语义相近的标签进行聚合,提炼出关键概念,进而准确抽取出在大学与城市互动过程中各行动者的主要障碍和利益,具体如图 3.3 所示。在大学与城市互动的利益化阶段,需要对各主体的利益进行分析和识别,这里的"利益",不仅包括显性的优势,还包括存在的问题或障碍(沈培,2019)。唯有如此,才能真正实现行动者网络构建的"利益化"。

主体	市政府	校长和管理	教师和学术	学生和校友	企业和产业	街道社区	非人类行动
OPP	阻碍/问题:优质高校不足,高质量人才缺乏	阻碍/问题:资源不足,低水平重复	阻碍/问题:知识转化困难	阻碍/问题:与现实脱节,实习实践机会少	阻碍/问题:招不到满意的人才;研发成本高	阻碍/问题:人手不足,水平不高	阻碍/问题:资源不能充分利用
目标	高质量发展	特色化崛起	高质量教育	应用型人才	企业发展	高质量服务	价值提升

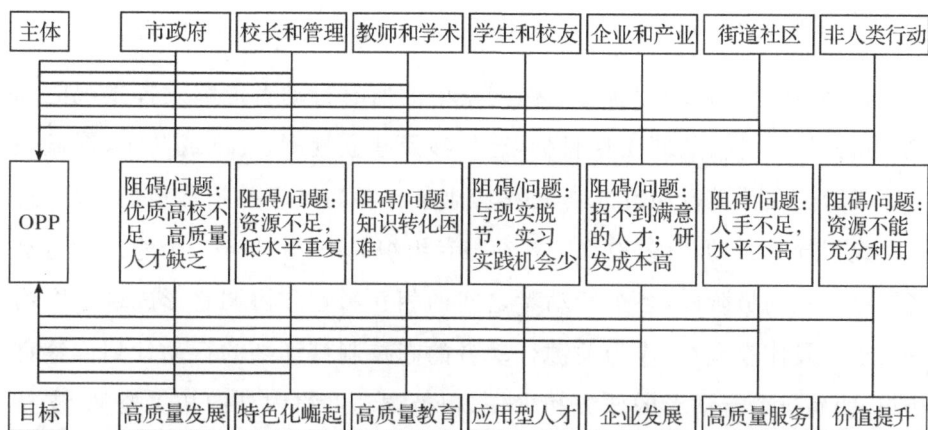

图 3.3 高校社会服务能力提升的行动者与强制通行点

(三)步骤三:招募(enrolment)——吸引行动者加入网络

在问题化和利益化阶段,高校已经对所面临的挑战和机遇有了清晰的认识,同时也明确了各行动主体的利益诉求。接下来,招募阶段的任务就是将这些分散的力量整合起来,形成一个有力的行动者网络。

招募的过程既涉及对外在主体的招募,也包含对内在行动者的招募,将各相关主体吸纳到行动者网络中(文军和陈雪婧,2023)。外在主体主要包括政府、企业和社区等,这些主体在城市发展中扮演着不可或缺的角色。内在行动者主要包括政策导向、师生的认同与支持等,同样是推动高校与城市主体合作的重要动力。当然,由于研究能力所限,本书重点关注大学与外在行动者的互动。招募的主要表现为,作为关键行动者的高校,阐述网络的目标和愿景,以吸引潜在行动者的注意进而参与进来;与其他行动者进行沟通和协商,了解他们的需求和关注点,基于问题化和利益化阶段的分析,协商共同点和合作的可能性;提供一系列激励措施,如资源支持、技术援助或政策优惠等,以促使其他行动者接受设定的角色并加入网络。图 3.1 中 P7 的访谈文本可能有助于上述分析的进行。

(四)步骤四:动员(mobilization)——行动者网络的形成

在动员阶段,行动者需要确保网络中的所有行动者能够发挥主观能动性,取得身份认同,共同实现目标,这将涉及建立规则、标准或共识(周孟杰等,2022)。在关键行动者成功激发其他参与者的兴趣并招募他们之后,通过协议引导其行动,有效地将所有参与者组织起来,建立起一个稳定的行动者网络。在动员阶段,各个行动者之间的相互影响和协调是形成稳定网络的关键。具体表现在,作为关键行动者的高校制订详细的行动计划或签订协议,明确每个行动者的任务和责任;积极调动网络内外的相关资源,支持网络的运行和发展;建立有效的监督和评估机制,对行动者的行为和网络的运行情况进行监测和评估。通过达成共识、明确目标、确保资源的有效利用、维护良好的沟通机制,以及开展监督和评估,高校可以有效地动员所有行动者,共同致力于提升社会服务能力,实现城市的进一步发展。图 3.4 显示了将科教创新活动设定为强制通行点的行动者转译过程。

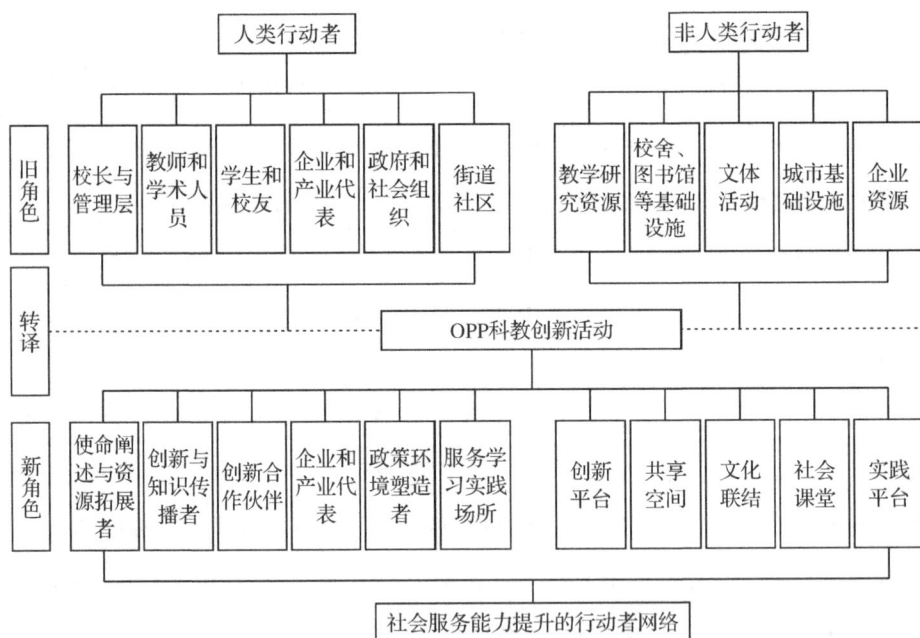

图 3.4 社会服务能力提升的行动者转译

第二节　共生共赢:A 大学的校地互动之道

一、合作目标:服务城市的整体规划

为了更好地服务城市发展,A 大学制定了《A 大学服务杭州经济社会发展五年工作规划》《服务对接杭州城西科创大走廊方案》等规划,还与区政府签订了合作框架协议。在这些规划的指导下,A 大学的校地互动成果显著。这些成果不仅体现了 A 大学对地方经济社会发展的积极贡献,也反映了学校在规划和执行过程中的主动性和专业性。通过 A 大学的案例介绍,可以看到一所高校如何通过战略规划与地方政府建立紧密合作,确保校地合作的目标与地方需求高度一致,从而实现资源共享、优势互补,推动教育、科技、文化和社会服务的全面发展,达到共生共赢的效果。

作为一所师范院校,受访者特别强调教育对社会进步的基石作用,A 大学通过深化教学改革和强化实践教学,培育适应新时代教育需求的高素质教师;还密切结合时代需求,培养符合社会发展需求的全方位人才。在此过程中,A 大学积极与政府、高新企业和社区等建立合作关系,共同探索教育创新路径,推动教育资源的优化配置和教育内容的更新升级。这些合作项目不仅为师生提供了丰富的实习实训机会,也为地方改革和发展注入了新的活力。

(一)产教融合的政策驱动

在国家层面,产教融合已成为国家教育改革的重要制度安排(张子法,2023)。《国家中长期教育改革和发展规划纲要(2010—2020 年)》强调了产教融合的重要性,旨在通过政策引导,促进教育与产业的深度结合。地方政府也相继出台了一系列政策,如《关于深化产教融合的实施意见》,旨在构建校企合作的长效机制,推动教育内容与市场需求的对接。产教融合政策的核心目标是促进教育与产业的紧密结合,提升人才培养质量,为区域经济发展注入动力(庄腾腾和洪化清,2023)。这些政策旨在通过校企合作,实现教育资源的优化配置,提高教育的适应性和前瞻性,为地方产业提供强有力的人才支撑。

(二)人才培养与地方需求对接

杭州作为数字经济的重要城市,对高技能人才的需求日益增长。A大学紧密跟进地方产业发展趋势,识别出地方产业对特定技能和知识的需求,这些需求直接影响教育课程和专业设置。例如,学校针对杭州在电子商务、云计算等领域的发展需求,调整了相关专业的课程设置,增加了实践性强的课程。通过课程改革、实习实训基地建设、双师型教师队伍建设等措施,积极回应地方产业的人才需求。学校与阿里巴巴等本地企业建立了紧密的合作关系,为学生提供了实习实训的机会,使学生能够在真实的工作环境中学习和应用所学知识。

(三)教育创新与社会服务

A大学致力于引入项目式学习和翻转课堂等现代教学方法,培育具有创新思维和实践能力的毕业生;通过利用在线教育平台等教育技术打破传统教室边界,增强学生在数字化背景下的信息技术应用能力和自我学习能力;开发跨学科课程,尤其是关注城市发展的学科专业,强化学生对复杂城市问题的理解和解决方案的制定;师生们参与城市规划、社区服务和文化传承等项目,不仅促进了学术与实践的结合,也加深了大学与社区的联系,为城市的可持续发展贡献了新的思路和活力。

二、合作实践:产教融合与教育创新

在服务杭州的规划指导下,校地合作的实践得以系统化和战略化推进。

(一)教育合作与人才培养

第一,基础教育师资的提升:卓越教师培养计划。A 大学实施的"卓越教师培养计划",在国家和地方政府对教师教育改革的背景下应运而生。学校积极响应国家政策,结合自身师范教育的传统优势,不断探索和实践新的教师培养模式。通过"H 派名师"和"H 派名校长"培养工程,学校深化师范生培养机制,创新教师培养模式,为地方基础教育培养新时代高素质教师。在该计划的发展过程中,A 大学逐步完善了师范生培养体系,包括课程设置、教学方法、实践教学、师资队伍建设等方面。学校通过与地方政府、中小学及其他教育机构的紧密合作,深化师范教育改革、强化实践教学。与附属学校紧密合作,为杭州乃至浙江省的基础教育领域输送了大量优秀人才,不仅提高了教师的专业素养,也为杭州的教育现代化贡献了力量。

第二,通过与阿里巴巴集团等企业合作,培养城市需要的高级商务人才。A 大学与地方政府合作的教育项目中,阿里巴巴商学院的校企合作模式尤为突出。该项目通过整合阿里巴巴集团的行业资源和 A 大学的教育资源,共同设计课程体系和教学内容,确保教育与市场需求的紧密对接。在实施策略上,学校采取了"双导师制",即学术导师与企业导师共同指导学生,使学生在理论学习和实践操作中获得均衡发展。在合作模式上,学校建立了理事会和院务委员会,由校企双方共同参与决策和管理,确保项目的顺利运行。通过这种合作,学生得以在真实的商业环境中学习和成长,为杭州乃至全国的数字经济发展输送人才。

第三,智慧教育与城市学研究:未来教育研究院与城市学研究生联合培养。基于 A 大学的专业特色与杭州"智慧城市"的发展思路,学校成立了未来教育研究院,专注于智慧教育研究。研究院以教育学争创国家一流学科为目标,紧跟国家教育战略,推动基础教育发展。城市学研究生联合培养项目通过与杭州国际城市学研究中心的合作,为研究生提供了参与城市研究和规划的实践机会。研究院的主要研究领域涉及城市规划、城市治理、城市遗产保护和城市经济管理等多个方面,在具体做法上,采用了"双导师团队"模式,结合学术导师的理论指导和行业导师的实践指导,使学生能够在学术研究和实际工作中获得全面发展。这种产学研一体化的培养模式,不仅提升了学生的专业能力,也为杭州的城市发展提供了有力的人才和智力支持。

第四,实践教学的强化:国家级大学生校外实践教育基地。为了增强学生的实践能力,A大学建立了国家级大学生校外实践教育基地。这些基地为学生提供了丰富的校内外实践教学资源,通过与企业的紧密合作,使学生能够在真实的工作环境中学习和应用所学知识,从而提高其就业竞争力和创新能力。

(二)科研与创新平台建设

科研与创新平台建设是高校提升社会服务能力的关键途径,也是推动学术进步与区域发展的重要基石。A大学在这一领域进行了深入的探索与实践。

第一,数字经济研究院的建立与作用。2017—2021年间,学校建立了16个校政企合作的产学研创新平台,如"浙江省数字经济与全球编码研究院"和"A大学马云乡村教育研究院",这些平台促进了科研成果转化和技术转移。数字经济作为新经济形态的重要组成部分,对传统产业的转型升级和经济增长模式的创新具有深远影响。A大学成立的数字经济研究院,正是响应国家关于加快数字经济发展的战略部署,聚焦于数字经济产业发展的管理和商业理论创新研究,通过跨学科的合作,推动数字经济理论的发展和实践应用。研究院的建立,不仅为学校提供了一个研究数字经济的高端平台,也为杭州乃至浙江省的数字经济发展提供了理论支撑和政策建议,体现出高校在区域创新体系中的重要作用。

第二,产学研服务平台的共建与实践。产学研合作是推动科技创新和产业升级的重要途径。学校大力支持高校教师参与教育部产学合作协同育人项目,其信息科学学院在2022年新立项的项目就达10项。A大学文化创意与传媒学院与余杭区融媒体中心签订了产学研合作协议,合作内容涉及课程共建、师资培训、学生就业、实习实训、教研项目开发等方面。学校积极促成学校教师参与区域年度产学研合作项目的申报工作,鼓励企业与高校之间的技术合作,包括技术开发和技术服务,并对符合条件的合作项目提供财政补助,推动科技创新和产业发展。文化创意学院与德必集团省公司共建产学研实践基地,聚焦于人才培养、输送引进、实践基地建设,旨在探索校企合作新模式,打造创新型人才培养环境。

第三,科研合作项目的发展与影响。A大学与企业合作,开展了一系列数字商务领域的科研项目。这些项目不仅涉及理论研究,更注重成果的实际应用。学校与企业共同探讨数字商务的发展趋势,研究新的商业模式和技术应用,推动了数字商务领域的创新。这些合作项目的成功实施,不仅提升了学校的研究水平,也为企业的发展提供了新的增长点,体现了高校在产业创新中的推动作用。A大学与遂昌县人民政府共建"阿里巴巴商学院(遂昌)数字经济研究院",旨在为山区县发展数字经济提供智力支持和实践指导,体现了高校服务地方经济社会发展的责任。通过这一合作,学校将科研成果与地方实际需求相结合,促进了科研成果的转化,同时也为遂昌县的经济发展注入了新的活力,展现了高校在促进区域均衡发展中的积极作用。

(三)政策研究与地区服务

A大学在政策研究与地区服务方面发挥着重要作用,通过与地方政府的紧密合作,为杭州市及其各区县(市)的经济社会发展规划提供智力支持,同时积极参与生态文明建设和社区服务,展现了高校服务社会的责任与担当。

第一,政策咨询与规划服务。A大学依托其学术研究和专业优势,为杭州市及各区县(市)提供政策咨询和产业规划服务。这些服务旨在支持地方经济社会发展,特别是在数字经济、教育创新、文化传承等领域。学校通过参与地方政府的决策咨询,为政策制定提供科学依据,推动地方产业转型升级和可持续发展。例如,2023 年,A 大学中国教育现代化研究院成功入选"中国教育智库榜单"(CETTE);"十三五"规划期间,A 大学服务杭州市项目达 235 项,服务杭州市经费累计近 1.82 亿元。

第二,"双西"生态保护。"双西"生态保护项目是杭州市生态文明建设的重要内容。A 大学通过开展科研和实践探索,致力于"双西"的生态保全及其环境的提升。研究团队提出了一系列保护与恢复生态环境的策略,为地方政府的决策过程提供科学支撑。除了科研工作,A 大学还积极开展教育及宣传活动,增强公众对环境保护重要性的认识,鼓励社会各界参与生态文明的构建。

第三,社区服务与志愿者行动。学生社团是 A 大学开展社区服务和志愿者行动的活动主题。例如,城市学社等学生组织经常举办学术讲座和现场调研等活动,在老师的指导下,把课堂上学到的知识运用到解决实际问题的过程中,锻炼了学生的社会责任感和解决实际问题的能力。这些活动为社区居民提供了学习新知识和互相交流的良好机会,从而加深了社区的团结和互助氛围。和诸多在杭高校一样,A 大学也积极回应大型赛事或活动的志愿者需求,支持了 G20 杭州峰会、亚运会等诸多赛事的志愿者行动。

第四,医疗资源服务。医共体建设专项行动是 A 大学在医疗资源共享方面的具体实践。A 大学通过与地方政府和医疗机构的合作,提升医疗服务质量和效率,增强社区医疗服务能力。A 大学通过提供"医疗资源双下沉"服务,与杭州市临安区昌化人民医院、淳安县第二人民院等托管医院合作,通过派遣专家、提供培训等方式,致力于医疗水平和服务质量的提升。学校还参与了杭州市心理健康、社会工作专业人才培训基地的建设,为培养心理健康和社会工作领域的专业人才提供平台。

(四)文化传承与国际合作

在全球化与本土文化传承的交汇点上,A 大学积极扮演着桥梁和推动者的角色。学校在文化传承与国际合作方面的努力,不仅响应了杭州市的文化发展战略,也满足了城市在全球化进程中对提升文化软实力的需求。

第一,宋韵文化研究与城市文化品牌建设。作为南宋古都,杭州有着深厚的宋韵文化底蕴。A大学成立了宋韵文化研究中心,旨在深化对宋韵文化的研究,推动其在现代社会的传播与应用。这一举措与杭州打造"文化名城"的战略目标相契合,有助于提升杭州的城市文化品牌,增强其在国内外的文化影响力。通过研究中心的学术成果和文化活动,宋韵文化得以在教育、旅游、创意产业等多个领域焕发新生,为杭州的文化繁荣和经济发展注入活力。

第二,国际人文交流基地与城市开放性提升。为适应杭州国际化都市的开放特质,A大学通过与国际知名大学和研究机构合作,如中欧联合实验室项目,积极促进国际学术交流,并为杭州市民与本校师生开辟了解国际领先文化与知识的途径。这类国际合作不仅为杭州带来了较为丰富的国际人文互动,也建立了培养国际化人才的平台,满足了全球化背景下对具有国际视野的人才的需求。

第三,国际合作项目与城市创新能力增强。A大学携手国内外顶尖高校共同设立研究实验室,提升大学的研究品质,助力杭州在科技革新及行业提质,有效推动了杭州在生物医学、信息科技等关键行业的进步,也为杭州本地企业及研究机构提供了与世界同步的平台,提升了城市的创新实力与竞争力。

(五)制度与机构建设

在A大学与杭州的合作中,制度与组织机构的建设是确保合作顺利进行的关键。通过建立有效的治理结构和决策机制,学校能够与地方政府和企业形成紧密的合作关系,共同推动教育、科研和社会服务的发展。

在治理结构与决策机制方面,一是发挥理事会与院务委员会的作用。为了更好地开展校地合作,A大学制定了《A大学服务杭州经济社会发展五年工作规划》《服务对接杭州城西科创大走廊方案》等,并设立理事会与院务委员会加强对合作项目的管理,提高决策效率。这些机构作为合作项目的最高决策和监督机构,负责制定合作项目的总体战略、监督项目实施进度,并确保合作双方的利益得到平衡和保障。理事会通常由校方代表、合作企业高管及地方政府相关部门的代表组成,这样的多元化构成有助于汇集各方智慧,形成共识,推动项目顺利进行。在决策机制方面,A大学采取了民主集中制的原则,确保决策过程既科学又高效。理事会定期召开会议,审议项目进展,解决合作中出现的问题,并对未来的合作方向进行规划。院务委员会则负责日常管理工作,执行理事会的决策,确保合作项目按计划推进。二是建立政学合作的双导师制。在研究生教育方面,A大学实施了双导师制,这一制度旨在结合学术导师和行业导师的优势,为研究生提供更加全面和深入的学术指导和实践指导。学术导师通常由校内具有丰富研究经验和学术成就的教授担任,而行业导师则由合作企业的资深专家或管理人员担任。这种双导师制不仅能够提升研究生教育的质量,也有助于学生更好地理解行业需求,提高其就业竞争力和创新能力。双导师制的实施,要求学校在组织机构上进行相应的调整,以确保导师资源的有效配置和导师职责的明确。学校需要建立导师选拔、培训、评价和激励机制,确保双导师制能够充分发挥作用,为研究生的成长提供支持。

合作协议是A大学与合作方共同遵守的法律文件,明确界定了双方在合作过程中的权利与义务,确保合作的顺利进行。一方面,在签订协议阶段,双方就合作的目标、内容、资源的投入、成果的分配、风险的共担等关键点进行细致商讨,避免日后发生争议,实现互惠的长远利益。以A大学与阿里巴巴集团合作建立的阿里巴巴商学院为例,该合作项目的协议中明确了双方在人力资源培养、科学研究合作、资源互享等领域的职责与期待。另一方面,学院理事会与院务委员会章程也会影响学院的内部治理结构。相关文件详尽规定了理事会与院务委员会的构成、职责界限、决策过程及工作流程,确保学院管理与运作的有序性。理事会章程主要涵盖了设立宗旨、成员条件、会议组织、决策方法等要素;院务委员会章程则围绕日常运营、财务监督、人员配置等议题展开。这些章程的制订与执行,促进了学院管理效能的提升,确保了在对外合作时学院发展路径与合作方的策略目标相吻合。

在人才培养与质量监控方面,一方面,重视人才培养方案的制定。作为发展成熟的高校,A大学一直注重人才培养方案的制定。学校根据杭州的经济社会发展趋势和产业需求,明确了人才培养的目标,确保学术性与适应性的结合。A大学积极培育教学改革项目,不仅注重理论知识的传授,更强调实践技能的培养,通过与企业的紧密合作,为学生提供实习实训机会,使学生能够在实际的工作环境中应用所学知识。学校鼓励学生参与科研项目,参加国际交流项目,以适应全球化时代的挑战。另一方面,建立评价与考核体系。为了确保教育质量,A大学建立了较为完善的评价与考核体系,涵盖教学过程、学生表现、科研成果等多个方面,旨在对合作办学效果进行定期评估。学校通过定期的教学检查、学生满意度调查、毕业生就业跟踪等方式,收集反馈信息,调整教学策略。此外,学校还引入了第三方评估机构,对教育质量进行客观评价,确保评价结果的公正性和权威性。值得一提的是,学校还开展了专业技术职务评聘制度的改革,设立了社会服务与推广型高级职务,鼓励教师积极参与社会服务,为地方政府提供决策咨询,承接企事业单位的委托项目。

在制度和机构建设方面,资源配置管理和服务支持平台建设这两个重要领域得到了系统化的整合和提升。针对资源配置管理,A大学强化了对合作项目共建经费的监控与管理。通过成立专门的财务管理小组,监督审计合作项目经费使用,确保财务支持的充分性及其在关键环节的合理运用,提升了资金使用的透明度与效率。此外,A大学还优化了资源配置,重点投资于教学、科研和学生实践平台等关键领域,实现资源的高效利用。在服务支持平台方面,A大学建立了高效的服务平台,为合作伙伴提供通畅的沟通渠道。该平台在项目筹备和实施各阶段都能及时响应合作伙伴的需求,并提供必要的指导和支持。无论是帮助合作企业解决人才培养、技术研发上的挑战，还是向地方政府提供决策咨询与规划建议，均展现出其在提高合作效率和增强双方满意度方面的作用。

三、合作成果：学校发展与区域贡献

在 A 大学服务杭州的规划指导下，校地合作的实践得以系统化和战略化推进，确保了合作项目的有效实施和预期成效的达成。

在人才培养方面，首先，A 大学的卓越教师培养计划在校地合作中取得了显著成效。毕业生就业数据显示，该计划培养的教师在浙江省的中小学教育中发挥了重要作用，不仅就业率高，而且在教学实践中展现出良好的专业素养和创新能力，得到了社会的广泛认可。其次，A 大学还通过校地合作支持学生创新创业项目，如学生创办的教育科技公司，支持学生参加各类创新创业竞赛，如"挑战杯"和"互联网＋"创新创业大赛等。这些项目不仅促进了学生的职业发展，也提升了学校的社会影响力。A 大学是国家首批创新创业典型经验高校、首批创新创业教育示范高校，省"双创"示范基地称号。此外，城市学研究生联合培养这种跨学科的合作模式不仅增强了学生的实践能力，也为学生在城市规划和治理领域的创新创业提供了丰富的案例和经验。

在科技创新方面，"十三五"规划期间，A 大学新增科研经费 11.35 亿元。学校承担的科研项目数量和质量均有所提升，与此同时，通过产学研合作，科研成果成功转化为实际的产品和服务，对杭州的产业升级和经济发展做出了贡献。2017—2021 年，A 大学组织实施了 160 个服务杭州项目，并拓展了 17 个地方合作关系，这些项目和合作涵盖了数字经济、教育、健康、文化等多个领域，直接回应了杭州的发展需求；A 大学完成了 27 项专利成果转化及 668 项技术转移转化，对地方产业升级和经济发展产生了积极影响。

在社会服务方面，A 大学全面实施《A 大学服务杭州经济社会发展五年

工作规划》《服务对接杭州城西科创大走廊方案》,"十三五"期间,开展合作项目 235 项,服务杭州经费累计近 1.82 亿元。A 大学的医共体建设专项行动在校地合作中取得了显著的社会效益。新增 A 大学新安硅谷研究院等合作型科研机构、合作平台 83 个;新增非直属附属医院、共建区域健康联合体24 个。通过与地方政府和医疗机构的合作,A 大学提升了医疗服务质量和效率,增强了社区医疗服务能力,改善了基层医疗服务条件,为杭州市居民提供了更加便捷和高质量的医疗服务。学校高质量承办十三届全国学生运动会和浙江省第十五届大学生运动会,为 G20 杭州峰会和世界互联网大会等提供高水平服务支持。

在文化传承方面,A 大学的宋韵文化研究项目对杭州城市文化品牌的贡献不容忽视。通过深入研究和广泛传播宋韵文化,A 大学不仅保护了这一珍贵的文化遗产,还通过各种文化活动,如宋韵文化节、学术研讨会等,增强了公众对宋韵文化的认识和兴趣。同时,"双西"生态保护项目则是 A 大学在生态文明建设中的积极探索,通过科学研究和实践活动,推动了西湖和西溪湿地的生态保护与提升,彰显了 A 大学在城市文化品牌建设中的积极作用。这些活动不仅丰富了市民的文化生活,也提升了杭州作为历史文化名城的形象。

四、行动者网络:A 大学的城市规划协同

(一)问题化

问题化是行动者网络理论转译环节的起始阶段,它涉及对需求的识别和问题的明确。A 大学在服务城市的过程中,首先识别了城市在教育、科技创新、文化传承和社会服务等方面的需求。这一阶段的关键在于理解城市发展的大背景,以及高等教育机构在其中所扮演的角色。

第一,识别需求。作为中国东部的重要经济中心,杭州近年来在数字经

济领域快速发展。随着阿里巴巴集团等科技巨头的崛起,杭州对于高素质的数字经济人才有着迫切的需求。A大学作为地方高等教育的领军者,敏锐地捕捉到了这一趋势,并通过教育创新来回应这一需求。此外,杭州在城市发展、文化传承和社会服务等方面也面临着一系列挑战,如平衡城市的快速发展与历史文化遗产的保护、提升公共服务水平以满足市民日益增长的需求等。

第二,定义问题。在识别了杭州的发展需求之后,A大学开始将这些需求转化为具体的教育和研究问题。在教育领域,学校面临着如何提升教育质量、改革课程体系以适应新兴产业的需求,以及培养具有创新精神和实践能力的人才等问题。在科技创新方面,学校需要考虑如何加强与企业的合作,推动科研成果转化,以及如何建立有效的产学研合作机制等。在文化传承方面,学校则关注如何保护和传承杭州丰富的历史文化遗产,如何在教育中融入地方文化元素,以及如何通过文化活动提升城市的文化软实力等。在社会服务方面,学校着重构建校地协同机制,通过继续教育、健康服务与志愿实践回应社区治理、人口老龄化等民生需求,实现知识资源与公共服务效能的双向转化。

在问题化阶段,A大学展现出了其作为行动者网络中的关键行动者的作用。A大学明确了自己的使命和责任,也为行动者网络的构建奠定了认识论基础。学校开始与地方政府、企业、社区以及学术界建立联系,共同探讨这些问题的解决。

(二)利益化

在行动者网络理论框架下的利益化涉及将识别出的问题转化为各方共同关注的利益点。A大学在与杭州的互动中,通过与政府和企业的合作,成功地将教育、科研、文化传承和社会服务的需求转化为共同的目标和利益。

第一,设定共同目标。A大学在与杭州市政府及相关企业的互动过程中,共同设定了一系列的目标。这些目标不仅反映了学校的发展愿景,也符合杭州的发展战略。例如,学校与阿里巴巴集团共建的阿里巴巴商学院,旨在培养适应数字经济时代的创新人才。这一目标的设定,不仅满足了杭州对高素质人才的需求,也体现了学校在教育创新方面的追求。此外,通过城市学研究生联合培养项目,学校服务于城市发展,为杭州的城市规划和管理提供了专业的支持和建议。

第二,整合利益。在共同目标的指引下,A 大学与合作方的利益得以有效整合。学校通过与企业的合作,获得了丰富的实践平台和资源,这不仅为学生提供了实习、实训的机会,也为教师提供了参与实际项目的平台,从而提升了教学和科研的质量。同时,企业通过与学校的合作,获得了源源不断的人才支持,这些人才不仅具备扎实的专业知识,还具有创新精神和实践能力,能够为企业的发展注入新的活力。对于政府而言,与学校的合作有助于实现区域发展战略,通过教育和科研的推动,促进了地方经济的转型升级和社会的全面进步。

在利益化阶段,A 大学与杭州的合作互动力求达成互利共赢的局面。学校、政府和企业各自发挥优势,共同推动了杭州的经济社会发展,也进一步提升了学校的综合实力。

(三)招募

行动者网络理论框架下的招募阶段涉及吸引和动员各方参与者共同参与合作项目。A 大学在服务地方的过程中,通过外部招募、内部招募及资源招募,逐渐构建起一个多方参与的合作网络。

第一,外部招募。为了实现服务城市的发展目标,A 大学在分析行动主体资源与利益的基础上,积极吸引和判断潜在的合作者,对政府、企业和社区等组织进行招募。这种跨领域的合作为学校提供了与政府和行业企业直接对话的机会,建立起城市主体共同参与的合作平台。

第二,内部招募。通过行政管理和教师教学人员的积极参与,以及学生志愿者的广泛招募,形成了活跃的校园合作氛围。行政管理人员负责协调校内外资源,确保合作的顺利进行。教师则在教学和科研中发挥专业优势,指导学生参与项目,将理论知识与实践相结合。学生志愿者则通过参与项目,不仅能够获得实践经验,还能够提升自身的社会责任感和团队协作能力。

第三,资源招募。通过分析校内外资源,如师资、科研设施、资金等,为合作提供扎实的基础。师资的动员体现在学校对教师的培训和激励,以提升课程与研究水平;科研设施的动员则体现在学校对实验室、图书馆等资源的优化配置,为合作提供必要的硬件支持;资金资源的动员则涉及学校与合作方的经费协商,确保项目有足够的运行经费。

(四)动员

A大学在服务地方的过程中,通过与合作伙伴共同制订行动计划,制定相关的激励与监督政策,确保了合作目标的实现和合作的持续性。

第一,行动实施。A大学与杭州的合作伙伴共同制订了一系列涵盖教学改革、科学研究、社会服务活动等多个方面的行动计划。在教学改革方面,学校响应杭州对高素质人才的需求,调整了课程设置,引入了更多与数字经济相关的课程,如电子商务、大数据分析等;在科学研究方面,鼓励与企业合作,开展一系列针对地方产业发展的科研项目,并建立起诸如数字经济研究院这样的研究平台;在社会服务活动方面,积极鼓励师生参与社区服务和文化传承项目。

第二,持续互动。在项目实施过程中,这种互动不仅体现在项目策划阶段,也贯穿于项目实施的全过程。学校通过定期的会议、工作坊和评估活动,与合作伙伴共同讨论项目进展,解决实施过程中遇到的问题。例如,在与阿里巴巴集团共建的阿里巴巴商学院项目中,学校与企业定期交流学生实习实训的情况,及时调整教学内容和方法,以更好地满足企业的实际需求。在"双西"生态保护项目中,学校与政府部门紧密合作,共同监测项目进展,确保生态保护措施的有效实施。

通过这种持续的互动,A 大学能够及时调整策略,应对新出现的问题和挑战,确保合作项目的顺利进行。这种动态的调整机制,不仅提高了合作的效率,也增强了合作的适应性和灵活性。

五、大学与城市互动过程中的要素分析

在行动者网络理论的视角下,A 大学与杭州的互动过程可以被看作一个由多个行动者组成的网络,其中既包括人类行动者,也包括非人类行动者。这些行动者通过不断的互动和协作,共同塑造了城市与大学之间的合作模式。

（一）人类行动者分析

第一,作为网络中的关键行动者,A 大学通过教育和科研活动,与城市发展紧密相连。学校的教师和研究人员不仅是知识的传播者,也是创新的推动者。第二,政府在这一网络中扮演着政策制定者和资源分配者的角色。通过出台相关政策,如土地政策、财政政策、产教融合政策等,为大学的外部合作提供了政策支持和资源保障。第三,企业作为行动者网络中的另一类行动主体,参与大学的人才培养和科学研究,对大学的教育和科研方向产生影响,最终受益于大学人才培养质量和科学研究质量的提升。第四,社区居民和非政府组织等也参与大学的社会服务活动,为大学开展社会服务提供了便捷平台,为大学提供了实践和研究的场所或对象。

（二）非人类行动者分析

第一,政策资源在网络中起到了规范和引导的作用。例如,国家和地方的教育政策、产业政策等,为大学与城市的互动提供了框架和方向,确保了合作的合法性和有效性。第二,教育资源,包括课程体系、教学设施、科研平台等,是大学行动者能够发挥作用的物质基础。第三,信息技术在网络中扮

演着连接和沟通的角色。通过信息技术,大学能够与企业、政府、社区等行动者进行高效的信息交流,促进了知识的共享和创新的产生。第四,基础设施既包括传统意义上的如交通、通信等,也包括大学图书馆、体育馆等基础设施向公众开放等,共同构成了大学与城市的互动的物理条件。良好的基础设施能够促进人才、信息、资源的流动,提高合作的效率,提升城市与大学的文化水平。第四,文化资本,包括历史文化遗产、地方文化特色等,是大学在文化传承和社会服务中的重要资源。通过挖掘和利用这些文化资本,大学能够更好地服务于城市的文化建设。

值得一提的是,该校的图书馆设有杭州市图书馆城市学分馆。分馆自2017年10月19日正式开馆以来,专注于"城市与城市学"研究领域的特色发展,旨在为城市学的研究者提供一个丰富的知识宝库。分馆内馆藏内容丰富,涵盖从城市历史文献典籍到现实问题研究的各类文献,包括经典名人名家的作品及新颖的思想观点文献。在编目、分类和布架上,馆藏以城市与世界、中国、浙江为分类主线,突出城市主题,并针对城市流动人口、城市教育、城市医疗卫生等七大城市问题形成了具有城市学研究特点的图书文献分类法。这一举措不仅展现了 A 大学在促进教育资源共享、支持城市学研究领域发展等方向上的努力,也反映了大学在行动者网络中,如何通过非人类行动者——如图书馆这样的教育基础设施,为城市服务,促进城市文化和知识的流动与创新。

通过行动者网络理论框架的分析,我们可以看到 A 大学与杭州的互动是一个动态的、多方参与的过程,涉及问题的识别、利益的整合、合作伙伴的招募及行动的动员,人类行动者与非人类行动者都在其中发挥了积极的作用。这一过程不仅促进了教育资源与地方需求的对接,也推动了科研成果的应用和文化传承的深化。

第三节　组织调整:B大学的校地互动之策

一、合作目标:服务城市的鲜明阐释

B大学作为一所地方本科院校,在高等教育普及化发展的背景下,积极响应国家关于引导部分地方普通本科高校向应用型转变的政策,致力于成为一所高水平的应用型大学,通过与政府、企业、社区等多元行动者的合作,推动教育教学改革,提升社会服务能力,以更好地满足城市发展的需求。

B大学在致力于加强市校合作和提升社会服务能力的过程中,采取了一系列举措。首先体现在学科目标的重新谋划上,即,紧贴城市发展和治理的需要,重点擦亮"数字""城市""应用"三张金字招牌,形成自己的拳头产品;坚持产业化、市场化导向,完善一流产教协同体系;推进与Z大学的融合发展;坚持基础研究和应用研究齐头并进,加快建设协同创新中心、重点实验室、工程实验室、工程技术研究中心;构建国内国际办学"双循环"体系,积极开展国际化办学等。这些理念的确立与其行政驱动和决策密不可分。B大学的校领导深刻认识到,与地方的紧密合作不仅能够促进学校资源的有效利用,还能显著提升大学对社会服务的贡献,进而提升高校的社会影响力。

二、合作实践:资源整合与服务深化

首先,通过政府政策和资源来满足B大学的发展需求。校长和管理层通过积极谋求浙江省、杭州市与Z大学的支持,成功促成了杭州市政府与Z大学《关于全面支持B大学争创全国百强大学的合作协议》的签订。通过明确双方的合作范围、责任和支持,将B大学的发展纳入城市的整体发展框架。同时,市政府也制定了一系列支持 B 大学建设的政策文件,包括人才支持、财政支持、项目支持等,以确保学校的发展有足够的资源和政策支持。

其次,尽可能地争取内外部资源,以支持特色化发展与服务城市。一方面,积极寻求外部与政府各相关部门的合作,通过提供智库服务,为政府部门提供专业知识和研究支持,以应对城市发展中的重大挑战。政府各相关部门则为学校提供了政策支持和资源,帮助学校更好地发展和提高影响力。另一方面,积极与产业界展开合作,包括建立行业学院、合作开发课程、进行项目研究、组织实习就业等。其核心是建立学校与产业界的合作伙伴关系。

再次,最大限度地整合和利用各类资源,以支持学校的发展并更好地服务城市发展。一方面,学校建立了多个研究中心和实践基地,为联合研究和实践提供了场所与平台,为城市问题提供解决方案。同时,实践基地促进学生参与服务学习,使他们能够将学到的知识应用于实际问题,同时也满足城市服务的需求。另一方面,B 大学积极开展国际交流与合作,吸引国际学生、教师和学者来学校学习和教授,促进了国际文化交流。这不仅为 B 大学带来了多元的文化氛围,推动了国际化办学,也为城市提供了更多国际化的资源和视角。资源是大学多元化发展和国际化办学的关键要素,整合和利用各类资源有助于 B 大学更好地满足城市需求。

最后,积极动员学校内部各行政部门人员、院系师生,鼓励他们积极参与城市服务,旨在积极回应社会需求,推动社会问题的解决及公益事业的发展。一方面,学校提供继续教育项目,为政府、企事业单位和老年大学等提供课程支持,通过满足不同社会群体的学习需求,促进其终身学习的实现。另一方面,师生积极参加亚运会志愿者等社会创新活动和公益活动,这类服务活动不仅有益于社会,还培养了学生的社会责任感和实践经验,使他们能够更好地参与社会事务,推动社会问题的解决。此外,校园场地、运动设施、图书馆等向社会开放,与合作单位开展文艺交流等,提高了校园文化活动品质,促进了文化艺术的传播和社区文化建设,满足了城市文化建设的需求。

三、合作成果:多元合作与机构优化

B大学是城市的有机组成部分。B大学不仅是师生开展教学、科研与文化活动集聚的地理空间,也是政府、企业、社区等众多行动者共同参与构建的网络空间,涵盖了多元异质的参与者。它们通过各自不同的目标和行为模式,在形成网络的同时,也在重新塑造高校的社会空间属性。

(一)功能结构变化

大学的功能结构变化,一是新增了多个职能部门,如发展规划处、地方合作处等,以更好地满足高校社会创新的需求。二是成立了多个研究院和服务中心,既包括以B大学为主体的城市大脑研究院、数字文化创新研究院、文明与传播研究院等9个研究院和科技成果转移转化服务中心、科教创新综合体支持服务中心、超算中心等3个服务中心。学校也通过与企业联合建立产业学院的方式,激发产教融合新动能,如人工智能与先进计算产业学院、国际文化旅游产业学院和智能物联产业学院等。这种合作有助于将高校的教育和研究成果应用于实际产业中,推动社会创新。学校还与研究机构合作推进科研联合创新,例如与研究院、知名企业等联合成立各类研究院或研究中心,提升研究水平,并促进科研成果的应用,加速科研和创新的过程。三是构建社会服务体系,服务学校开放办学。如,服务城市知识产权交易服务中心,服务省红十字会、服务城市发展改革委"双碳"研究中心等;开设老年大学、建设附属中小学等;协同推进继续教育,开发高质量发展、数字化改革、生态文明建设等培训课程,高质量服务浙江省及其他11个省(自治区、直辖市),助力各地经济社会发展。

(二)物质空间改变

为满足城市创新主体的需求,B大学的校园改扩建项目获得了浙江省

发展改革委重点建设项目立项，增建学生宿舍、动物实验中心和医学实验综合楼等。拟建游泳馆、文体劳综合楼及图书馆扩建等，获得市重点投资计划项目立项。与此同时，B大学还开展了分布式办学，以微校区为切入点，服务不同地区的创新需求。例如，服务杭州市某区先进材料、高端制造领域发展，建设先进材料增材制造创新研究中心；服务杭州市某区智慧交通、电子信息领域发展，共建创新中心。通过校外实践教育基地建设、参与亚运会等志愿者服务等，利用好城市大课堂，让学生在实践中求真知、促成长。

（三）社会结构变化

B大学教职工与学生的比例从1：20提升到1：15，师资结构和年龄结构进一步优化，教职工收入水平、学生资助比例与资助额等较之以前都有较大变化。管理人员数量的增加意味着学校能够更好地响应师生的需求，提供更加个性化和高效的服务，保障各项教育和科研项目的顺利进行。优化师生比是提高教学质量的关键措施之一，教师能够有更多的时间和精力关注每个学生的学习进展和个性化需求，从而提升教学效果和学生的学习体验。年龄结构的多元化有助于形成充满活力和创新精神的学术环境。合理的薪酬体系有助于提升教职工的工作满意度和忠诚度，从而进一步提高教学质量和科研水平。资助政策的实施不仅减轻了学生的经济负担，还鼓励学生积极参与学术研究和社会实践，促进学生的全面发展。通过与企业和行业的紧密合作，高校能够及时调整课程设置和教学内容，确保学生所学知识和技能与市场需求相匹配。

（四）形象特征变化

通过上述举措，并主动对接国家、省、市重要媒体平台，B大学扩大了影响力、提升了知名度。学校在软科中国大学的排名连续4年快速提升，由转公前的351位快速提升到236位。学校采取积极的对外宣传策略，通过新闻报道、专题访谈、学术讲座等形式，向公众展示其在教学、科研和社会服务等方面的成就,使学校的品牌形象得到了有效传播,吸引了更多的优秀师生和合作伙伴。学校积极举办学术会议和论坛,邀请行业专家和学者进行交流和研讨,提升了学校的学术地位,为师生提供了与国内外同行交流的平台,促进了学术思想的碰撞和创新。对社会公益活动的积极参与,增强了学校的社会影响力,培养了学生的社会责任感。

四、行动者网络:B 大学的资源整合结构

在对 B 大学的案例进行分析的过程中,我们看到,为实现应用型本科高校的转型发展,满足各行动者的目标和利益需求,网络中的转译过程至关重要,以此来排除转型过程中的障碍。

在"问题化"阶段,B 大学发挥了重要作用。通过深入理解"十年建百强"计划的总体要求,并分析学校所在城市经济快速发展背景下高等教育的短板,B 大学提出了"特色化崛起"的问题。这一问题成为 B 大学与其他行动者共同关心的核心议题,关联着它们各自的利益。这一阶段,依托城市积极建设"世界一流的社会主义现代化国际大都市"的辐射带动,结合高水平打造"数智城市·宜居天堂"的目标,B 大学积极利用城市产业与文化资源。这种主动融入城市发展的策略使 B 大学能在城市发展中发挥更积极的作用,深度挖掘自身的特色优势,提升学科水平、扩展发展空间、创新办学机制、强化人才保障。通过这些措施,B 大学积极打造城市发展的参与者甚至引领者角色,从而使社会服务能力提升成为解决问题的关键途径。这种提升不仅是对 B 大学自身的革新,也是对整个城市发展模式的积极贡献,体现了高校在地方发展中的重要作用和影响力。

在"特色化崛起"目标牵引下,B 大学通过"利益化"激活各方协同动力,谋求共生格局的形成。对政府而言,学院以人工智能、数字经济、考古学等专业为城市输送人才,推动城市"数智化""文化＋"等战略落地,实现人才储备与经济增长的双重目标;企业则借助校企共建的产学研基地,获

取物联网、智慧城市等领域的研究成果,同时吸纳具备实践技能的毕业生,破解技术与人力资源的瓶颈;大学在合作中拓展资金来源、实训场地等,以产业需求反哺学科建设,加速向高水平应用型大学转型,社会声誉持续攀升;师生群体不仅获得了参与企业项目、国际联合培养等机会,还受益于企业导师授课、前沿技术课程等优质教学资源,为职业发展筑牢根基。各方行动者在资源互补、优势共享中实现利益共振,构建起充满活力的协同网络。

在 B 大学致力于加强市校合作和提升社会服务能力的过程中,各异质行动者积极构建行动者网络,并采取多种方式进行招募,以支持服务城市的发展目标。从前述合作实践中,可以看到 B 大学分别开展了行政招募、合作招募、资源招募与服务招募。(1)校长和管理层通过积极谋求省、市与 Z 大学的支持,促使杭州出台与 B 大学发展密切相关的人事、财政及项目政策等,这就是典型的行政招募。行政招募能够为网络合作的达成提供环境与动力。(2)在前述的合作实践中,B 大学积极拓展与政府、企业的项目合作,这就是典型的合作招募。通过合作招募,学校能够满足市场需求,提供与公共服务或产业发展相匹配的教育和研究,为学生提供实践和就业机会,并推动研究和创新,以支持城市的经济和产业发展。(3)前述关于资源的整合和利用的实践,就是典型的资源招募,能够围绕目标最大限度地整合和利用资源,以支持学校的发展并促进服务城市。(4)志愿者服务项目、继续教育项目等的培育与推出,旨在积极回应社会需求,推动社会问题的解决及公益事业的发展,这就是典型的服务招募。服务招募有助于学院与社会各界建立更紧密的联系,实现互惠共赢的目标。

在该阶段的行动者网络构建中,国家与地方政策构成了基本的支持环境。政府作为关键行动者,利用既有的行政体系,自上而下地招募其他多元化的参与者。这个网络不仅涵盖了人类行动者,如省教育厅、市教育局、B 大学校长与管理层、B 大学师生、相关企事业单位等,还包括了非人类行动者,例如省市政府提供的资金和政策支持,以及 B 大学的校园设施、教学课程和文化活动等。这些异质行动者在社会服务能力提升过程中,构建了一个复杂的网络结构(见图 3.5)。值得一提的是,这个网络不是固定不变的,而是会随着内外政策的调整及 B 大学向应用型高校转型的过程中,进行动态的适应和调整。这种动态的适应和调整体现为新参与者的加入、现有参与者角色的变化,以及网络内部关系结构的调整。随着政策的更新和 B 大学的策略调整,某些行动者可能会加强其在网络中的作用,而其他行动者可能降低其影响力或退出网络。例如,政策变化可能引导新的资金来源和合作伙伴加入,或促使某些既有的合作伙伴改变其与 B 大学的互动方式。同时,非人类行动者如校园设施和课程内容也可能会随着政策和战略的变化而发生调整,以更好地适应新的目标和需求。这种动态的网络特性强调了在应用型本科转型过程中,行动者网络是一个持续进化和适应的系统,其结构和功能随着外部环境和内部策略的变化而变化,以实现最优的服务效果和战略目标。

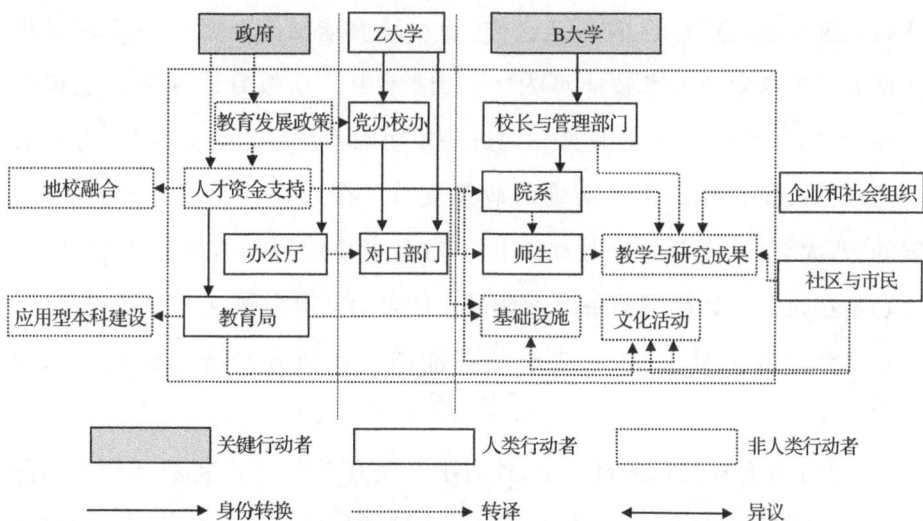

图 3.5　转型后的 B 大学社会服务能力提升的行动者网络

第四节 产教融合:C大学的校地互动之法

位于杭州的 C 大学是一所以工科教育为主,同时在理科、文科、经济、管理、教育、艺术等多个学科领域协调发展的全日制普通本科高等学府,其产教融合的教育模式深受国家和地方教育政策的支持,并紧密结合了地方产业发展的实际需求。

一、合作目标:综合发展与产教协同

作为教育部认定的中德合作培养高等应用型人才的试点院校,C 大学获得了特殊的政策支持,为其与全球教育资源的有效对接奠定了坚实基础。这一特殊地位让学校在长期的国际合作过程中积累了宝贵的经验,并形成了鲜明的国际化教育特色。随着"卓越工程师计划"的推出,C 大学开始积极探索与产业界的深度合作,旨在培养能够满足社会主义现代化建设需求的高素质技术技能型人才。《国家中长期教育改革和发展规划纲要(2010—2020 年)》的政策导向进一步明确了产教融合的方向,为 C 大学与地方产业合作提供了明确的政策支持。在地方产业需求方面,浙江省的"八大万亿"产业发展战略突出了对高素质应用型人才的迫切需求,特别是在机器人和高端装备产业领域。C 大学紧密跟随这一发展趋势,通过校产合作等多种方式,致力于培养能够支撑地方经济发展的应用型人才。

C 大学在合作目标的设定上,致力于全面实现人才培养、科研创新与国际化发展的综合目标。学校在人才培养领域的目标是培育具备国际视野和创新实践能力的高素质应用型人才队伍。为此,学校积极邀请企业共同参与培养方案的制定,实现教学内容与产业需求衔接。通过实践教学和国际交流项目的实施,提升学生的实际操作能力和国际竞争力。

在科研创新方面,C大学通过校企合作,推动科研成果转化为实际应用,服务地方经济发展。学校鼓励教师参与企业的实际项目,促进科技成果转化;还通过设立产学研合作基地,为企业提供技术支持和服务,推动地方产业的技术进步和创新能力提升。

在国际化方面,C大学构建了国际化教育体系,不断提升学校在国际合作与交流中的竞争力。C大学通过与德国等国家的高校和企业建立合作关系,引进国际先进的教育理念和教学资源,为学生提供全英文授课的国际化专业课程。学校还积极参与国际学术交流,举办国际会议,邀请国际知名学者来校讲学,为师生提供广阔的国际视野。

二、合作实践:产教融合与国际合作

(一)校企合作与产教融合

C大学与浙江国自机器人技术股份有限公司等企业共建的机器人产业学院,是省级重点现代产业学院。学院依托企业的技术支持和市场经验,为学生提供了一个理论与实践相结合的学习平台,使学生能够在真实的产业环境中学习和成长。这种合作模式使学校能够紧跟产业发展趋势,及时调整教学内容和研究方向,确保教育内容与市场需求的同步更新。校企合作的另一个重要成果是学校与阿里巴巴集团共同设立的"云计算"实验班,专注于培养学生的实战能力和创新精神。合作内容涵盖了实习实训、课程共建、师资培训等多个方面,为学生提供了接触前沿技术和企业实际需求的机会。学校与吉利汽车研究院签署的"3+1"人才培养战略合作协议,进一步深化了校企合作。双方在人才培养、资源共享、产学研合作等方面建立了全面的战略合作关系,特别是在汽车工程技术人才的培养上取得了显著成效。

C大学参与杭州市政府的科技项目和研究任务,如城市智能交通系统的研发,体现了学校与地方政府的紧密合作。这种合作不仅推动了地方经济的发展,也促进了科技创新。C大学参与"浙江省产学研合作促进会"的活动,与政府、企业共同推进科技成果转化和产业升级,这种多方合作模式为学校的产学研合作提供了新的平台和机遇。

(二)人才培养与创新实践

机器人产业学院携手浙江国自机器人技术股份有限公司、杭州市美仪自动化技术股份有限公司等知名企业,共同构建了涵盖多层次的课程体系。其中除了通识课程、专业基础课,还包括机器人专业课程和创新实践课程,使学生在校期间就开始了解行业标准和实际应用知识。课程内容紧扣实际,通过案例分析、项目驱动等方式,激发学生的学习兴趣和创新思维。

沉浸式场景化实践教学和探究式项目化创新教育是C大学的特色。学校通过真实产线、虚拟仿真、模拟平台等方式,使学生能够在模拟的产业环境中学习,提升创新实践能力。

(三)国际化行动与成果转化

C大学与德国汉诺威应用科学大学、澳大利亚昆士兰大学等国际知名学府建立了合作关系,共同为学生提供基于机器人产业研发和生产过程的沉浸式实习实训环境。C大学与国际知名企业共建校企联合实验室,为学生提供了先进的实践平台,这些实验室不仅为学生提供了实践机会,也为学校的科研工作提供了支持。学校还推进国际化专业群和课程建设,如中澳"2+2"联合培养双学位机器人工程专业、中德"2+3"联合培养双学位电气工程及其自动化专业等,为学生提供了国际化的学习环境。学校与德国等国家合作承担国家级和省部级科研项目,展示出学校的国际科研能力。与此同时,学校还引进了国外成熟先进技术,成为国外技术向国内转移的纽带和桥梁,推动了地方产业的技术进步和创新能力提升。

三、合作成果:实践创新与产业提升

通过上述目标的设定与扎实推进,C大学不仅在综合发展方面取得了显著成就,也在产教协同方面展现了强大的动力和效果,实现了教育与地方产业、国际资源的深度融合与相互促进。

(一)创新人才培养模式,促进应用型人才的培养

C大学通过与企业紧密合作,开创了机器人产业学院等平台,实施了产教融合和协同育人模式。特别是学院推出的"沉浸式场景化"实践教学和"探究式项目化"创新教育,显著提升了学生的实践与创新能力。这种教育模式不仅让学生在真实生产线和虚拟仿真环境中学习,还促进了高素质应用型工程人才的培养,体现了教育与产业需求的高度融合。

(二)校企共建课程与实践基地取得实质性进展

C大学与顶尖企业共同开发了特色鲜明的课程,如机器人系统、控制和移动机器人等,充分反映了校企合作的深度与实效性。企业师资占比43%,"双师型"教师比例超95%,有效保证了教学内容的实战性和前沿性。此外,学院的创新实践基地建设,如与浙江国自机器人技术股份有限公司等共建的多功能实验、实习、实训基地,为学生提供了宝贵的实战经验,这些成果直接证明了2021年和2022年C大学科研处与社会合作办在多渠道拓展科研资源方面的成功。

(三)国际化合作与交流拓展科研视野

C大学在国际化发展方面不仅注重教师队伍和学生的国际视野拓展,更在国际科研合作与技术引进方面取得了显著进步。C大学与德国院校联合开展国家级和省部级科研项目,这不仅展现了学校在国际科研领域的活

跃度和能力,也标志着其科研工作达到了国际先进水平。同时,学校成为国外成熟技术向国内转移的关键枢纽,促进了地方产业技术水平的显著提升和创新能力的增强。通过这样的合作,C大学不仅加深了与国际高校和研究机构的联系,也为地方经济发展注入了新的动力,展示了其在推动全球技术交流与合作方面的重要作用。

(四)科研与社会服务强化产业贡献

在科研成果转化与社会服务方面,C大学显示出了强大的实力和活跃的状态。学校的科研项目经费在2022年达到1.49亿元,新签企业服务项目603项。此外,学校积极推进科技成果的转移转化,实现专利转让41件,转让金额达到266万元。这些数据不仅展现了学校科研能力的增强,也突出了其在服务社会、促进地方经济发展方面所发挥的积极作用。

四、行动者网络:C大学的产教合作路径

(一)问题化

C大学与产业互动的问题化阶段是一个复杂的互动过程,揭示了高校与地方产业之间共同面临的挑战。

C大学在教育领域面临着课程内容与市场需求不匹配的问题。随着全球经济的快速发展,尤其是信息技术和自动化领域的迅猛进展,学校意识到传统的教育模式已无法满足新兴产业对技术技能人才的需求。这种认识促使学校开始寻找新的教育模式,以培养具有创新精神和实战能力的高素质应用型人才。与此同时,地方产业,尤其是机器人、高端装备制造、云计算和汽车工程等领域的企业,面临着技术人才短缺的问题。这些企业需要的不仅仅是理论知识丰富的毕业生,更是具备实际操作能力和创新能力的工程师。这种人才短缺限制了企业的创新能力和市场竞争力,成为制约企业发展的关键因素。

在此背景下,C 大学与地方产业的互动开始聚焦于如何通过教育改革来解决这些问题。学校开始探索与企业合作的可能性,通过校企合作项目,将企业的实际需求和最新技术动态引入教学内容中。这种合作模式旨在实现教育内容的实时更新,以及学生实践能力的同步提升。为了实现这一目标,C 大学采取了一系列措施。例如,与阿里巴巴集团合作设立"云计算"实验班,与吉利汽车研究院签署"3＋1"人才培养战略合作协议,以及参与杭州市政府的科技项目等。这些合作项目不仅为学生提供了接触前沿技术和实际工作环境的机会,也为企业提供了一个培养和吸引未来技术人才的平台。此外,C 大学还积极参与"浙江省产学研合作促进会"的工作,通过与政府、企业的合作,共同推进科技成果转化和产业升级。这种多方参与的合作模式,不仅解决了学院和企业各自的问题,也为地方经济的发展提供了新的动力。

在问题化阶段,通过识别和定义共同面临的问题,C 大学和企业构建了一个合作网络,旨在通过资源共享和优势互补来解决各自的挑战。这一过程不仅涉及教育和产业的内部行动者,还包括政府、研究机构等外部行动者,形成了一个跨领域的合作网络。

(二)利益化

在明确问题之后,产学双方开始明确合作的具体利益点,并围绕这些利益点构建共同的目标和愿景。对于 C 大学而言,提高教育质量和培养符合市场需求的人才是其核心利益。学校认识到,要想在激烈的教育竞争中脱颖而出,就必须紧跟产业发展趋势,更新教学内容,提供与实际工作紧密结合的教育项目。通过与企业的合作,学校能够引入最新的行业知识和技术,使学生在学习过程中就能够接触到真实的工作环境和挑战,并尝试解决实际问题的就业竞争力和创新能力。

对于企业伙伴而言,合作的直接利益在于获得技术的解决方案和高质量的毕业生。这与高校提升研究水平和人才培养质量的目标不谋而合。在利益化阶段,C大学与产业伙伴通过一系列的互动和沟通,逐步建立起共同的兴趣和目标。学校通过举办行业论坛、研讨会等活动,邀请企业代表参与,共同探讨教育与产业的发展趋势。企业则通过提供实习机会、参与课程设计、提供项目案例等方式,与学校建立紧密的联系。例如,C大学通过与吉利汽车研究院的"3+1"人才培养战略合作协议,为学生提供与汽车工程技术紧密相关的实践机会,而吉利汽车则能够获得一批经过实践训练、熟悉企业需求的毕业生。这种合作模式使得学校和企业的利益都实现了最大化。

通过这些合作实践,C大学与产业伙伴之间的利益化过程不断深化,双方在共同的目标和愿景下,形成了一个互利共赢的合作网络。

(三)招募

在招募阶段,C大学与产业伙伴的合作网络进一步扩大,吸引了更多的参与者加入,从而增强了网络的影响力和资源基础。这一阶段的关键在于如何有效地动员和吸引新的行动者,包括企业、学生、教师及其他潜在的合作伙伴。

C大学在开展校企合作项目的基础上,通过展示合作成果和潜在价值,谋求更多企业的深度参与。例如,学校与吉利汽车研究院的"3+1"人才培养战略合作协议就成功吸引到其他汽车及相关行业的企业,希望与学校建立类似的合作关系。学校通过提供丰富的实习和研究活动,吸引师生的参与。学校与企业之间的合作项目为师生搭建了研究和实践的平台。例如,学校与阿里巴巴集团合作设立的"云计算"实验班,师生共同参与前沿课程学习和研究,对相关教师和学生都有很大的吸引力。学校还通过举办各类学术活动和研讨会,吸引教师和研究人员参与校企合作。例如,通过工作坊和午间沙龙的方式,宣传、研讨与杭州市达成的科技项目,新的教师科研团队加入进来,获得了参与地方经济发展的机会,同时也为企业提供了技术支持。C大学与德国汉诺威应用科学大学、澳大利亚昆士兰大学等国际知名学府合作,建立中德联合实验室和国际合作平台,为学生提供了国际化的学习环境,也为学校的教师和研究人员提供了国际合作的机会,扩大了合作网络的国际影响力。

通过这些招募活动,C大学与产业的合作网络不断壮大,吸引了更多的企业、学生、教师和研究人员参与合作。这种多元化的参与不仅丰富了合作网络的资源,也提高了网络的创新能力和适应市场变化的能力。

（四）动员

C大学与产业伙伴的合作意向在动员阶段转化为具体的行动和项目。这一阶段的关键在于将双方的共同利益转化为实际的合作计划,并确保这些计划得以有效执行。以下是对动员阶段的详细剖析。

与产业伙伴共同开发课程是动员阶段的一个重要行动。学院根据产业需求调整教学大纲,引入企业专家参与课程设计,确保课程内容与行业发展趋势同步。例如,学校与阿里巴巴集团合作的"云计算"实验班,不仅更新了课程内容,还引入了企业的实际案例,使学生能够在学习中直接接触到行业前沿技术。建立实习基地是动员阶段的另一个关键行动。学校通过与企业合作,为学生开拓了实习机遇,使他们得以在真实的职场环境中获得学习与成长的机会。例如,与吉利汽车研究院的合作,不仅为汽车工程专业的学生提供了实习机会,还让学生参与企业的实际研发项目,这种实践经验对于学生的职业发展至关重要。开展联合研究项目也是动员阶段的重要组成部分。例如,C大学参与杭州的城市智能交通系统的研发项目,学校的科技人员与政府的公共管理者密切合作,推动了技术创新,也为学校的教师和学生提供了宝贵的研究经验。

在动员阶段,签订相关的协议或形成相关的制度至关重要,会影响到合作的长期性和稳定性。尽管访谈中,C大学的一些合作形成过程基于师生、校友等非正式渠道,但项目的最终达成都通过协议的方式固定了下来。虽然C大学并没有成立专门的行政部门,但科研处承担了大量相关的工作,在促进校地合作的过程中发挥了积极的作用。通过这些具体的行动,C大学与产业伙伴的合作网络进一步巩固和发展。动员阶段的成功实施,为双方的共赢发展奠定了基础,也为学校的教育改革和产业的技术创新提供了持续的动力。

五、大学与产业互动中的要素分析

对高校而言,其在互动网络中显然扮演着关键行动者的角色,而这一角色之所以能够发挥作用,离不开教师、学生、管理人员的行动与决策,从而推动了校企合作的进程。其中,教师在课程开发、科研项目、学生指导等方面发挥着重要作用。他们与企业合作,将最新的行业知识和技术引入课堂,同时也参与企业的技术研发,促进了知识的传播和创新。学生是校企合作的直接受益者。他们通过参与实习、项目研究等活动,获得了宝贵的实践经验,提高了自己的技能和就业竞争力。学生的需求和反馈也影响着学校的教育政策和课程设置。学校的管理人员在协调校企合作、制定合作政策、管理合作项目等方面起着桥梁作用。他们确保合作项目能够顺利进行,同时也负责与政府、行业协会等其他行动者沟通,争取更多的资源和支持。

政府在政策制定、资金支持、产业规划等方面发挥着重要作用。访谈中,受访者花了更多时间谈论学校在异地办学过程中与当地政府建立的紧密的合作关系。政府在土地使用、基础设施建设、政策支持等方面为C大学提供了必要的资源和便利;还通过制定优惠政策,吸引学院在当地开展科研和技术创新活动,促成学校与地方产业的融合发展。与C大学合作的企业,如前述浙江国自机器人技术股份有限公司、杭州市美仪自动化技术股份有限公司、吉利汽车研究院等,是互动网络中的重要参与者。它们通过提供实习机会、参与科研项目、捐赠设备和资金等方式与学校互动。在异地办学的过程中,学校也与当地企业建立了较为紧密的合作关系。C大学一直与当地社区保持着良好互动关系的传统。学校积极参与社区服务,如提供 4:30 课堂和暑期托管服务等教育支持、文化活动和志愿服务,增强了学校在当地的影响力和认可度。学校还通过与社区合作,开展社会实践和实习项目,为学生提供了解和参与社区建设的机会,同时也为社区带来了新的活力和创新思维。

第五节　行业学院:D 大学的校地互动之路

一、合作目标:发展战略与创新愿景

行业学院建设是高校与企业互动的重要形式之一,是应对新经济发展需求、提升教育质量和国际化水平的关键策略。在当前我国高等教育与地方经济社会发展的融合趋势中,D 大学的行业学院创新实践,成为一个有代表性的案例。D 大学不仅积极地响应了国家关于深化产教融合、校企合作的政策要求,而且有效地促进了教育内容与地方经济需求的对接,是地方高校校地互动的有益探索。

D 大学通过行业学院的建设,构建起一个校企合作、产教融合的开放型办学体制,试图打破传统教育模式的局限,实现教育与产业的深度融合,为地方经济发展提供有力的人才支撑。学校的目标是培养一批符合行业需求的,具备扎实的专业知识、良好的实践能力和创新精神的高级应用型人才。为了促进学校与地方产业的深度融合,D 大学通过建设行业学院,实现教育链、人才链、产业链和创新链的有机衔接,为地方经济社会发展注入新的活力。这是 D 大学开辟的适应新经济发展需求、提升教育质量、实现特色发展的重要路径。

二、合作实践：人才培养与科研合作

D大学的行业学院建设起步于对地方产业需求的深入调研。学院与地方政府、行业协会、企业等多方合作，共同探讨人才培养方案，确保教育内容与行业需求的紧密对接。学校先后成立了华为信息与网络技术学院、金融信息服务学院等多个行业学院（见表3.4），覆盖了信息技术、金融、养老、家政等多个行业，形成了以行业需求为导向的人才培养体系。

表3.4　D大学与企业协同共建行业学院

序号	行业学院名称	主要对接学院	主要合作单位
1	智慧康养产业学院	浙江省养老与家政产业学院	树兰医疗管理股份有限公司、浙江大华技术股份有限公司
2	树兰国际护理学院	健康与社会管理学院	树兰医院
3	浙江省养老与家政产业学院	健康与社会管理学院	浙江省民政厅
4	万科随园养老学院	健康与社会管理学院	浙江随园养老发展有限公司
5	绿城智慧物业学院	管理学院	绿城物业服务集团有限公司
6	钢结构绿筑行业学院	城建学院	浙江省钢结构行业协会
7	山屿海商学院	经济与民生福祉学院	上海山屿海投资集团
8	同花顺金融信息服务学院	经济与民生福祉学院	浙江核新同花顺网络信息股份有限公司
9	绍兴黄酒学院	生物与环境工程学院	会稽山绍兴酒股份有限公司
10	中白科技学院	生物与环境工程学院	白俄罗斯国立大学
11	华为信息与网络技术学院	信息技术学院	华为技术有限公司

续表

序号	行业学院名称	主要对接学院	主要合作单位
12	红石梁学院	管理学院	浙江红石梁集团
13	定格梦想创意学院	艺术学院	定格文化创意有限公司
14	阿里巴巴速卖通数字贸易学院	商贸流通学院	阿里巴巴国际数字商业集团全球速卖通
15	京东产业学院	商贸流通学院	京东集团股份有限公司
16	数字文旅出海产业学院	经济与民生福祉学院	领聚创海信息咨询有限公司
17	数字贸易产业学院	多个学院	多家单位联合

注:本表是在徐绪卿等(2018)研究和调研的基础上,经查找网站及访谈资料整理而成。

(一)人才培养模式探索

D大学在行业学院的建设中,积极探索和实践多元化的人才培养模式,以适应新经济时代对应用型人才的需求。学校实施的"三进式"教育模式,即项目进课堂、竞赛进课堂、业师进课堂,是其人才培养模式的一大亮点。项目进课堂通过将实际项目引入教学过程,让学生在解决实际问题的过程中学习,不仅锻炼了实践能力,也激发了创新精神。竞赛进课堂通过组织各类学科竞赛,鼓励学生将所学知识应用于解决实际问题,培养了学生的团队协作能力和竞争意识。业师进课堂邀请行业专家和企业导师参与教学,为学生提供了宝贵的行业视角和实践经验。

此外,D大学还通过虚拟班、工学结合等方式,实行"订单式"人才培养模式。这种模式直接对接企业需求,通过与企业的紧密合作,为学生提供定制化的教育服务。学生在这种模式下,能够更早地接触到行业前沿知识和技能,提前适应未来的工作环境,从而提高了就业竞争力。

绍兴黄酒学院的"2+2"和"3+1"人才培养模式,是D大学在人才培养方面的另一项创新实践。这一模式强调理论与实践的紧密结合,通过前两年或三年的基础理论教育,为学生打下坚实的专业知识基础;后两年或一年则通过深入实践教学,如实习实训、项目研发等,培养学生的实践能力和职业素养。在这一过程中,学生不仅能够深刻理解企业(行业)文化,还能提升专业能力和职业技能,最终达到创造性地从事技术研发、产品检测、市场营销等岗位工作的能力,满足了行业对应用型人才的迫切需求。

(二)科研合作与课题研究

D大学的行业学院在科研合作与课题研究方面,展现了校企合作的深度与广度。学校与企业共同开展科研项目,不仅推动了科技成果转化,也为学生提供了宝贵的实践平台。这种产学研相结合的模式,实现了教学与科研的互动,为地方经济社会发展注入了新的活力。

在与华为技术有限公司的合作中,行业学院的教师和学生参与了信息与通信技术(ICT)的研发,这种合作不仅提升了学校的科研水平,也为华为提供了创新的解决方案。这种合作模式的成功,为D大学在其他领域的科研合作树立了典范。

绍兴黄酒学院与会稽山绍兴酒股份有限公司的合作,是校企科研合作的另一个典型案例。双方在黄酒的生产技术升级、品质升级和新产品开发等方面进行了深入合作,包括制曲技术、酿造技术、黄酒酒母菌种优化、新产品开发、废弃物综合利用、微量成分检测技术及相关标准的制订等多个研究方向。这些科研课题不仅为学生提供了丰富的学习和研究机会,也为黄酒行业的技术创新和产品升级提供了技术支持;不仅提高了黄酒的品质,还开发了新的产品线,增强了企业的市场竞争力。

教师在这些平台扮演了知识传授者、科研引领者、工艺改进者的多重角色,他们深度参与企业的技术改造,将最新科研成果应用于实际生产,提高了生产效率和产品质量。学生在教师的指导下,积极参与科研项目,将理论知识与实践紧密结合,锻炼了科研能力和创新思维。科研合作的成果不仅体现在学术论文和专利上,还体现在成果的产业化应用上,对师生而言都有极强的成就感和吸引力。

(三)实践教学基地建设

D大学在行业学院的建设中,特别重视实践教学基地的建设,各学院在校内外建立了多个实习实训基地,为学生提供了真实的工作环境,使他们能够在实践中学习和成长。

学校与红石梁集团共建的实践教学基地不仅为学生提供了实习机会,让他们能够在真实的企业环境中学习和应用所学知识,同时也为教师提供了实践锻炼的平台。在这里,教师可以直接参与企业的运营和管理,了解行业的最新动态和技术发展,从而将这些宝贵的经验带回课堂,丰富教学内容。绍兴黄酒学院则利用会稽山绍兴酒股份有限公司原有的厂区资源,将其改造成为专门的实践教学基地。这个基地为学生提供了从事黄酒生产、检测、研发等实践活动的场所。在这里,学生可以亲自参与黄酒的整个生产过程,从原料的选择到发酵、蒸馏、储存,再到最终产品的包装和销售,每个环节都是学习和实践的机会。这种全方位的实践教学,使学生能够全面了解黄酒行业的运作模式,培养他们的专业技能和创新能力。

同时,理论教学基地设在D大学两个校区内,使学生能够更为便捷地接受系统、全面的理论教育,在优质的教学环境中深入学习专业知识。企业内的实践教育,为学生们提供了一个真实、生动的学习场景,使他们能够亲身体验生产流程、操作设备、解决实际问题等,从而满足了好奇心和求知欲,提升了专业意识和实践能力。这种实践教育模式使学生们能够将理论知识与实际工作紧密结合,更快地适应和融入职场。对于教师而言,也能够深入了解行业动态和技术发展,有利于教师不断更新教学内容和方法,还可以将最新的科研成果和技术应用于教学,使教学内容更加贴近实际、更具前瞻性,从而提高教学质量。基地也成为学院与企业交流的桥梁,促进了校企之间的资源共享和优势互补,校企双方得以深入沟通、共享资源、优势互补,为企业提供源源不断的人才和技术支持。

(四)教材编写与教学团队组建

教材编写与教学团队的组建是实现校企深度融合的重要环节。各学院与企业共同开发教材,确保教学内容既有理论深度,又紧密贴合行业实际,满足行业对人才的实际需求,不仅提升了教材的实用性和前瞻性,也为学生提供了更加丰富和实用的学习资源。金融信息服务学院与企业共同编写的金融数据库及应用教材,紧跟金融行业的发展动态,融入了企业的实际案例,使学生能够在学习中直接接触到行业的最新知识和技能。这种教材编写方式不仅提高了学生的学习兴趣,也为他们未来的职业发展打下了坚实的基础。

为了实现理论与实践的结合,D大学组建了由校内教师和企业专家组成的"双师型"教学团队,既保证了教学的学术性和专业性,又增强了教学的实践性和应用性。企业专家的加入,为教学带来了丰富的行业经验和实践智慧,使教学内容更加贴近实际,提高了学生的实践能力和创新精神。此外,学校还通过"百业培师"计划,鼓励教师定期到企业挂职锻炼,使教师有机会深入了解企业的运营模式和技术需求,并将实践经验带回课堂。

(五)制度与机构建设

在组织结构上,D大学在行业学院的建设过程中,实行了由理事会领导、院长负责的管理体系。这一组织架构使大学与企业在行业学院建设及运营问题上能够平等参与并共同决策。理事会由大学和企业代表组成,负责规划学院的发展战略、教育内容和科研方向,使行业学院能够敏捷地适应市场需求并及时调整其教育与研究重心。作为一个具有管理自主权的二级教学单位,行业学院拥有独立的管理和运行机制,能够灵活开展活动并高效使用资源。这种独立性使其在管理、财务和人事等多个方面为大学与企业的合作创造了便利条件,促进了教学与研究的创新和发展。

在治理机制方面,为了确保校企合作的顺利进行,D大学的行业学院采取了共同治理模式,通过签订协议等方式,明确校企双方的责权利边界,合作行为受法律保障。这种治理机制的建立,在一定程度上避免了合作过程中可能出现的纠纷,提高了合作的效率和效果。与此同时,合作双方在人才培养、科研项目、资源共享等方面的具体责任和义务也得到清晰的界定,确立了明确的合作框架,为校企合作提供了稳定的预期,让双方能够更聚焦于合作本身,避免权益争议。

在质量保障与评价方面,为了保证教育质量,D大学建立了以结果为导向的绩效评价机制,不仅关注学生的学习成果,也关注教师的教学效果和科研项目的成果转化。学校每年度从教学质量、学生满意度、就业率、科研成果等方面对行业学院进行考核,特别强调产业和专业结合程度,以及实验、实习、实训与专业教育的符合程度。这种评价机制的建立,促进了学院持续改进教学内容和提升教育水平,为学生提供更紧贴市场需求的教育服务。

在政策支持与资源保障方面,D大学得到了地方政府的有力支持。政府不仅在政策上倡导产教融合,还在资金和场地等关键资源上为学校建设提供了有力支撑,为D大学行业学院的建立和发展营造了优越的外部条件。同时,D大学也积极推进行业学院教学资源和场地的充足供给,力求满足行业学院的各项需求,在实验室资源、图书馆建设、教学楼使用等方面给予了特别的支持。在行业学院的建设过程中,通过实施共治、资源共享及优势互补策略,政校企三方构筑了互惠共赢的合作格局,地方政府、高等教育机构、企业及行业学院密切协作,积极促进教育资源的高效配置,提升教学品质,推动地区发展,为企业和行业不断输送人才和技术支持。

三、合作成果：创新合作与应用型人才培养

（一）校企合作模式的创新与实践

D大学与众多合作企业，如红石梁集团等，建立了密切的合作关系，共同探索和实施人才培养模式。这种校企合作模式不仅成功地为合作企业提供了所需的人才保障，而且有效推动了学校教育体系的改革与发展。通过实际合作，学校积累了丰富的经验，在山屿海商学院、华为信息与网络技术学院等多个行业学院中展示出了合作模式的创新性和灵活性。

（二）应用型人才培养的显著成效

D大学城建学院的钢结构专业方向是一个典型案例，通过创新实践体系和教学改革，城建学院培养出了一批符合企业需求的应用型人才。这一成果不仅获得了浙江省教学成果奖，还在结构设计竞赛中多次获奖，体现了D大学在人才培养方面的优秀成绩。

（三）创新协同育人机制的探索与应用

D大学探索实施了"六个共同"的创新协同育人机制，包括共同构建治理结构、共同制定培养方案和共同组建教学团队等，形成了专业、课程、基地、教学团队、科研"五位一体"的产教融合人才培养模式。这一机制有效地促进了学校与企业、行业之间的深度合作，为应用型人才的培养提供了坚实基础。

（四）行业学院建设的示范效应与社会影响

D大学的行业学院建设不仅在校内取得了显著成效，还通过《中国社会科学报》等媒体进行了广泛宣传，为其他地方本科高校的转型发展提供了重要的指导和借鉴。此外，通过与政府部门、行业协会、企事业单位及国外高校的合作，D大学构建了有效的"四轮驱动"模式，进一步推动了产教融合的

深入实践和制度设计,增强了治理结构与质量保障体系的完善。

四、行动者网络:D 大学的行业学院建设

(一)问题化

问题化阶段是整个行动者网络理论分析的起点。在这一阶段,D 大学面临的主要问题是如何将高等教育与地方产业的发展需求有效对接,以解决教育与产业脱节的问题。这一问题的识别和定义,是学校与城市互动过程中的第一步。

首先,D 大学异地办学的绍兴市有着深厚的产业基础和丰富的文化资源。随着绍兴当地黄酒、信息技术、金融服务等行业的发展,对高素质应用型人才提出了新的要求。然而,传统的教育模式往往侧重于理论知识的传授,而忽视了学生实践能力的培养,这导致了毕业生在进入职场时难以迅速适应并发挥作用。D 大学领导层意识到,要解决这一问题,必须对现有的教育体系进行改革。这不仅是对教育内容的改革,更是对教育模式的一次深刻变革。学校需要构建一个能够将理论知识与实践技能相结合的教育体系,以培养出既懂理论又能实践的复合型人才。为了实现这一目标,学校开始探索与地方政府、企业和社区的合作模式。通过与地方政府的合作,学校能够更好地理解地方产业的发展方向和人才需求,从而在课程设置和教学内容上做出相应的调整。与企业的合作,则为学生提供了实习实训的机会,使他们能够在真实的工作环境中学习和成长。社区的参与,尤其是文化资源的整合,为学校的教育内容增添了地方特色,同时也为学生的全面发展提供了更广阔的视野。在这一过程中,D 大学不断调整和优化其教育策略,以适应不断变化的市场需求。例如,绍兴黄酒学院的建立,就是 D 大学针对地方特色产业需求进行教育改革的一次成功尝试。学校与会稽山绍兴酒股份有限公司等企业合作,共同开发课程,将黄酒文化和生产技术融入教学,培

养出既懂黄酒文化又能进行技术研发的人才。

通过这种问题化的过程,D大学不仅明确了教育改革的方向,也找到了实现这一目标的具体路径。学院与城市之间的互动,不再是单向的输出和接受,而是变成了一个双向的、动态的、互利共赢的过程。这种互动不仅促进了学院教育质量的提升,也为地方产业的发展注入了新的活力。

(二)利益化

在D大学行业学院建设的利益化阶段,学院成功地向各方行动者展示了教育改革的潜在利益,激发了各方参与合作的积极性。这一阶段的核心在于如何将学院的教育改革与地方政府、企业和社区的利益相结合,从而形成一个互利共赢的利益共同体。

对于地方政府而言,行业学院有力推动了教育改革和产教融合。D大学作为关键行动者,通过行业学院的探索与实践,积极谋取了地方政府的政策支持,促进了教育资源的有效配置,也提升了本地产业的技术创新能力和市场竞争力,为城市发展注入动力。企业在行业学院建设过程中,参与了人才培养的全过程,获得了能够快速适应企业文化和工作要求的人力资源储备;而最新的研究成果和技术,也是其长远发展的不竭动力。例如,华为技术有限公司与D大学合作,共同研发ICT技术,不仅满足了企业对技术人才的需求,也推动了企业技术的持续进步。社区在行业学院建设中也看到了文化传承和产业升级的希望。学生到企业学习、实践、实习等,无疑给社区带去了新鲜的血液,促进了学生对地方产业、地方文化的理解和传承,也为社区带去了基层建设的资源。通过利益化阶段,D大学能够更有效地完成招募和动员阶段的使命。

(三)招募

在行业学院建设的招募阶段,D大学采取了一系列策略来吸引地方政府、企业和社区的积极参与。这一阶段的目标是向各方行动者阐述愿景与开展利益分析,促使其加入行业学院的建设并推动其发展。

首先,学校通过组织行业论坛和研讨会,为地方政府、企业和社区提供了一个交流和讨论的平台,积极促进信息的共享和知识的交流,进而帮助各方行动者更好地理解行业学院的愿景和目标。例如,学校举办的现代服务业发展论坛,吸引了来自政府部门、企业界和学术界的代表,共同探讨数字贸易产业的发展趋势和人才培养策略。这种互动有助于各方行动者认识到行业学院在促进地方经济发展中的重要作用。其次,学校与企业的沟通是招募过程的核心环节。学校通过建立实习实训基地,为学生提供了与企业直接接触的机会,同时也为企业培养了潜在的人才。企业通过参与 ICT 等课程开发,将实际工作场景和需求带入课堂,使教育内容更加贴近实际,满足企业对技术人才的需求。此外,学校与社区的合作也是招募过程的重要组成部分。学校通过将地方文化融入教学内容,不仅可以丰富教育的内涵,也能够促进地方文化的传承。社区通过参与学校的活动,如文化节、产业论坛等,能够借助学校的文化资源,提升社区的建设水平。这种前景可以使社区成为学院发展的积极参与者。在招募过程中,学校还采取了多种方式来增强各方行动者的参与感和归属感。例如,学校定期举办行业论坛和研讨会,邀请地方政府官员、企业代表和社区成员参与,共同探讨教育与产业发展的议题。这些活动不仅加强了各方之间的沟通和理解,也促进了资源共享和合作项目的实施。

通过这些招募活动,D 大学成功地招募了一系列有利于行业学院建设的行动者,为动员阶段协议的达成奠定了基础。

（四）动员

在行业学院建设的动员阶段,D 大学采取了一系列策略来确保各方行动者积极参与行业学院的具体建设和运营。这一阶段的目标是将各方行动者的利益与行业学院的目标紧密结合,形成一个共同的目标网络,以推动学校与城市之间的互动发展。

　　首先,学校与地方政府的合作是动员过程的关键。通过签订合作协议,D大学与地方政府达成了建设行业学院的共识,明确了人才培养的目标和方向,使地方政府成为学校发展的重要推动者。这些协议不仅涉及教育资源的配置,还包括政策支持、资金投入和项目审批等方面。例如,绍兴市政府在绍兴黄酒学院的建设中提供了政策和资金支持,确保了学院能够顺利开展教学和科研活动。其次,学院通过实施实习实训项目,动员学生、教师和企业共同参与人才培养的过程。实习实训基地的建立,为学生提供了接触实际工作环境的机会,同时也为企业提供了选拔和培养潜在人才的平台。而ICT项目这种实践教学模式显著提高了学生的就业竞争力。此外,学校还通过与社区的合作,动员地方文化资源参与教学内容的建设。例如,绍兴黄酒学院将黄酒文化融入课程,不仅丰富了教学内容,也促进了地方文化的传承。社区成员的参与,如非物质文化遗产代表性传承人的讲座,使得学生能够更深入地了解和体验地方文化,同时也为社区文化的发展注入了新的活力。

　　在动员过程中,D大学还注重与各方行动者保持沟通和反馈,通过定期的评估和调整,确保行业学院的建设和运营能够满足各方的需求和期望。这种持续的互动和改进,使行业学院能够更好地服务于地方经济社会的发展,也为学校自身的发展提供了持续的动力。通过这些动员活动,D大学成功地促成了地方政府、企业和社区的利益与行业学院的目标达成一致,形成了一个共同的目标网络。这种网络的构建不仅加强了各方之间的联系,也确保了行业学院的建设能够顺利进行,并取得了实际的成效。

五、行业学院建设中的互动要素分析

　　在D大学行业学院的建设实践中,行动者网络理论提供了一个独特的视角,以理解大学与城市互动的复杂性。通过行动者网络理论的分析框架,可以揭示出学校如何通过与多方行动者的互动,构建起一个动态的、相互依存的网络。

首先,D大学作为关键行动者,其行业学院的建设目标是培养适应地方经济社会发展需求的应用型人才。学院通过与地方政府的紧密合作,如绍兴市政府和柯桥区政府,共同规划和实施教育项目,确保了政策资源的有效利用。例如,学院与政府共同推动的"2+2"和"3+1"人才培养模式,旨在通过前期的理论学习和后期的实践教学,为学生提供坚实的专业知识基础和宝贵的实践机会。在企业层面,D大学与华为技术有限公司、红石梁集团等建立了深入的合作关系。这些企业不仅为学生提供了实习实训基地,还参与了课程开发和教材编写,确保教育内容与行业需求的对接。例如,与华为合作的ICT项目,不仅提升了学生的技术技能,也提升了学校在信息技术领域的教学和科研能力。社区作为行动者,其在行业学院建设中的作用不容忽视。绍兴黄酒学院与会稽山绍兴酒股份有限公司的合作,就是一个典型案例。学院利用企业原有的厂区资源,将其改造成为实践教学基地,让学生在真实的生产环境中学习。这种模式不仅提高了学生的实践能力,也促进了地方文化的传承和产业发展。

在D大学行业学院建设的案例中,非人类行动者在网络构建中扮演着至关重要的角色。国家和地方政府的政策支持为D大学提供了明确的发展方向,不仅为学院提供了资金和资源,还为校企合作提供了法律和制度保障。如产教融合政策、地方产业政策等,都在其中发挥了积极作用。这里的政策因素还包括D大学对于行业学院建设的积极谋划,以及不断推出的人才培养、职称评定、监督考核等具体的校内政策。学院的教育资源,包括教师队伍、课程设置、实验室和图书馆等,是实现教育目标的基础。对这些资源的有效整合和利用,会直接影响到学生的学术成就和实践技能。如果没有教师的研发能力,如果没有学生的职业精神与专业素养,行业学院建设很难持续开展。信息技术在教育中的应用,如金融数据库在金融信息服务学院的运用等,为学生提供了实时的市场数据和分析工具。这些技术资源不仅提高了教学效率,也帮助学生更好地理解和应用专业知识。地方文化,如绍兴的黄酒文化,对学院的教育内容和人才培养方向产生了深远影响。学校在课程设计和教学活动中融入地方文化元素,既传承了文化,又培养了学生的文化自信和创新能力,还拓展了地方文化的影响力。

第六节　应用型高校提升社会服务能力的理论模型构建

　　将提升高等教育机构社会服务能力作为核心,大学与城市之间的互动成为一个资源集成与应用的过程,这一过程需要多个参与方的共同参与。参与各方因其利益诉求的多样性而呈现出异质性,通过大学与城市的互动,可以满足这些参与方不同的利益需求,进而构筑一个基于共同利益的网络联盟,促进高校社会服务能力的持续增强。本书以行动者网络理论为理论基础,将大学与城市的互动过程划分为主体构成、问题展示、利益协调及网络构建四个主要阶段。其中,招募与动员主要体现在利益协调和网络构建两个阶段,为构建一个综合性的分析框架提供了理论支撑。

一、校地互动中行动者的界定

　　行动者网络理论作为一种社会科学理论,其核心在于,在社会互动中,不仅要关注人类行动者,还要考虑技术、政策、制度等非人类行动者,从而提供一个全面理解复杂的社会现象的视角。该理论提供了一种解释性框架,通过结构化的方法来构建社会情境中各行动者的相互关系及其联结的网络,包括人类与非人类等多样化因素在内的网络构建,强调了网络中的"转译"过程——一种秩序重构的过程,从而对实践活动进行全面的理解。本书以行动者网络理论为分析框架,分析城市环境中多元行动者在大学与城市互动中的作用机制,具体包括:行动者间如何通过"转译"过程构建合作网络并实现动态互构;网络中技术、政策、制度等谈判要素的流转逻辑;促进共识形成的机制及其内在说服力。

为了通过问题化过程吸引参与者,首先需要界定构成网络的各方行动者。行动者网络理论之所以能在科学研究领域产生重大影响,主要是因为它首次关注到科学活动中的所有参与者,并创新性地提出了人类行动者与非人类行动者之间广泛的对称性关系,这种对称性是强对称性,它在一定程度上模糊了主观与客观、人与非人之间的传统二元对立。然而,行动者网络理论面临的一个主要争议就是过度强调人与非人之间的对称性,可能会导致理论在实际应用中的困境。尽管拉图尔通过政治代言人的机制来阐释这种对称性,但实际上他未能充分解释在这一理论框架下非人类行动者的能动性如何展现(姚可桑,2022)。实际上,人类始终是科学活动中最具能动性的因素,非人实体无法完全脱离人的影响独立存在或发挥作用。尽管非人实体在社会发展过程中不断演变,但人类的活动始终受到这些非人实体的影响和制约。因此,应该在人类行动者和非人类行动者之间维持一种弱对称性关系。

本书遵循人类和非人类行动者之间存在弱对称性的观点,承认非人类行动者在大学与城市互动过程中可以发挥一定的能动作用,但强调人类行动者在此过程中扮演非人类行动者的代言人角色,因此不对非人类行动者的能动性进行单独分析,尽管它们在人类行动者的活动中扮演着重要的支撑角色。据此,本书对在大学与城市互动过程中的多元协商主体及其角色和作用进行了以下划分。

(一)校地互动中的人类行动者

大学与政府互动策略包括政策支持与合作项目,政府通过提供资金支持、制定有利政策、建立合作平台等方式促进高校的研究和社会服务(Etzkowitz & Leydesdorff,2000)。这些互动不仅增强了高校在科研和教学方面的能力,也扩大了其在社会服务中的作用和影响力。大学与企业之间的合作模式通过共同研发、知识转移、实习实训等形式展现出多样性和深度(Perkmann et al.,2013)。这种合作关系不仅促进了科技创新和人才培养,也为社会提供了直接的服务,如技术解决方案和创业支持,从而提升了高校的社会服务能力。高校与社区的关系通过服务学习、社区参与项目、公共讲座等活动建立(Benson et al.,2009)。这些活动不仅加强了高校与社区成员之间的联系,也使高校能够直接响应社区的需求和挑战,促进了社区的发展和福祉。

1.关键行动者:大学

在行动者网络理论中,将行动者区分为关键行动者与一般行动者两种角色,其中关键行动者,也就是核心行动者,扮演着至关重要的角色。这些关键行动者负责招募网络成员,通过吸引其他参与者的加入并控制其行为,发挥着领导、指挥和协调的关键作用。它们不仅促进了合作网络的建立,而且保持着网络的稳定性,确保网络能够有效达成其既定目标。

高校的办学理念不仅体现为教师和学生的发展,还体现为校园精神和学校可持续发展的导向(田汉族和马良田,2023),进而直观地展现为对知识创新、社会服务和人才培养的承诺。这些理念不仅塑造了高校的内部文化,也影响了其与城市互动的方式。高校通过传播这些理念,吸引志同道合的合作伙伴,共同致力于解决城市面临的挑战。主体间理念共识的达成是行动者网络构建的前提(黄小宾和钟云华,2024),有利于各行动者朝着共同的目标努力。高校的利益在于通过与城市的互动,实现自身的发展目标,如提升学术声誉、增强社会影响力、促进科研成果的转化等。通过识别和满足城市的需求,能够获得政府、企业和社区的支持,为学生提供实践机会,增强其就业竞争力和对于社会的认知。而高校自身的人才与研究优势,也吸引着其他主体参与行动者网络。构建互利共赢的关系是达成网络的基础。高校拥有丰富的教师和学生等人力资本、研究成果和专利等知识资本、校友网络和行业联系等社会资本,以及设施和设备等物质资本。这些资本是高校在行动者网络中发出主张并发挥作用的基础。通过有效地管理和利用这些资本,高校能够为城市提供高质量的服务,也为自身发展创造条件。内部管理结构、决策流程、合作机制的制度影响着高校与外部世界互动的方式。面对城市主体,制度的灵活性和效率就显得尤为重要。例如,高效的决策流程能够快速响应城市需求,而开放的合作机制则鼓励跨学科和跨领域的合作,这些都是构建稳定的行动者网络的重要因素。

2. 一般行动者:政府、企业与社区

在合作网络中,除关键行动者外,其余参与者均为一般行动者,受关键行动者的指导与管理,扮演各自的角色,并在其专业领域内发挥特定的功能。在大学与城市的互动场域中存在政府、企业与社区等一般行动者,体现为大学与政府、大学与企业、大学与社区的互动。

政府作为政策制定者和资源分配者,在大学与城市互动中扮演着至关重要的角色。政府通过制定有利于高等教育和城市发展的政策法规,为大学提供财政支持和政策优惠,激励大学积极参与城市服务。政府还负责协调不同部门和机构,确保大学与城市之间的合作顺畅进行。此外,政府还可以通过建立合作平台,如科技园区、创新中心等,为大学与企业提供合作的空间,促进科研成果的转化和应用。企业作为市场经济的主体,为大学与城市的互动提供了市场需求和实践平台;企业与大学的合作则可以促进技术创新和人才培养,帮助大学实现研究成果的商业化。企业通过提供实习、就业机会和资金支持,与大学共同培养适应市场需求的高素质人才。同时,企业也可以参与大学的研究项目,共同解决行业面临的技术难题,推动产业升级和经济发展。社区作为城市的基本单元,是大学社会服务的直接受益者。大学与社区的互动有助于提升居民的生活质量,促进社区的可持续发展。大学可以通过提供教育、健康、文化等服务,满足社区居民的需求。社区则为大学提供了实践教学和研究的场所,帮助学生了解社会实际,培养社会责任感。此外,社区居民的参与和反馈对于大学服务项目的优化和改进至关重要。

在这一合作网络中,政府、企业和社区作为一般行动者,需要与关键行动者——大学保持密切的沟通和协调。政府需要确保政策的连续性和稳定性,为企业和社区提供清晰的合作框架;企业需要与大学建立长期稳定的合作关系,共同开发市场和培养人才;社区则需要表达自己的需求,参与服务项目的规划和实施。通过这种相互依赖和协作,各方能够共同推动大学与城市互动的深入发展,实现社会服务能力的整体提升。

(二)校地互动中的非人类行动者

1.非人类行动者的构成

虽然依据人类与非人类行动者弱对称性原则,非人类行动者不能像人类行动者一样自主地展现自身的能动性,需要借助人类行动者的代言功能,但是它依旧在行动者网络中发挥着重要作用。政策资源、教育资源、信息技术、基础设施和文化资本是在大学与城市互动提升社会服务能力的过程中主要的非人类行动者。

政策资源包括人力资源、财政资源、信息资源和权威资源等(段淑芬等,2022),它们为大学与城市的合作提供了框架和激励。政策资源通过确保合作的合法性、提供资金支持和优惠条件,促进高校与地方政府、企业、社区的互动,推动社会服务项目的发展。教育资源包括人力资源、知识资源、技术资源等(刘敏,2015),涵盖了高校的教学设施、研究平台、师资队伍和学术资源等。这些资源是高校提供高质量教育和研究服务的基础,也是培养未来社会服务人才的关键。教育资源的优化配置和有效利用,能够提升高校在社会服务中的专业能力和影响力。信息技术在大学与城市互动中扮演着连接和沟通的角色。通过互联网、大数据、人工智能等技术,高校能够更有效地收集和分析城市需求,提供定制化的服务。信息技术还促进了知识共享和远程教学,扩大了高校社会服务的覆盖范围和影响力。基础设施包括交通网络、公共设施、科研平台等,它们为大学与城市的互动提供了物质基础(陈聪诚,2018)。良好的基础设施能够促进人才和资源的流动,支持高校与城市间的紧密合作,提高社会服务项目的实施效率。文化资本涉及城市的历史、文化、价值观等无形资产,图书馆、体育馆等文化设施也可纳入文化资本的范畴。文化设施建设、文化活动举办及文化产业发展，是文化资本的激活方式(王振坡和张安琪，2018)，高校的人文学科很容易在其中发挥积极作用。这些文化因素影响着城市居民的生活方式和需求，也为高校提供了服务的方向。高校可以利用文化资本，设计符合当地文化特色的社会服务项目，增强服务的吸引力和接受度，为区域带来新的发展契机。

2. 正式合作与非正式合作

非人类行动者相互交织，共同构成了大学与城市互动的复杂网络。通过有效地管理和利用这些资源，高校能够更好地发挥其社会服务功能，促进城市的可持续发展。正式合作与非正式合作就是在调研过程中发现的有效组织方式。

正式合作通常通过合同和协议来规范，涉及明确的合作目标、资源投入和成果分享等方面(Williamson，2007)。这种合作形式的明确性和正式性有助于确保合作双方的责任和权益，促进高校社会服务能力的提升。非正式合作依赖于个人关系和社会网络，如学术交流、行业论坛参与等(Granovetter，2018)。这种合作的灵活性和开放性有助于促进知识的自由流动和共享，加强高校在社会服务方面的创新能力和响应速度。

大学与城市互动提升社会服务能力的过程中的正式合作包括：第一，政策资源整合。政府通过制定合作协议、签订合同或设立专项基金，正式地将政策资源与高校、企业、社区等行动者结合起来，这种正式合作确保了资源的合法使用和项目的规范管理。第二，教育资源共享。高校与城市各相关主体通过正式协议，共享教育资源，如联合建立研究中心、共享图书馆资源、共同开发课程等。这种合作有助于提高教育资源的利用效率，促进知识传播。第三，信息技术合作开发。高校与企业签订技术开发协议，共同开发满足城市需求的信息技术解决方案。这种正式合作有助于技术的快速迭代和应用。第四，基础设施共建共享。高校可以与政府、企业、社区共同投资建设基础设施项目，如交通改善、科研设施等，正式合作确保了项目的顺利实施和长期维护。第五,文化探究联合推广。通过招投标等方式参与城市文化品牌建设;城市主体还可以共同举办文化活动,繁荣城市文化,丰富市民和师生的文化生活。正式合作有助于文化的保护和传承。

非正式合作包括:第一,政策资源的非正式交流。政策制定者和高校管理者通过非正式的会议、研讨会等方式,交流政策理念和实践经验,促进政策资源的优化配置。第二,教育资源的非正式分享。教师和学者可以通过学术会议、工作坊等形式,非正式地分享教育经验和研究成果,激发新的教学和研究思路。第三,信息技术的自发合作。高校学生和研究人员通过社交媒体、开源平台等非正式渠道,与城市居民和企业进行技术交流和合作,推动创新。第四,基础设施的社区参与。大学校园向社区开放,社区居民可以利用高校的图书馆、展览馆和运动馆等基础设施,丰富业余文化体育生活。第五,文化资本的民间传播。高校和城市可以通过非正式的文化活动,如街头艺术、社区节庆等,共同传播和弘扬城市文化,增强居民的文化认同感。通过正式合作和非正式合作相结合,非人类行动者能够在大学与城市互动中发挥更大的作用,促进社会服务能力的全面提升。正式合作提供了结构和保障,而非正式合作则增加了灵活性和创新性,两者相辅相成,共同推动城市社会服务的发展。

通过上述分析可以看到,高校社会服务能力的提升不仅依赖于高校与政府、企业、社区之间的直接互动,也依赖于这些互动中生成的非人类行动者,如合作协议和技术平台。这种综合的互动模式促进了知识的创造、传播和应用,加强了高校在社会服务方面的作用和影响力。

二、基于行动者网络理论提升高校社会服务能力的模型构建

(一)大学与政府互动,提升高校社会服务能力

通过前述案例和文献分析可见,大学与政府之间的有效互动能够为大

学提供更多资源、政策支持和合作机会,促进大学的研究、教育和社会服务等多方面的发展。这种互动不仅有助于提升大学的社会服务能力,也促进了知识的创新和应用,为社会和区域发展做出了重要贡献。为推进高校社会服务能力的提升,政府可以采取一系列支持措施,这些措施在资源分配、合作促进、决策参与及社区发展等方面发挥着重要作用(见表3.5)。

表3.5　大学与政府互动提升高校社会服务能力的主题聚类

受访单位	经典语句	主题聚类
A大学	一直以来,政府对高校的支持显而易见,用于支持学校的基础设施建设、教学设备更新及科研平台的搭建,科研项目资助,为高层次人才提供安家费、科研启动经费等,都是对高校开展社会服务最有力的支持	政策和项目
B大学	现在能够直接从政府获得更为稳定和充足的财政拨款,用于支持学校的日常运营、教学科研活动及基础设施建设,有了科研项目、人事编制、人才引进计划等的加持,每个人都深刻体会到学校的快速发展	财政政策与财务支持
B大学	没有政府对于城市数字化的布局与投入,就没有我们各种研究院建立的契机和资源,很多成果的取得,都是建立在前期对城市实践的探索基础上的	技术信息和技术支持
C大学	异地办学让我们深刻体会到政府大力支持的优势。政府亲自出面为我们和当地企业搭建合作平台、促进项目对接,助力我们引进先进的技术和设备,提升教学和科研实力,还有人事、住房等吸引人才的政策	引进先进技术和设备
D大学	我们两个单位的合作并最终建立起行业学院,本质上仍然得益于政府的支持。医院借助政府对大学的人事支持,吸引到了更多临床经验丰富的高级人才,同时也提高了我们医学相关学科的建设水平	政府政策
交通部门	我们不和高校合作是有原因的,我们专业性强、成本要求高,说白了,还是对学校不放心	技术沟通
文旅部门	我们有很多需要专业服务的项目,现在很多会交给联系的设计院,如果高校能够主动谋划,我们也是很愿意和高校建立长期稳定的合作关系的	管理沟通政府项目

在资源分配与政策支持方面,政府作为教育和研究的主要资助者,通过财政支援、政策优惠及资金投入,强化大学的教学和研究基础。这不仅包括直接的财政资助,也包括为大学提供研究项目及资金,以拓宽或深化其研究领域、提升研究质量(吴志辉等,2021)。在促进合作与平台建设方面,政府可以积极促成科技园区、研究中心和创新孵化器等合作平台的建设,为城市发展提供促进科技创新、知识转移和技术商业化的环境(严票丽和卓泽林,2019)。智库是独立的、无利益诉求的非营利性组织高校在这方面有着得天独厚的优势。在决策参与和智库功能方面,大学作为知识和专业人才的聚集地,政府可以建立机制,开发大学的战略研究、政策建言、舆论引导、公共外交等智库功能,促使大学的专业力量参与政府的政策制定和公共决策过程,为政府决策提供科学依据和专业建议。在社区服务与区域发展方面,政府应支持大学利用其资源和专业知识,积极参与社区服务和区域发展项目,如社区教育、公共健康和环境保护等;同时,对社区建设提出要求,促使社区积极谋划与大学的互动。

(二)大学与企业互动提升高校社会服务能力

大学与企业之间的互动通过促进知识转移、人才培养、产业发展及创新文化的共生模式,显著提升了大学的社会服务能力。这种互动不仅有利于大学的科研和教育质量提升,也对促进区域经济发展和社会进步具有重要意义。双方的互动主要体现在以下五个方面:

第一,大学与企业互动促进了产学研合作与知识转移。大学与企业之间的互动模式多样化,包括直接的技术转移、共同的研发项目、人才培养等。这种合作促进了科研成果的实际应用,加速了技术创新和知识的社会化流动。研究显示,产学研合作中的互动模式对促进大学衍生企业的创新绩效具有显著影响,这直接反映在大学的社会服务能力提升上。第二,大学与企业互动带来了人才培养教育模式的变革。通过校企合作和产学互动的运行机制,大学能整合资源,形成优良的人才培养环境。这种合作模式使教育更加贴近市场需求,主动服务地方经济发展。应用型本科院校与企业的互动需贴近市场需求,主动服务地方经济发展,从而提升大学的社会服务能力。第三,大学与企业互动促进了区域经济与产业发展。行业特色高校与母体行业之间的依存关系及地方高校与区域经济社会的互动共进,促进了地方经济的发展,体现了大学在促进区域经济和社会发展中的重要作用。第四,大学与企业的活动形成了创新文化与共生模式。大学与文化创意产业之间的共生模式,促进了双方的互动发展,重构了创新文化价值体系。这不仅促进了创新型人才的培养,也加强了大学的社会服务能力,尤其是在促进文化创意产业和社会文化发展方面。第五,大学与企业互动提出了政策建议与改进措施,旨在促进大学与企业更有效合作,如通过改善契约治理和关系治理机制,强化组织学习能力等。这些措施不仅加强了大学与企业之间的合作质量和效率,也提升了大学在科技创新、人才培养、知识转移等方面的社会服务能力。上述内容在访谈中亦有体现(见表 3.6)。

表 3.6　有关大学与企业互动提升高校社会服务能力的主题聚类

受访单位	经典语句	主题聚类
A 大学	我们公司的技术专家会定期前往高校,为师生们举办技术讲座和研讨会。这些活动内容涵盖了云计算、大数据、网络安全等多个领域的前沿技术,帮助师生们拓宽视野,了解最新的技术动态。同时,高校的老师们也会参与我们的研发项目,共同攻克技术难题,推动技术创新	技术沟通和共享
OX 公司	我本来就毕业于这所学校,创业后,经常回到学校和老师讨论技术问题。我们的主打产品的基础技术,就是在学校的实验室实现的	技术沟通和共享
A 大学	企业的管理也影响到了我们,我们邀请企业相关部门到校,合作开展了管理培训项目,涵盖项目管理、团队管理、领导力培养等方面	管理技术
GG 公司	我们和高校的合作多为技术方面的,大家都是科班出身,比较尊重高校教师,很少发生冲突。在具体项目上,围绕技术问题的讨论应该算不上冲突吧。人才招聘、录用时有过分歧,不过很快就达成了一致,合作是愉快的	合作中的冲突

续表

受访单位	经典语句	主题聚类
XHS公司	我们与该大学的一个研究团队共同开展了一个基于云计算的智能交通项目。在这个项目中,高校老师们为我们提供了云计算和大数据技术支持,帮助我们解决了海量数据处理和分析的难题	关键能力
D大学	我们的学生有机会直接参与会稽山绍兴酒股份有限公司的生产流程,从制曲到酿造,再到产品的最终包装,他们都能亲身体验	技术专长管理技术
B大学	我们共同制订项目计划、分配任务、监控进度,确保了项目的顺利进行。通过这个项目的合作,让我们体会到企业高效的项目管理和团队合作方法	技术专长管理技术
XHS公司	我们向大学提供了我们最新的技术产品和解决方案的详细信息。例如,我们分享了企业在云计算、大数据和网络安全等领域的最新技术和产品,并邀请大学的师生们参与产品的试用和测试。这不仅有助于他们了解我们的产品特性和优势,也为他们提供了实际应用的场景和案例	产品信息
CY公司	我们曾向学校提供了一份关于智慧医疗领域的市场报告,其中详细分析了该领域的市场现状、发展趋势及未来潜力,供学校调整教学计划和研究方向时使用	市场信息

(三)大学与社区互动,提升高校社会服务能力

国内关于大学与社区关系的研究尚处于起步阶段,在访谈中发现(见表3.7),无论是高校还是社区,对于现有合作都是认可的,但深入合作的动力不足,主要持观望态度。在合作动机方面,部分社区工作人员认识到与高校合作的重要性,尝试建立联系,但合作多依赖私人关系,缺乏正式的协议和系统性合作框架;高校教师希望通过与社区的合作,将理论知识与实践教学相结合,为学生提供更广阔的学习平台和实践机会,但由于高校更关注科研和学术成果,与社区合作的活动往往被视为非核心任务,导致教师的积极性和认真程度参差不齐。在活动形式方面,合作主要为调研、讲座、志愿服务等形式,缺乏深入和持续的交流与合作项目,合作形式相对单一,缺乏创新性和多样性。

在认知与沟通方面,高校和社区在合作中可能存在认知差异和沟通不畅的情况,双方应加强沟通交流,明确合作目标和期望,建立有效的合作机制。

表3.7　大学与社区合作提升高校社会服务能力的主题聚类

受访单位	经典语句	主题聚类
XY街道	这个大学还是为我们做了蛮多事情的,当然,因为我们街道的特殊性,Z大学也是我们的合作单位,我们是签过合作协议的。但是,这所大学好像更叫得动一些,每年都能来给我们开设几场时事讲座。还有,每年暑期,中小学学生来参观的多,他们还派了10名大学生志愿者来做讲解员,减轻了我们的负担。对于学校的集体参观学习的需求,我们也是倾力满足,双方合作蛮愉快的	参与过与社区互动协作利用社区文化资源
WM社区	上级的规定动作已经够多了,我们把有服务意向的退休社员都用起来了,都无法完成基本工作,还怎么去主动联系高校?高校来我们是欢迎的,但和高校的联系只是加分项,基本工作完不成,加分就是零。高校研究所也是来过我们社区的,就是做做调研,我们把上上下下二十几号人组织起来一起参加了调研,但是好像也没什么后续	有协作问题:负担
CM社区	我们能发挥的作用就是学校来参观我们的幸福社区空间,我们想要大学老师来给我们开设政治学习的讲座,或者居民需要的家庭教育或者心理辅导的讲座。当然,有突发事件的时候,还是很需要大学老师来当志愿者的,毕竟大学里党员多,人靠得住	社区向高校师生开放场地资源
CM社区	疫情前后,C大学一直以开放的姿态面对我们社区居民。学校运动场馆、文体活动等都向社区开放,为我们社区创造了浓厚的文化氛围。我们社区还被评为了文明社区。他们食堂、保洁的工作人员,也来自我们社区,大家相互支持,还是很有感情的	社区向高校师生开放场地资源
A大学	大学与社区的关系在英美国家是比较成熟的。我们看到他们的相关学者在学术领域的研究已经越来越具体,案例研究法是很常用的研究方法。在具体实践中,高校建有可供市民参观的博物馆、图书馆,体育馆也会经常举行大规模赛事。暑期各种年龄的孩子来大学学习参观的比比皆是。我个人是比较支持的,但国内高校显然还没有做到,任重而道远吧	社区向高校师生开放场地资源问题:合作有待提升

续表

受访单位	经典语句	主题聚类
B大学	我们是非常积极地推进和社区的合作的,但主要在课程的实践教学方面,主要体现在到现场参观学习;有个别老师通过市研究院的途径参与了一些研究项目	参与过与社区的互动协作,主动去社区居委会
C大学	我们学校所在的社区工作很主动,虽然没有什么可以供我们学生学习参观的文化资源,但社区活动丰富,比如4:30课堂,周末和寒暑假都会有一些兴趣辅导项目,以很便宜的成本价,解决了孩子的兴趣班问题,真的是太方便了,也给我们学校的学生提供了锻炼的机会	对身边的社区建设满意,社区向高校师生开放场地资源
D大学	怎么说呢? 由于有任务要求,老师们是做了,但积极性、认真程度等因人而异,因为毕竟这不是考核的关键指标,辛辛苦苦一个学期下来,可能也就是几百块钱。学校更关注的还是科研,但和社区开展这样的活动,又能有多高水平的科研产出呢?	有协作问题:重视程度

概括而言,应用型本科高校与社区的合作在实践中存在的问题包括四个方面:第一,缺乏长期合作机制,合作多依赖临时项目和个人关系,缺少长期、稳定的合作机制和协议。第二,资源分配不足,社区和高校均面临资源分配问题,特别是社区在人力资源方面的紧缺,限制了合作的深度和广度。第三,对合作价值认识不足,双方对合作的价值和潜力认识不足,导致合作缺乏动力和持续性。第四,激励机制不明确,高校教师参与社区服务的激励机制不明确,缺乏足够的动力和认可。第五,合作成果应用有限,即使有合作项目,其成果的应用和影响也受到限制,难以转化为社区发展的实际力量。

通过前述分析我们看到,应用型本科高校与社区互动仍然有很大的空间,这一互动可以从多个方面体现大学社会服务能力的提升。

第一,增强实践教学和服务学习能力。服务学习(service learning)是"社区服务"和"学术学习"的融合,把"更好的学生"和"更好的公民"两个目标结合起来,大学与社区的互动可以为学生提供便捷、具体的实践教学环境,使学生能够"学会服务",并"在服务中学习"(张华,2007)。通过服务学习项目,学生参与社区服务活动,如社区规划、公共卫生项目、教育辅导等,这不仅能帮助学生获得实际工作经验,增强其职业技能,还能培养他们的社会责任感和公民意识。同时,教师也能通过这些项目获得实践教学的机会,更新教学内容和方法,提高教学质量。社区也得到了高校的反哺与滋养。

第二,促进知识转化和技术创新。中国中关村、美国硅谷、日本筑波科学城、印度班加罗尔等都是高校与区域结合促进知识转化与技术创新并带来区域发展的合作典范(张德祥和王晓玲,2023)。大学可以将其科研成果应用于社区发展,如通过技术转让、创业孵化等方式,为社区发展带来新动能。这种互动不仅加速了科研成果的应用,还为大学提供了新的研究题材和方向,促进了科研活动的深入进行。

第三,促进校内外资源的共享并增强大学的社会影响力。大学与社区的合作可以促进校内外资源的共享和利用。大学可以利用自身的教育资源和文化资源支持社区发展,如向社区居民开放图书馆、运动场等设施,向社区居民提供专业培训、开展科普活动等。这将使大学在社区乃至更广泛的社会中获得认可和尊重,提高大学的社会影响力(胡莉芳和赫英,2011)。

总之,大学与社区的互动不仅能够促进社区的发展,还能显著提升大学的社会服务能力,这种互动应当被视为大学发展战略的重要组成部分,需要大学、社区和政府的共同支持和推动。

(四)正式合作与非正式合作对高校提升社会服务能力的影响

1. 正式合作与非正式合作在高等教育领域的研究现状

在高等教育研究领域,正式合作与非正式合作的定义和应用受到一定的关注。王洪涛等(2023)认为,政产学的互动关系主要指包括大学或科研机构、产业和政府等创新主体在内的相关主体在长期的正式和非正式合作中形成的三螺旋关系。在正式合作通常指基于明确的契约、协议或备忘录的合作模式。这种合作模式涉及明确的目标、角色分配、资源共享和责任分担。正式合作往往具有结构化的管理和评估机制，以确保合作目标的实现。正式合作在高等教育机构之间，以及高等教育机构与行业、政府和其他组织之间广泛存在。非正式合作关系主要指正式关系之外，通过非契约的方式建立的合作关系（路畅等，2019），通常更依赖于个人关系、社会网络和共同兴趣，表现为不同主体相关人员进行的私下交流，如参加会议、会展、行业协会、社交活动，与其他组织或研发人员分享设备等（Dahlander & Gann，2010）。非正式合作的特点是灵活性高、形式多样，能够促进知识和经验的自然流动。非正式合作在学术研究、教学创新和学生支持等方面尤为重要，有助于构建学习社区和促进跨学科交流。根据现有文献，具有互补性的资源参与者可以通过正式与非正式合作建立起行动者网络（许秀玲，2013）。正式合作提供了合作的结构和稳定性，有助于实现大规模和长期的合作项目；非正式合作则增加了合作的灵活性和创新性，促进了知识的自由流动和快速响应变化的能力。两种合作模式的结合，能够更好地满足高等教育在知识创新、教学改革和社会服务方面的需求。通过深入理解和应用正式合作与非正式合作的定义和特点，高等教育机构可以更有效地设计和实施合作项目，促进大学与城市的互动，提升高校的社会服务能力。

在高等教育领域研究中，正式合作与非正式合作的使用情况主要体现在教育生态与治理体系的变革、产学合作（UI）与知识共享、教育实践与课程设计，以及创新网络与社会资本等方面。

首先，在研究教育生态与治理体系的变革过程中，亨利·威廉·切斯布鲁探讨了企业如何通过与外部环境（包括学术界、用户社区等）的非正式合作来加速创新过程，通过多个案例分析，展示了非正式合作在促进创新生态系统中的关键作用（Chesbrough，2003）。约翰·G.维塞玛探讨了非正式合作在知识创造过程中的作用，特别是在科学研究领域。他通过案例研究方法，分析了科学家如何在非正式的社交网络中分享信息、交流想法，以及这些互动如何促进知识的创新和传播（Wissema，2009）。随着数字化的不断推进，学者们关注到数字化时代教育生态的变革正逐步模糊正式教育与非正式教育的界限,对高校治理体系产生深远影响(赵长禄等,2024)。有学者讨论了基于多重场域联动的教学学术共同体,强调正式和非正式教育场域的联动对解决共同问题的重要性(吕寒雪,2024),发现高层管理者的正式和非正式联系对专业声誉扩散至关重要(牛慧丹和程猛,2024)。

其次,在研究产学合作与知识共享过程中,扎克等分析了学术科学家的非正式合作网络,探讨了这些网络如何影响研究产出和创新,得出了非正式的同行交流和合作对于促进知识共享和提高研究效率具有重要作用的结论(Zucker et al.,2002)。里根斯等通过实证分析研发团队中的非正式互动,揭示了非正式合作在知识转移过程中的关键作用,强调了非正式交流在促进团队成员间知识共享和创新能力方面的重要性(Reagans & McEuily,2003)。周雪光(2019)认为,非正式制度为官僚体制的正式形式与非正式运作两重性注入了强大生命力。金妍希和曹兴(2023)认为,通过战略合作、技术联合开发、商业会晤、设立科研基金等正式或非正式合作,可以进一步增强企业与技术伙伴间的互动频率,形成友好的互惠互信关系。

再次,在教育实践与课程设计研究方面,克洛斯等探讨了非正式学习在公共行政领域知识创造中的作用,分析了非正式合作如何促进知识共享和创新,特别是在教育和培训项目中,非正式学习如何与正式课程相结合,提高教育效果(Cross et al.,2004)。温格等探讨了正式学习环境(如课堂教育)与非正式学习环境(如实践社区)之间的平衡,分析了如何在正式教育体系中整合非正式学习,以促进知识的深入理解和技能的发展(Wenger et al.,2002)。刘来兵和周洪宇(2023)讨论了教育"硬空间",包括正式教育空间和非正式教育空间,如图书馆、校史馆等对教育的影响。郑娜娜和许佳君(2023)强调了正式合作与非正式合作在基层社会生态中的补充作用。

最后,在创新网络与社会资本研究方面,学者们研究了创新网络中知识创造的动态过程,分析了正式和非正式合作如何共同作用于知识流动和创新活动,特别是在高科技产业中,这些合作模式如何促进了新知识的产生和传播(Powell et al.,2014)。有学者关注到乡村劳动教育中正式制度和非正式制度的创建对利益相关者交往关系的重要性(李忠,2023)。还有学者分析了产学研联盟组合影响科技中小企业成长的路径高度依赖外部情境,独特的正式与非正式制度环境共同影响着社会经济活动与企业行为(张羽飞等,2023)。

可见,在高等教育研究领域,正式与非正式合作的运用已经显示出其重要性和多样性,现有研究多采用案例分析和实证分析,为本书提供了可以借鉴的方法论支持。这两种合作模式在促进产学研合作、教育实践和课程设计及创新网络和社会资本的构建中发挥着积极的作用,不仅加强了知识的转移和共享,还促进了创新和实践的融合,为解决复杂的社会问题提供了新的视角和解决方案。正式与非正式合作为学生提供了更丰富的学习资源和实践机会,使学生能够接触到最新的行业知识和技能;有助于构建创新网络和社会资本,促进了学术界、产业界和政府之间的信息流动和资源共享,进而加速了知识的传播和技术的创新,为高等教育机构拓展了合作伙伴和资源。

现有研究的不足之处在于,强调了非正式合作在知识共享和创新中的作用,但对于非正式合作的影响进行量化和系统评估的研究相对较少,限制了对于非正式合作具体价值和效率的理解;与此同时,多数研究关注的是正式与非正式合作的即时影响,而对其长期效应的探讨相对较少,尤其是它们如何影响组织的持续创新能力和学术成果的累积。本书将引入正式合作与非正式合作的分析,挖掘大学与城市互动的路径,进而为长远视角下高校社会服务能力的提升提供研究支持。

2.正式合作与非正式合作提升高校社会服务能力

从访谈资料(见表3.8和表3.9)可以看到,正式合作使高校能够参与更多的社会服务项目,如政府的公共政策研究、社区发展项目等(唐莉晶,2021)。这些项目不仅为高校提供了展示其社会服务能力的平台,也使高校能够直接参与社会发展和公共服务,提升了高校的社会影响力和公共形象。非正式合作通过建立更为广泛的社会联系和网络,为高校的社会参与提供了更多的机会和渠道(方晓波,2015)。教师和学生可以通过非正式的社会活动、志愿服务等形式,参与社区服务和社会公益,增强了高校与社会的联系,提升了高校的社会服务能力。

表3.8　有关正式合作提升高校社会服务能力的经典表述

受访单位	经典表述	要素识别
A 大学	合作的达成必须以政策或协议的方式确定下来,才是长久之计。"十三五"规划期间的 200 多个合作项目都是有据可查的	正式协议
B 大学	2021 年,依托产业联盟,我们与 3 家长期合作的科技企业达成合作意向,签约挂牌,建成了学校首个现代产业学院	正式协议
C 大学	2022 年,我们的横向项目总额过亿元,都是签署合同的到校项目	正式协议
D 大学	我们这些行业学院都是签署协议建立起来的,有些还有技术项目承诺	正式协议
OX 公司	我们协助 R 老师申报并购买了这个专利,聘请他为顾问,目前已投入生产,现在已经有了回报	正式协议,通过专利购买获取新技术
GG 公司	我们签署了协议,双方会在课程设置、师资培训、学生实习、实验室建设等方面进行合作。通过引入我们的先进技术和教育资源,为学生提供更贴近产业实际需求的教学内容和实践机会	正式协议,技术许可协议
CM 社区	我们签了合作协议,还挂了牌	正式协议
XY 街道	我们书记和对方学院都很重视,签了协议,也挂了牌	正式协议

表3.9 有关非正式合作提升高校社会服务能力的经典表述

受访单位	经典表述	要素识别
A 大学	合作的达成最终以政策或协议的方式确定下来,但显然在此之前由非正式方式促成,这就对我们的行政人员和广大师生有了更高的要求,我们鼓励员工参会并予以各种资源支持,功夫在事外,唯有如此,才能推进正式合作的达成	非正式交流和接触

受访单位	经典表述	要素识别
B大学	领导太重要了,如果不是校领导的人品与人脉,很难想象能够在这么短的时间里得到市政府这么多部门的配合,建立起这么多实践基地	非正式交流和接触
C大学	这个合作项目是通过招投标实现的,但我为什么知道这样的信息?说来也巧,是在几个家庭聚会时和另一个小朋友的爸爸聊起来,才知道他们有个项目正在招投标,恰巧在我的研究领域	非正式交流和接触休闲活动
D大学	项目能建设起来,可以说全仰仗师门,有学脉传承,就有信任,包括对专业的信任,更有对人品的信任。包括方案设计阶段的调研,如果不是老师同学的介绍,很难进行这么深入的调研,一遍遍地问,问得那叫一个细,又不是承诺一定能建成,那么烦,谁能受得了?	非正式交流和接触的频率
公司GG	我和W老师是在学术会议上认识的,吴老师的大会发言给我留下了深刻印象,在会议餐交流时,我了解到B大学有这样一支教师团队,且有拓展对外合作以推进教学改革、培养符合产业需求的学生的意向。而当时教育部要推进产学合作项目,我们也想寻找有合作意向且积极主动的合作单位,合作共识就在闲谈中达成了	非正式交流和接触行业相关会议
OX公司	我是这所大学的毕业生,一直在专业领域创业,由于大学期间就在实验室助力老师,受到老师的教导,也和老师建立了比较深厚的情谊。毕业后,辗转多个领域,逐渐有了积累,也获得了工业用地的机缘,萌发了回归本专业创业的想法。我就我的需求和R老师交流了近两年,挖掘出了较为成熟的技术思路,最终签署协议并投入了生产线。我想,没有前期的信任和交流,单凭误打误撞,是很难达成这种合作的	非正式交流和接触共享设备、设施
XHS公司	在与学校达成正式合作之前,我们已经与一些老师开展了合作,这些合作主要基于双方共同的研究兴趣和技术需求,通过项目合作、技术交流等形式展开。这些合作不仅帮助我们与老师们建立了初步的信任和合作关系,也为我们后续正式合作的达成奠定了基础。基于这些非正式合作,我们逐渐认识到与高校开展正式合作的重要性和潜力,最终达成了正式合作协议	非正式交流和接触共享设施

受访单位	经典表述	要素识别
XY 街道	正式协议是没有的，但高校来，我们是敞开大门欢迎的，学生们来我们社区的创业街，我们也非常欢迎，我们服务高校的意识还是很强的。而且，几位老师为我们社区荣誉的评定付出了很多	非正式交流和接触共享设施
CM 社区	我们书记是很有眼光的，知道要建成法治社区、国际化社区都离不开大学，所以我们和社区的大学建立了联系。不过，虽然挂了牌，其实也是动用的私人关系，并没有签订正式的协议。我们每年都接受超过 500 名大学生的参观	非正式交流和接触共享设施
政府 WL	我们和这所学校的合作关系主要是通过招投标建立起来的，这类研究我们一般会邀请社科院来做，但由于资金有限及社科院相关专家比较忙，我们才采用了公开招标方式。中标团队其实也是在和朋友聚餐时偶然得知这一招标信息才参与投标的。所以，正式合作恐怕也是隐含着非正式合作的缘由	非正式交流和接触

　　正式合作与非正式合作在提升高校社会服务能力方面具有各自的优势和特点，两者的有效结合可以更好地满足高等教育在知识创新、教学改革和社会服务方面的需求。高校应根据自身发展战略和社会服务目标，灵活运用正式合作与非正式合作，促进高校与社会的深度融合，进一步提升社会服务能力。首先，高校需要明确合作目标和方向，选择与社会服务项目相匹配的合作方式，对于规模大、期限长的项目，正式合作能够提供明确的框架和责任划分(Chesbrough，2003)，确保项目的顺利进行；而对于需要快速响应和高度创新的项目，非正式合作则能够通过利用个人关系网和社交网络(Wissema，2009)，促进灵活的知识与资源共享。其次，为提升合作效率，高校应强化内部管理和协调机制，正式合作项目应由专门的机构负责管理与协调(Zucker et al.,2002)，以优化资源配置；对于非正式合作，则应鼓励教师和学生积极参与社会活动，促进广泛的社会联系的建立(Reagans et al.，2003)。最后，加强与社会各界的沟通与交流，对建立长期稳定的合作关系

至关重要。通过组织交流会议和研讨会,可以加深理解、建立信任,并共同面对合作中的挑战;同时,积极参与社会服务项目,利用高校的专业知识和技术支持,可以显著提升社会服务能力和社会影响力。

综上所述,正式合作与非正式合作对高校社会服务能力的提升具有重要影响。高校应根据自身特点和社会需求,灵活运用两种合作模式,加强与社会各界的互动和合作,不断提升自身的社会服务能力,为社会发展作出更大贡献。因此,在分析大学与城市互动过程中,利用这两种合作模式来探索如何提升高校社会服务能力是必要的。深入理解正式与非正式合作在不同场景下的作用和影响,可以为高校与城市之间建立更有效的合作机制提供理论和实践基础。特别是在当前社会和经济快速变化的背景下,高校需要通过正式与非正式合作,更好地融入城市发展,促进知识共享,加强社会服务,从而提升其在社会发展中的作用和影响力。

(五)应用型本科高校社会服务能力提升的理论模型

在前述分析的基础上,我们构建起大学与城市互动视角下应用型本科高校社会服务能力提升的理论模型(见图3.6)。下一章将对该理论模型的测量与组态展开分析。

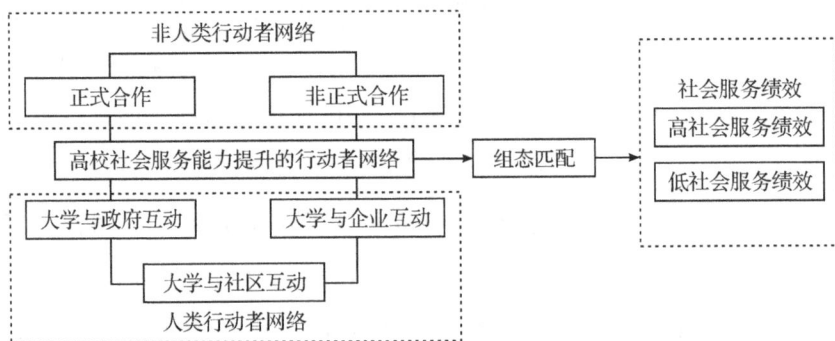

图 3.6 应用型本科高校社会服务能力提升的理论模型

第四章　应用型本科高校在地化社会服务行动者网络的实证研究

在上一章中,笔者通过探索性案例研究深入探讨了应用型本科高校在提升社会服务能力过程中的行动者网络构成及其互动机制。这些案例为我们提供了宝贵的实践经验,揭示了不同行动者之间的合作模式和影响因素。为了进一步验证理论模型的适用性,本章将转向实证研究,利用统计分析和组态分析方法,系统考察应用型本科高校在地化社会服务行动者网络的构成要素及其对提升社会服务能力的影响。通过这一转变,旨在从定性的案例分析过渡到定量的实证检验,从而更全面地理解高校社会服务能力提升的复杂动态。

第一节　研究方法选择

本书旨在探究"在大学与城市的互动过程中,互动的组合方式如何影响高校的社会服务能力",因此采纳了构型视角与模糊集定性比较分析(fsQCA)的研究方法。与传统的线性回归分析相比,模糊集定性比较分析结合了定性和定量研究的优势,使用布尔代数和集合论的原则进行分析。它的核心在于利用真值表和逻辑最小化的方法,实现对案例数据的综合比较(Fiss,2007;Ragin,2008)。选择 fsQCA 方法是因为它适用于揭示变量间的因果复杂性,具体来说有以下几个原因。

第一,本书旨在探讨人类与非人类要素、互动策略及不同情境因素的组合如何影响高等教育机构的社会服务能力,这是一个典型的"多重并发因果关系"问题。已有的关于大学与城市互动及高校社会服务能力提升的研究大多以层次分析等方法设置评价标准,或者采用线性回归方法来分析各变量的独立效应,往往无法同时观察到正式与非正式合作的共存现象,以及其他多个情境因素的综合影响。而 fsQCA 基于集合论的思维模式,通过"因果组合"(causal recipes)来理解因果关系,允许研究者探究在不同情境下各种变量组合如何共同作用于结果变量上,从而揭示复杂因果关系的内在逻辑(Ragin,2008)。在 fsQCA 的分析框架下,自变量(前因条件)不是独立地影响因变量(结果),而是通过它们的组合方式共同作用于结果。这种方法能够有效处理三个或更多前因条件的组合,这种分析方式与本书所探讨的问题高度吻合。

第二,权变情境的差异表明,实现最佳区分可能存在多种等价路径,每条路径通过不同的同构策略、自治权及权变因素的组合展现出来(Gresov & Drazin,1997;McKnight & Zietsma,2018)。现有研究在探讨此特性方面较为欠缺,而且传统的回归分析方法难以识别出导致特定结果的多种可能性。fsQCA 通过布尔逻辑运算,能够在多维的可能性空间中描绘出与同一结果相关的多个等效配置。尽管这些配置在结构组成上各不相同,但都能引致相同的结果(Ragin,2008),在这一点上 fsQCA 展现了其独有的优势。

第三,与以往研究不同的是,正式合作可能促使各参与方采取积极行为,进而促进绩效的提升。然而,在某些情况下,缺乏正式合作并不一定会阻碍高校社会服务能力的增强。这种情况表明,影响高校社会服务能力高低的驱动因素是不同的,并且这种差异并非简单的正反对应关系。这是传统线性回归方法难以探究的领域。相对之下,fsQCA 方法接受因果非对称的假设,即导致某一结果(如高绩效)与其缺失(如非高绩效)的原因并不相同,这种方法能更有效地阐释案例之间的差异及条件之间的配置效应(杜运周等,2017)。

第四,考虑到本书在保证数据质量的同时所涉及的样本量相对较小,不适宜运用传统的统计分析方法。而 fsQCA 方法对于中小规模样本的研究同样适用(Douglas & Shepherd,2020),因此为本书提供了一个适当的分析工具。

第二节　数据来源

一、数据收集

真实有效的数据是进行实证分析的前提与基础。本书中的研究属于中小样本的 fsQCA 研究设计,在数据类型上尽可能兼顾定性与定量数据的平衡,方便在组态分析后回到定性数据来解释组态结果,进行理论与案例的迭代对话(Misangyi et al.,2017)。为获取相对充足且质量较高的案例数据,本研究主要通过以下步骤进行案例选择和数据收集:

第一,考虑到主体的丰富和调研的针对性,若采用传统的统计抽样方法和大量问卷调查可能难以取得有效成果,因此在调研中尽量与政府、企业、高校、社区的中高层管理者进行接触,一线人员也只选择与具体负责或实际参与大学与城市互动的专家,这样做有利于保证受访者的有效参与,同时保证调查工作的顺利执行。

第二,为了收集更全面的案例数据,研究者进行了初步访谈,对象为目标单位的 14 名相关成员,采取面对面访谈或微信电话的方式进行。访谈主要围绕相关单位的基础信息及其与其他相关主体的互动情况,旨在为后续的问卷调查工作奠定基础。

第三,在初步访谈结束后,向目标单位中负责管理和直接参与互动活动的 14 名员工发放了问卷,以进行预测试。通过预测试,发现了问卷不适切的部分,重新筛选调整了问卷,形成了确定的问卷。

第四,进行问卷调查。问卷主要包含三个部分。第一部分为问卷说明,旨在向受访者明确本次调研的目的,帮助他们理解研究的主题。第二部分为单位性质、区域、开展合作的途径与模式等基本信息。第三部分是问卷的核心内容,要求受访者依据自身经历对各个相关变量的测量题目进行评价和选择。

经由上述步骤,最终采用问卷调查的方法,对应用型本科高校服务城市发展展开相关调研。基于研究对象,在发放问卷时,对相关人员进行随机抽样调查,共发放 250 份问卷,删除答题时间短、填写信息不完整的问卷,共收回有效问卷 204 份,并对这 204 份问卷进行了调查分析。这一样本数量对于有 5 个条件的 fsQCA 设计是合理的(Douglas & Shepherd,2020)。另外,虽然使用较大样本量的研究设计可以提高 fsQCA 研究结论的普适性和稳健性,但样本量的增加同时会减少研究者对每个案例及其条件的熟悉程度,增加了从案例中提炼和总结校准点的难度(张明等,2020)。而小样本通常涉及 12—50 个案例,研究人员能够与案例数据建立更密切的关系(Misangyi et al.,2017),每个案例的实质性知识都可以确保调查结果的有效性。调研对象情况如表 4.1 所示。

表 4.1 调研对象情况统计

特征	类别	数量	占比/%
单位性质	高校	82	40.2
	企业	61	29.9
	政府	41	20.1
	社区	20	9.8
	其他社会组织	0	0
职位	员工	46	22.55
	中层管理者	108	52.94
	高层管理者	50	24.51

特征	类别	数量	占比/%
合作途径	政策或法律	83	40.69
	联合研发	41	20.10
	培训	134	65.69
	咨询	36	17.65
	资源共享	96	47.06
	其他	0	0
城市发展模式	高校自主办产业	93	45.59
	校企技术合作模式	60	29.41
	政府—高校战略合作模式	19	9.31
	大学科技园模式	110	53.92
	社区资源共享	6	2.94
	其他	0	0

（一）单位性质

表4.2为表频数分析结果。结果显示,高校是单位性质最多的选项,占比40.2%;其次是企业,占比29.9%;政府和社区分别占比20.1%和9.8%。其他社会组织没有填写。

表4.2　表频数分析结果

题名	选项	频数	百分比/%	累积百分比/%
您的单位性质	A.高校	82	40.2	40.2
	B.企业	61	29.9	70.1
	C.政府	41	20.1	90.2
	D.社区	20	9.8	100.0
合计		204	100.0	100.0

（二）职位

图4.1为调研对象的职位分布。在这204人中,52.94%的人为中层管

理者,24.51%的人为高层管理者,22.55%的人为员工。可以看出,参与本次填写的大部分人员都是公司的管理层。

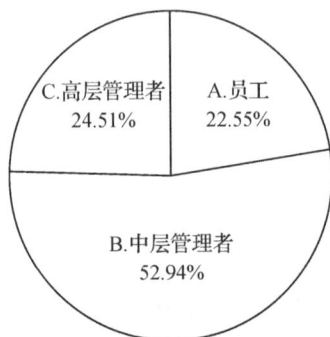

图 4.1　调研对象职位分布

（三）与高校的合作途径

如图 4.2 所示,高校与单位合作的途径主要集中在培训和资源共享上,分别占比 65.69% 和 47.06%。其次是政策或法律（40.69%）和联合研发（20.10%）。咨询的比例为 17.65%。值得注意的是,没有人选择"其他"选项。这些结果表明,单位与高校的合作主要集中在培训和资源共享方面,政策或法律也起到了一定的作用。

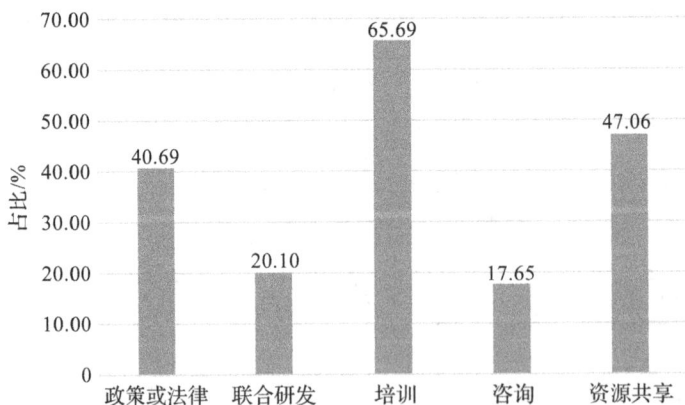

图 4.2　调研对象与高校合作途径

（四）高校服务城市发展的模式

如图 4.3 所示,在高校服务城市发展模式调查中,选择高校自主办产业的比例为 40.69%,表明有约四成高校选择通过自主办产业的方式来服务城市发展,可能包括高校自建或与相关企业合作建立产业园区、孵化器等,这种模式有助于高校将科研成果直接转化为产业优势,同时也为学生提供了实践和就业的机会。选择校企技术合作模式的比例为 29.41%,表明接近三成的高校选择了与企业进行技术合作的模式,可能涉及科研成果转化、人才培养、联合研发项目等领域,这种模式有利于高校将理论知识与企业的实际需求相结合,促进技术创新和产业升级。选择政府—高校战略合作模式的比例为 9.31%,虽然比例相对较低,但表明部分高校与政府建立了战略合作关系,可能包括政产学研一体化、公共科研项目合作等方面,有助于整合资源,推动城市的整体发展。选择大学科技园模式的比例最高,为 53.92%,表明大学科技园是高校服务城市发展的主要模式,大学科技园通常由高校主导或与相关企业合作建立,为高校科研成果的产业化提供平台,同时也是城市吸引投资和人才的重要渠道。选择社区资源共享的比例为 2.94%,说明仍有部分高校关注到了社区共享资源,可能涉及社区教育、文化活动、公共服务等方面的合作。没有人选择"其他"选项,说明没有其他特定的模式被提出。

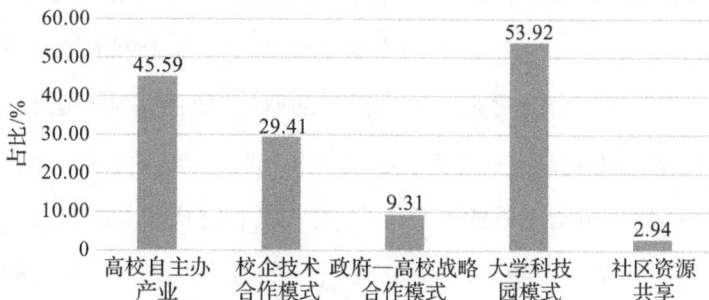

图 4.3　高校服务城市发展模式

综合来看,各种高校服务城市发展的模式都有所涉及,并且各种模式在不同程度上都对城市的发展起到了积极的作用。其中,大学科技园模式可能是高校服务城市发展的一种重要方式。不过,需要进一步研究和分析各种模式的运作机制、效果及如何进行优化,以提高城市发展效率。

二、变量测量

为了确保研究中所探讨概念的准确和有效表达,本书的调查在变量测量上严格依托于已经验证过的成熟量表。这种做法不仅保证了测量的可靠性和有效性,还有助于增强研究结果的信度和效度,从而确保研究发现能够准确反映实际情况,为后续的研究和实践提供理论基础。为确保问卷题目能够直接且有效地映射研究中的关键概念,笔者还特别邀请了高校、政府、企业、社区领域的管理层人员参与问卷的讨论和预测试。这一过程不仅可以验证问卷的内容覆盖面和准确性,还能进一步优化题项的表述,确保其既能贴切地表达所需探讨的概念,又便于受访者理解和回答,从而提高研究的有效性和可靠性。问卷设计采用李克特5级量表,按照符合程度从1到5依次递增。各变量的具体测量方式如下。

（一）结果变量:高校社会服务能力

最优区分应该反映在高绩效中,即高绩效代表一种区分程度的最优情况(McKnight & Zietsma,2018)。本书考察的结果变量是高校社会服务能力绩效。高校社会服务能力绩效参考麦均洪等的研究,使用其基于已有统计数据设计形成的"普通本科高校社会服务能力评价指标体系(简化版)"的三级指标作为高校社会服务能力绩效的测量标准(麦均洪和赵庆年,2021),具体包括学科专业课程建设、人才供给、科学研究服务、直接社会服务4个方面的11个问题:学科专业课程建设水平提升;人才供给水平提升;科研项目数量增加;科研获奖数量增加;论著发表数量增加;专利授权数、授奖数增加;参加学术交流数量增加;科研基地等创新平台数量增加;继续教育服务量增加;科技成果转化、研究与咨询报告数等科技拓展服务增加;教育资源服务增加。

选择该测量方式基于以下三点考虑:第一,对社会服务能力的界定,采取了广义的社会服务的概念,并不局限于教学研究之外的社会服务概念,这与本书的主旨相符。第二,该量表基于已有的统计数据和实证研究,形成了一个全面且具体的评价指标体系,能够综合反映高校在社会服务中的多方面表现,这些指标紧密贴合高校社会服务能力绩效的实际情况,使评价结果更具有针对性和可操作性。第三,该量表的应用有助于实现高校社会服务能力绩效的优化区分,即通过对 11 个具体问题的综合评估,可以明确区分出高绩效与非高绩效的高校,为后续的策略制定和实践改进提供依据。这种优化区分符合麦克奈特和齐茨玛(McKnight & Zietsma,2018)提出的绩效评估原则,即通过最优区分来识别和强调高绩效状态,进而推动高校社会服务能力的整体提升。

(二)条件变量:大学与企业互动

大学与企业合作的测量参考马蓝(2016)开发的企业合作量表,使用其"合作行为"关系量表测量大学与企业互动策略,具体包含如下 8 个问题:双方经常对技术知识进行沟通和共享;双方经常进行管理技术的交流;在合作协调过程中,双方很少发生冲突;在合作协调过程中,双方发生的冲突不会持续很长时间;我们从合作单位处学到了一些关键能力;我们从合作单位处学到了新的技术专长;合作单位向我们提供了大量的关于产品/人才的信息;合作单位向我们提供了大量的关于市场未来发展潜力的信息。

使用该测量的原因如下:首先,该量表专门设计用于评估组织之间的互动策略和关系质量,能够准确捕捉大学与企业合作的多维度特性,如技术知识共享、管理技术交流、冲突发生与解决及合作学习成果等,这些都是评价大学社会服务能力提升不可或缺的要素。其次,通过对这一成熟量表的应用,可以借鉴前人的研究成果,确保研究的科学性和可比较性,同时也能够基于量表结果,对大学与企业的合作关系进行深入分析,为提升高校社会服务能力提供具体的实证支持。最后,该量表的使用有助于从组织行为学的角度,深化对高校与企业合作机制的理解,为优化两者间的合作模式提供理论依据和实践指导。

(三)条件变量:大学与政府互动

值得一提的是,李雪灵和申佳开发的"市场"与"政府"二元关系质量量表[1]分别从 5 个维度和 4 个维度测量组织与合作企业、组织与政府的关系,有较高的预测效度。但在试测时,试测专家认为调查对象可能会不愿表达自己的真实意愿,难以贴合大学与政府互动的具体实际,这就需要一个更加专门化和更有针对性的量表来准确评估政府对高校的支持情况。与此同时,试测专家提出,通过招投标等方式展开合作的市场行为,在高校与企业合作量表中已经有所体现,在此增加此类题目有重复之嫌。因此,在专家建议的基础上,借鉴马蓝(2016)的政府支持量表,将原问卷中的大学—政府关系量表更换为政府支持量表,包含如下 6 个问题:政府提供了有利于本单位发展的政策和项目;政府提供了必要的技术信息和技术支持;政府提供了直接的财政政策,包括税收和政府补贴等;政府为高校获得财务支持提供了很大帮助;政府为高校引进技术和设备提供了很大帮助;政府鼓励加强知识产权保护。

选择这一测量方式出于以下考虑:首先,选用政府支持量表,意味着能够更细致和具体地捕捉到政府在政策和项目支持、技术信息与技术支持、财政政策、财务支持帮助、技术设备引进帮助及知识产权保护等方面对高校的支持情况。这些维度直接关联到高校在社会服务、科研活动、技术创新等领域的发展和表现,是评价大学与政府互动质量的关键因素。其次,更换为政府支持量表,是征求专家意见后所做的决定,这确保了量表的有效性和实际应用的适宜性。通过专门设计的量表来衡量,可以确保研究结果的准确性

---

①李雪灵,申佳.关系质量量表开发与验证:基于本土研究视角[J].科研管理,2017(11):117-125.

和可信度,同时为大学如何通过与政府的有效互动来提升社会服务能力提供更为具体和实证的支持。

（四）条件变量:高校与社区互动

高校与社区互动的测量采用了特拉华大学(University of Delaware)教育与社会研究中心发布的大学—社区关系量表,并且根据中国的实际情况做了微调,包含如下 7 个问题:您所在的单位参与过高校与社区的互动工作;您参与过与社区互动协作的相关内容(如课堂教学、实习实训、竞赛活动、志愿服务、人才引进、挂职锻炼、讲座报告、慰问帮困等);高校的场地资源(如教室、实验室、运动场馆、多功能厅等)向社区开放;高校师生会主动去社区居委会;您对身边的社区建设满意;社区向高校师生开放场地资源(如党群服务中心、图书馆、健身会所、会议室等);高校协作、利用过社区的人力资源、文化资源、环境资源等。

选择这一测量方式出于以下考虑:以特拉华大学教育与社会研究中心发布的大学与社区关系量表作为衡量“大学与社区互动”这一条件变量的工具,反映了研究设计中对高精度和专业化测量工具的需求。在国内,虽然高校与社区互动的概念逐渐受到重视,但相关的实证研究和量化评估工具仍然较少,现有的国内问卷难以满足研究的专业性和深度要求。因此,选择一个国际认可并专门设计用于评估大学与社区关系的量表,成为实现研究目标的必然选择。该量表涵盖了高校与社区互动的多个重要维度,如互动工作的参与度、与社区互动的具体活动内容、资源共享的情况、双方的主动参与程度及对社区建设的满意度等,这些都是衡量大学与社区互动质量的关键指标。通过这些具体问题的设置,研究能够深入探讨高校与社区互动的实际情况和效果,为评估和提升高校在社区服务方面的能力提供了更为准确的评价依据。

（五）条件变量:正式合作与非正式合作

本书采用路畅等(2019)关于外部合作对中小企业创新绩效影响研究中

的正式合作与非正式合作量表作为衡量"非人类行动者策略"的工具。其中,正式合作包含 7 个问题:我们通过正式合同、契约或协议与合作企业进行合作;我们通过正式合同、契约或协议与政府部门进行合作;我们通过正式合同、契约或协议与社区人员进行合作;我们通过正式合同、契约或协议与大学及研究机构进行合作;我们通过风险投资,兼并、收购的方式与外部组织进行合作;我们通过专利购买的方式获取新技术;我们通过技术许可的方式获取新技术。非正式合作也包含 7 个问题:我们与合作企业的员工私下进行非正式交流和接触;我们与政府工作人员私下进行非正式交流和接触;我们与社区工作人员私下进行非正式交流和接触;我们与大学及研究机构等组织的员工私下进行非正式交流和接触的频率;我们与其他组织或研发人员共享设备、设施;我们参加与行业相关的会议、展销会、博览会;我们参加与行业相关的俱乐部、社团活动、休闲活动。

选择这一测量方式出于以下考虑:首先,该量表针对外部合作的不同形式(正式与非正式)提供了清晰的区分标准和具体的评价指标,这对于理解和分析大学与外部组织(包括企业、政府部门、社区和研究机构)之间合作的多样性和复杂性至关重要。正式合作通常基于具体的合同、协议或其他法律文件,涉及明确的权利和义务,而非正式合作则更依赖于个人关系和社交网络,不受正式协议的约束。这种区分对于研究大学社会服务能力提升中的行动者网络构建具有实际意义。其次,这一量表能够覆盖大学与外部合作伙伴之间合作的广泛领域,包括技术知识的获取、新技术的采用、资源共享及参与行业相关的社交活动等,这些都是促进大学社会服务能力提升的关键因素。通过对这些具体问题的考察,可以深入分析正式与非正式合作在推动大学创新和社会服务中的作用和影响。最后,采用这一成熟量表的另一个重要原因是其在实证研究中的验证和应用,确保了研究方法的科学性和结果的可靠性。路畅的研究为外部合作对组织绩效影响的理解提供了新的视角,将其应用于大学与社会互动的研究,有助于构建更加全面和深入的理论框架,为大学如何通过外部合作提升社会服务能力提供实证支持和理论指导。

三、信度、效度分析与调查情况

在社会科学研究中,信度、效度分析是确保量表可靠性和有效性的关键步骤。信度主要评估量表测量的一致性和稳定性,而效度则主要评价量表测量是否能准确反映研究意图(DeVellis,2021)。进行信度和效度分析,不仅可以验证量表在实际调研中的适用性和准确性,还有助于提高研究结果的可信度和科学性(Hair,2017)。此外,对调查结果的深入分析能够揭示数据背后的深层含义,为理论假设的验证和后续研究提供实证支持。因此,本书在量表设计完成和试测调研后,开展信度效度分析和调查结果分析,是为了确保研究方法的严谨性和研究结果的有效性,进而增强研究发现的普遍性和应用价值(Babbie,2016)。

(一)信度分析

信度分析结果如表4.3所示。

表 4.3 信度分析结果

变量	题项	校正项总计相关性(CITC)	项已删除的 α 系数	Cronbach's α 系数
高校社会服务能力	1.学科专业课程建设水平提升	0.721	0.940	0.944
	2.人才供给水平提升	0.750	0.939	
	3.科研项目数量增加	0.742	0.939	
	4.科研获奖数量增加	0.744	0.939	
	5.论著发表数量增加	0.781	0.937	
	6.专利授权数、授奖数增加	0.771	0.938	
	7.参加学术交流数量增加	0.780	0.938	
	8.科研基地等创新平台数量增加	0.742	0.939	
	9.继续教育服务量增加	0.754	0.939	
	10.科技拓展服务增加	0.763	0.938	
	11.教育资源服务增加	0.743	0.939	

续表

变量	题项	校正项总计相关性(CITC)	项已删除的 α 系数	Cronbach' α 系数
大学与企业互动	1.双方经常对技术知识进行沟通和共享	0.634	0.889	0.897
	2.双方经常进行管理技术的交流	0.708	0.882	
	3.在合作协调过程中,双方很少发生冲突	0.673	0.885	
	4.双方发生的冲突不会持续很长时间	0.683	0.884	
	5.我们从合作单位处学到了一些关键能力	0.708	0.882	
	6.我们从合作单位处学到了新的技术专长	0.708	0.882	
	7.合作单位向我们提供了大量的关于产品/人才的信息	0.659	0.886	
	8.合作单位提供了大量的关于市场未来发展潜力的信息	0.669	0.885	
大学与政府互动	1.政府提供了有利于高校发展的政策和项目	0.674	0.850	0.872
	2.政府提供了必要的技术信息和技术支持	0.723	0.842	
	3.政府提供了直接的财政政策,包括税收和政府补贴等	0.656	0.853	
	4.政府为高校获得财务支持提供了很大帮助	0.673	0.850	
	5.政府为高校引进技术和设备提供了很大帮助	0.668	0.851	
	6.政府鼓励加强知识产权保护	0.649	0.855	

变量	题项	校正项总计相关性(CITC)	项已删除的 α 系数	Cronbach' α 系数
高校与社区互动	1. 您所在的单位参与过高校与社区的互动工作	0.669	0.862	0.880
	2. 您参与过与社区互动协作的相关内容	0.652	0.864	
	3. 高校的场地资源向社区开放	0.679	0.861	
	4. 高校师生会主动去社区居委会	0.622	0.868	
	5. 您对身边的社区建设满意	0.703	0.858	
	6. 社区向高校师生开放场地资源	0.642	0.866	
	7. 高校协作、利用过社区的人力、文化、环境等资源	0.688	0.860	
正式合作	1. 我们通过正式合同、契约或协议与合作企业进行合作	0.668	0.851	0.872
	2. 我们通过前述方式与政府部门进行合作	0.692	0.848	
	3. 我们通过前述方式与社区人员进行合作	0.615	0.858	
	4. 我们通过前述方式与大学及研究机构进行合作	0.652	0.853	
	5. 我们通过风险投资,兼并、收购的方式,与外部组织进行合作	0.596	0.860	
	6. 我们通过专利购买的方式获取新技术	0.68	0.849	
	7. 我们通过技术许可的方式获取新技术	0.642	0.855	

续表

变量	题项	校正项总计相关性(CITC)	项已删除的 α 系数	Cronbach's α 系数
非正式合作	1.我们与合作企业的员工私下进行非正式交流和接触	0.640	0.830	0.854
	2.我们与政府工作人员私下进行非正式交流和接触	0.669	0.826	
	3.我们与社区工作人员私下进行非正式交流和接触	0.586	0.838	
	4.我们与大学及研究机构等组织的员工私下进行非正式交流和接触的频率	0.665	0.826	
	5.我们与其他组织或研发人员共享设备、设施	0.559	0.841	
	6.我们参加与行业相关的会议、展销会、博览会	0.585	0.838	
	7.我们参加与行业相关的俱乐部、社团活动、休闲活动	0.610	0.835	

注:标准化 Cronbach's α 系数为 0.943。

从表 4.3 可知,信度系数值为大于 0.8,说明研究数据信度质量高。针对"项已删除的 α 系数",任意题项被删除后,信度系数并不会有明显的上升,因此说明题项不应该被删除处理。针对"CITC 值",分析项的 CITC 值均大于 0.4,说明分析项之间具有良好的相关关系,同时也说明信度水平良好。综上所述,研究数据信度系数值高于 0.8,说明数据信度质量高,可用于进一步分析。

(二)效度分析

使用 KMO 和 Bartlett 球形检验进行效度验证,从表 4.4 可以看出,KMO 值为 0.923,KMO 值大于 0.8,研究数据非常适合提取信息,从侧面反映出效度很好。

表 4.4　KMO 和 Bartlett 检验

KMO 值		0.923
Bartlett 球形检验	近似卡方	5240.041
	df	1035
	p 值	0.000

表 4.5 格针对因子提取情况及因子提取信息量情况进行了分析,可知,因子分析一共提取出 6 个因子,特征根值均大于 1,此 6 个因子旋转后的方差解释率分别是 13.932%、10.588%、9.468%、9.390%、8.646%、8.408%,旋转后累积方差解释率为 60.433%。

表 4.5　方差解释率

因子编号	特征根			旋转前方差			旋转后方差		
	特征根	方差解释率/%	累积方差解释率/%	特征根	方差解释率/%	累积方差解释率/%	特征根	方差解释率/%	累积方差解释率/%
1	13.553	29.463	29.463	13.553	29.463	29.463	6.409	13.932	13.932
2	3.852	8.375	37.838	3.852	8.375	37.838	4.871	10.588	24.521
3	3.408	7.408	45.246	3.408	7.408	45.246	4.355	9.468	33.989
4	2.967	6.451	51.697	2.967	6.451	51.697	4.320	9.390	43.379
5	2.273	4.941	56.637	2.273	4.941	56.637	3.977	8.646	52.025
6	1.746	3.795	60.433	1.746	3.795	60.433	3.868	8.408	60.433
7	0.943	2.051	62.484						
...	...	...	...						

本书数据使用最大方差旋转方法(varimax)进行旋转,以便找出因子和研究项的对应关系。表 4.6 展示了因子对于研究项的信息提取情况,以及因子和研究项的对应关系。

从表 4.6 可知,所有研究项对应的共同度值均高于 0.4,意味着研究项和因子之间有着较强的关联性,因子可以有效地提取出信息。

表 4.6　因子分析

变量	题项	因子载荷系数						共同度（公因子方差）
		因子 1	因子 2	因子 3	因子 4	因子 5	因子 6	
高校社会服务能力	1.学科专业课程建设水平提升	0.623	0.163	0.182	0.212	0.265	0.180	0.595
	2.人才供给水平提升	0.720	0.161	0.107	0.193	0.162	0.183	0.652
	3.科研项目数量增加	0.678	0.218	0.135	0.175	0.195	0.157	0.619
	4.科研获奖数量增加	0.650	0.249	0.219	0.167	0.232	0.118	0.628
	5.论著发表数量增加	0.768	0.141	0.188	0.095	0.197	0.107	0.705
	6.专利授权数、授奖数增加	0.673	0.265	0.261	0.137	0.170	0.187	0.674
	7.参加学术交流数量增加	0.717	0.137	0.242	0.222	0.131	0.180	0.690
	8.科研基地等创新平台数量增加	0.694	0.219	0.092	0.151	0.146	0.248	0.644
	9.继续教育服务量增加	0.660	0.206	0.190	0.231	0.269	0.081	0.646
	10.科技成果转化、研究与咨询报告数等科技拓展服务增加	0.732	0.126	0.238	0.203	0.065	0.188	0.690
	11.教育资源服务增加	0.656	0.150	0.241	0.099	0.253	0.231	0.638
大学与企业互动	1.双方经常对技术知识进行沟通和共享	0.224	0.697	0.022	0.027	0.023	0.019	0.538
	2.双方经常进行管理技术的交流	0.310	0.723	0.007	0.121	−0.010	0.081	0.639
	3.合作协调过程中，双方很少发生冲突	0.126	0.721	0.101	0.087	0.086	0.126	0.577
	4.合作协调过程中，双方发生的冲突不会持续很长时间	0.109	0.744	0.122	0.022	0.020	0.161	0.608
	5.我们从合作单位处学到一些关键能力	0.120	0.733	0.090	0.188	0.124	0.148	0.633
	6.我们从合作单位处学到新的技术专长	0.201	0.742	−0.020	0.150	0.062	0.126	0.634

续表

变量	题项	因子载荷系数						共同度（公因子方差）
		因子1	因子2	因子3	因子4	因子5	因子6	
大学与企业互动	7.合作单位向我们提供大量的关于产品/人才的信息	0.101	0.728	0.071	0.193	−0.021	0.014	0.583
	8.合作单位向我们提供大量的关于市场未来发展潜力的信息	0.129	0.720	0.244	0.063	0.168	−0.038	0.628
大学与政府互动	1.政府提供了有利于高校发展的政策和项目	0.167	0.088	−0.016	0.063	0.750	0.015	0.603
	2.政府提供了必要的技术信息和技术支持	0.193	0.040	0.042	0.075	0.787	0.092	0.674
	3.政府提供了直接的财政政策，包括税收和政府补贴等	0.233	0.052	0.131	0.063	0.712	0.023	0.586
	4.政府为高校获得财务支持提供了很大帮助	0.138	0.059	−0.017	−0.080	0.778	0.161	0.661
	5.政府为高校引进技术和设备提供了很大帮助	0.147	0.051	0.026	0.068	0.756	0.007	0.601
	6.政府鼓励加强知识产权保护	0.204	0.051	0.101	0.082	0.724	−0.024	0.586
高校与社区互动	1.您所在的单位参与过高校与社区的互动工作	0.230	0.066	0.056	0.728	0.032	0.092	0.600
	2.您参与过与社区互动协作的相关内容	0.117	0.056	0.144	0.738	0.007	0.006	0.582
	3.高校的场地资源向社区开放	0.090	0.142	0.068	0.753	0.051	−0.002	0.603
	4.高校师生会主动去社区居委会	0.164	0.052	−0.030	0.714	0.067	−0.025	0.545
	5.您对身边的社区建设满意	0.145	0.185	−0.014	0.757	0.097	0.109	0.650
	6.社区向高校师生开放场地资源	0.083	0.111	0.040	0.730	0.048	0.028	0.556

续表

变量	题项	因子载荷系数						共同度（公因子方差）
		因子1	因子2	因子3	因子4	因子5	因子6	
高校与社区互动	7.高校协作、利用过社区的人力资源、文化资源、环境资源等	0.265	0.136	0.049	0.718	−0.006	0.058	0.610
正式合作	1.我们通过正式合同、契约或协议与合作企业进行合作	0.101	0.077	0.773	0.059	0.033	0.098	0.627
	2.我们通过正式合同、契约或协议与政府部门进行合作	0.161	0.075	0.747	0.094	0.064	0.169	0.631
	3.我们通过正式合同、契约或协议与社区人员进行合作	0.313	0.167	0.611	0.004	−0.009	0.157	0.523
	4.我们通过正式合同、契约或协议与大学及研究机构进行合作	0.161	0.097	0.728	−0.009	0.006	0.117	0.579
	5.我们通过风险投资，兼并、收购的方式，与外部组织进行合作	0.170	0.010	0.640	0.050	0.072	0.185	0.480
	6.我们通过专利购买的方式获取新技术	0.231	0.070	0.715	0.011	0.057	0.158	0.598
	7.我们通过技术许可的方式获取新技术	0.130	0.077	0.728	0.098	0.066	0.073	0.572
非正式合作	1.我们与合作企业的员工私下进行非正式交流和接触	0.171	0.181	0.242	−0.028	0.155	0.653	0.572
	2.我们与政府工作人员私下进行非正式交流和接触	0.181	0.008	0.169	0.011	0.005	0.753	0.629
	3.我们与社区工作人员私下进行非正式交流和接触	0.117	0.060	0.162	0.116	0.047	0.665	0.502
	4.我们与大学及研究机构等组织的员工私下进行非正式交流和接触的频率	0.271	0.060	0.052	−0.007	0.042	0.732	0.618

变量	题项	因子载荷系数						共同度（公因子方差）
		因子 1	因子 2	因子 3	因子 4	因子 5	因子 6	
非正式合作	5.我们与其他组织或研发人员共享设备、设施	0.280	0.115	0.334	0.083	−0.050	0.532	0.495
	6.我们参加与行业相关的会议、展销会、博览会	0.047	0.126	0.047	0.046	0.151	0.720	0.564
	7.我们参加与行业相关的俱乐部、社团活动、休闲活动	0.183	0.089	0.152	0.039	−0.057	0.681	0.532

（三）调研情况

高校社会服务能力评价的实际情况如表 4.7 和表 4.8 所示。

表 4.7　高校社会服务能力评价的均值分析

题项	平均值±标准差	平均值	标准差	中位数
1.学科专业课程建设水平提升	3.627±1.170	3.627	1.170	4.000
2.人才供给水平提升	3.799±1.089	3.799	1.089	4.000
3.科研项目数量增加	3.598±1.168	3.598	1.168	4.000
4.科研获奖数量增加	3.681±1.150	3.681	1.150	4.000
5.论著发表数量增加	3.740±1.156	3.740	1.156	4.000
6.专利授权数、授奖数增加	3.711±1.153	3.711	1.153	4.000
7.参加学术交流数量增加	3.559±1.175	3.559	1.175	4.000
8.科研基地等创新平台数量增加	3.657±1.207	3.657	1.207	4.000
9.继续教育服务量增加	3.534±1.221	3.534	1.221	4.000
10.科技成果转化、研究与咨询报告数等科技拓展服务增加	3.770±1.128	3.770	1.128	4.000
11.教育资源服务增加	3.510±1.201	3.510	1.201	4.000

表 4.8　高校社会服务能力评价的频数分析

题项	1—完全不同意	2—不同意	3—不确定	4—基本同意	5—完全同意
1.学科专业课程建设水平提升	15(7.35%)	20(9.80%)	41(20.10%)	78(38.24%)	50(24.51%)
2.人才供给水平提升	7(3.43%)	24(11.76%)	31(15.20%)	83(40.69%)	59(28.92%)
3.科研项目数量增加	10(4.90%)	33(16.18%)	37(18.14%)	73(35.78%)	51(25.00%)
4.科研获奖数量增加	15(7.35%)	16(7.84%)	39(19.12%)	83(40.69%)	51(25.00%)
5.论著发表数量增加	11(5.39%)	23(11.27%)	34(16.67%)	76(37.25%)	60(29.41%)
6.专利授权数、授奖数增加	11(5.39%)	25(12.25%)	32(15.69%)	80(39.22%)	56(27.45%)
7.参加学术交流数量增加	13(6.37%)	29(14.22%)	40(19.61%)	75(36.76%)	47(23.04%)
8.科研基地等创新平台数量增加	14(6.86%)	25(12.25%)	36(17.65%)	71(34.80%)	58(28.43%)
9.继续教育服务量增加	17(8.33%)	27(13.24%)	38(18.63%)	74(36.27%)	48(23.53%)
10.科技成果转化、研究与咨询报告数等科技拓展服务增加	10(4.90%)	23(11.27%)	29(14.22%)	84(41.18%)	58(28.43%)
11.教育资源服务增加	16(7.84%)	28(13.73%)	41(20.10%)	74(36.27%)	45(22.06%)
小计	139(6.19%)	273(12.17%)	398(17.74%)	851(37.92%)	583(25.98%)

从表 4.7 和表 4.8 可以看出,大部分高校的社会服务能力都得到了不同程度的提升,尤其是在人才供给水平提升、科研项目数量增加、科技成果转化、研究与咨询报告数等科技拓展服务增加方面得到了明显的提升。

在调查分析基础上,我们发现尽管多数高等教育机构在社会服务能力方面取得了显著进步,如在社区参与和社会影响力方面的贡献,但在一些关键指标上的提升尚未达到预期。具体来说,在论文发表数量的增加、专利获授权情况及获奖次数等方面的进步并不突出。此外,教育资源的增强,包括图书馆和运动场馆等基础设施的服务提升,仍有较大的提升空间。

高校与企业合作的实际情况如表 4.9 和表 4.10 所示。

表 4.9 高校与企业合作的均值分析

题项	平均值±标准差	平均值	标准差	中位数
1.双方经常对技术知识进行沟通和共享	3.691±1.091	3.691	1.091	4.000
2.双方经常进行管理技术的交流	3.961±1.007	3.961	1.007	4.000
3.在合作协调过程中,双方很少发生冲突	3.735±1.064	3.735	1.064	4.000
4.在合作协调过程中,双方发生的冲突不会持续很长时间	3.784±1.070	3.784	1.070	4.000
5.我们从合作单位处学到了一些关键能力	3.853±1.077	3.853	1.077	4.000
6.我们从合作单位处学到了新的技术专长	3.907±1.039	3.907	1.039	4.000
7.合作单位向我们提供了大量的关于产品/人才的信息	3.583±1.139	3.583	1.139	4.000
8.合作单位向我们提供了大量的关于市场未来发展潜力的信息	3.632±1.063	3.632	1.063	4.000

表 4.10 高校与企业合作的频数分析

题项	1—完全不同意	2—不同意	3—不确定	4—基本同意	5—完全同意
1.双方经常对技术知识进行沟通和共享	11(5.39%)	15(7.35%)	51(25.00%)	76(37.25%)	51(25.00%)
2.双方经常进行管理技术的交流	5(2.45%)	13(6.37%)	38(18.63%)	77(37.75%)	71(34.80%)
3.在合作协调过程中,双方很少发生冲突	11(5.39%)	12(5.88%)	47(23.04%)	84(41.18%)	50(24.51%)
4.在合作协调过程中,双方发生的冲突不会持续很长时间	7(3.43%)	17(8.33%)	50(24.51%)	69(33.82%)	61(29.90%)

续表

题项	1—完全不同意	2—不同意	3—不确定	4—基本同意	5—完全同意
5.我们从合作单位处学到了一些关键能力	8(3.92%)	16(7.84%)	39(19.12%)	76(37.25%)	65(31.86%)
6.我们从合作单位处学到了新的技术专长	6(2.94%)	14(6.86%)	42(20.59%)	73(35.78%)	69(33.82%)
7.合作单位向我们提供了大量的关于产品/人才的信息	12(5.88%)	24(11.76%)	48(23.53%)	73(35.78%)	47(23.04%)
8.合作单位向我们提供了大量的关于市场未来发展潜力的信息	9(4.41%)	21(10.29%)	49(24.02%)	82(40.20%)	43(21.08%)
小计	69(4.23%)	132(8.09%)	364(22.30%)	610(37.38%)	457(28.00%)

该矩阵量表题的数据主要涉及高校与企业合作的实际情况。从数据来看,大部分受访者对双方在技术知识共享、管理技术交流、关键能力学习、新的技术专长及市场未来发展潜力信息的提供等方面持较为积极的观点。

调查结果显示,大多数受访者积极评价了在技术知识和管理技术方面的交流,其中绝大部分选择了"基本同意"和"完全同意"。此外,合作过程中双方发生冲突的情况较少,且冲突持续时间短,反映出合作协调机制相对顺畅。许多受访者也表示,他们从合作中获得了关键能力、新技术专长,以及对市场未来发展潜力的洞察,这表明合作带来了实质性的学习和成长。然而,部分受访者对于双方的沟通频率和信息共享水平持保留态度,尤其是在产品和人才信息方面,暗示在某些关键方面合作仍有改进空间。这些反馈表明,虽然高校与企业间的合作在多数方面表现出积极成果,但在促进更深层次沟通和信息交流方面仍存在不足。

政府对高校支持的实际情况如表 4.11 和表 4.12 所示。

表 4.11　政府对高校支持的均值分析

题项	平均值±标准差	最小值	最大值	平均值	标准差	中位数
1.政府提供了有利于高校发展的政策和项目	4.044±1.014	1.000	5.000	4.044	1.014	4.000
2.政府提供了必要的技术信息和技术支持	4.201±0.974	1.000	5.000	4.201	0.974	4.000
3.政府提供了直接的财政政策,包括税收和政府补贴等	3.995±1.071	1.000	5.000	3.995	1.071	4.000
4.政府为高校获得财务支持提供了很大帮助	4.108±0.992	1.000	5.000	4.108	0.992	4.000
5.政府为高校引进技术和设备提供了很大帮助	4.147±0.966	1.000	5.000	4.147	0.966	4.000
6.政府鼓励加强知识产权保护	3.946±1.075	1.000	5.000	3.946	1.075	4.000

表 4.12 政府对高校支持的频数分析

题项	1—完全不同意	2—不同意	3—不确定	4—基本同意	5—完全同意
1.政府提供了有利于高校发展的政策和项目	7(3.43%)	7(3.43%)	37(18.14%)	72(35.29%)	81(39.71%)
2.政府提供了必要的技术信息和技术支持	6(2.94%)	6(2.94%)	26(12.75%)	69(33.82%)	97(47.55%)
3.政府提供了直接的财政政策,包括税收和政府补贴等	9(4.41%)	10(4.90%)	33(16.18%)	73(35.78%)	79(38.73%)
4.政府为高校获得财务支持提供了很大帮助	5(2.45%)	9(4.41%)	33(16.18%)	69(33.82%)	88(43.14%)

续表

题项	1—完全不同意	2—不同意	3—不确定	4—基本同意	5—完全同意
5.政府为高校引进技术和设备提供了很大帮助	6(2.94%)	6(2.94%)	28(13.73%)	76(37.25%)	88(43.14%)
6.政府鼓励加强知识产权保护	10(4.90%)	10(4.90%)	33(16.18%)	79(38.73%)	72(35.29%)
小计	43(3.51%)	48(3.92%)	190(15.52%)	438(35.78%)	505(41.26%)

该矩阵量表题的数据显示,受访者对政府对高校支持的实际情况的评价较高。具体来看:对于"政府提供了有利于高校发展的政策和项目"的问题,平均值为4.04,大部分受访者选择了"基本同意"或"完全同意"。这表明政府在政策制定和项目实施方面对高校的发展起到了积极的推动作用。对于"政府为高校获得财务支持提供了很大帮助"的问题,平均值为4.11,大部分受访者选择了"基本同意"或"完全同意"。这说明政府在提供财务支持方面对高校的发展起到了重要的支持作用。另外,受访者对"政府为高校引进技术和设备提供了很大帮助""政府鼓励加强知识产权保护"等问题的评价也相对较高,大部分选择了"基本同意"或"完全同意"。然而,也有一部分受访者对某些问题的评价较低,如"政府提供了必要的技术信息和技术支持"和"政府提供了直接的财政政策,包括税收和政府补贴等"。这可能是由于这些政策或财政支持在实际执行中存在一些问题,或者由于受访者对这些政策的具体实施情况有不同的看法。综上所述,该问卷数据表明政府对高校的支持力度较大,但同时也存在一些需要改进的地方。未来政府可以进一步优化政策设计和实施方式,以提高对高校的支持效果。

高校与社区关系的实际情况如表4.13和表4.14所示。

表 4.13　高校与社区关系的均值分析

题项	平均值±标准差	最小值	最大值	平均值	标准差	中位数
1.您所在的单位参与过高校与社区的互动工作	3.627±1.087	1.000	5.000	3.627	1.087	4.000
2.您参与过与社区互动协作的相关内容	3.897±1.112	1.000	5.000	3.897	1.112	4.000
3.高校的场地资源向社区开放	3.701±1.019	1.000	5.000	3.701	1.019	4.000
4.高校师生会主动去社区居委会	3.760±1.095	1.000	5.000	3.760	1.095	4.000
5.您对身边的社区建设满意	3.828±1.103	1.000	5.000	3.828	1.103	4.000
6.社区向高校师生开放场地资源	3.569±1.096	1.000	5.000	3.569	1.096	4.000
7.高校协作、利用过社区的人力资源、文化资源、环境资源等	3.510±1.143	1.000	5.000	3.510	1.143	4.000

表 4.14　高校与社区关系的频率分析

题项	1—完全不同意	2—不同意	3—不确定	4—基本同意	5—完全同意
1.您所在的单位参与过高校与社区的互动工作	8(3.92%)	23(11.27%)	55(26.96%)	69(33.82%)	49(24.02%)
2.您参与过与社区互动协作的相关内容	8(3.92%)	16(7.84%)	41(20.10%)	63(30.88%)	76(37.25%)
3.高校的场地资源向社区开放	4(1.96%)	24(11.76%)	49(24.02%)	79(38.73%)	48(23.53%)
4.高校师生会主动去社区居委会	8(3.92%)	22(10.78%)	38(18.63%)	79(38.73%)	57(27.94%)
5.您对身边的社区建设满意	8(3.92%)	18(8.82%)	42(20.59%)	69(33.82%)	67(32.84%)

续表

题项	1—完全不同意	2—不同意	3—不确定	4—基本同意	5—完全同意
6.社区向高校师生开放场地资源	9(4.41%)	27(13.24%)	50(24.51%)	75(36.76%)	43(21.08%)
7.高校协作、利用过社区的人力资源、文化资源、环境资源等	14(6.86%)	25(12.25%)	48(23.53%)	77(37.75%)	40(19.61%)
小计	59(4.13%)	155(10.85%)	323(22.62%)	511(35.78%)	380(26.61%)

该矩阵量表题的数据表格显示,高校与社区关系的实际情况在多个方面存在显著差异。在参与度方面,大部分受访者表示,他们的单位参与过高校与社区的互动工作,且一些选项的平均分相对较高。然而,仍有相当一部分受访者表示未参与过此类互动。在互动内容方面,大部分受访者表示参与过与社区互动协作的相关内容,如课堂教学、实习实训、竞赛活动、志愿服务、人才引进、挂职锻炼、讲座报告、慰问帮困等。在资源开放情况方面,大多数受访者认为高校的场地资源(教室、实验室、运动场馆、多功能厅等)向社区开放,同时社区也会向高校师生开放场地资源。在合作关系方面,大多数受访者表示,高校师生会主动去社区居委会,且高校协作、利用过社区的人力资源、文化资源、环境资源等。在满意度方面,大部分受访者对身边的社区建设感到满意。总体而言,高校与社区的关系较为密切,但仍存在改进空间。例如,加强互动和合作的深度和广度,促进资源的共享和利用,以提高社区和高校的共同发展。此外,高校和社区之间的沟通和协作也需要进一步加强,以提高受访者对双方关系的满意度。

单位正式合作的实际情况如表 4.15 和表 4.16 所示。

表 4.15　单位正式合作的均值分析

题项	平均值±标准差	最小值	最大值	平均值	标准差	中位数
1.我们通过正式合同、契约或协议与合作企业进行合作	3.838±1.040	1.000	5.000	3.838	1.040	4.000
2.我们通过正式合同、契约或协议与政府部门进行合作	4.074±0.992	1.000	5.000	4.074	0.992	4.000
3.我们通过正式合同、契约或协议与社区人员进行合作	3.907±1.058	1.000	5.000	3.907	1.058	4.000
4.我们通过正式合同、契约或协议与大学及研究机构进行合作	3.975±0.980	1.000	5.000	3.975	0.980	4.000
5.我们通过风险投资，兼并、收购的方式，与外部组织进行合作	4.025±1.000	1.000	5.000	4.025	1.000	4.000
6.我们通过专利购买的方式获取新技术	3.775±1.021	1.000	5.000	3.775	1.021	4.000
7.我们通过技术许可的方式获取新技术	3.706±1.074	1.000	5.000	3.706	1.074	4.000

表 4.16　单位正式合作的频率分析

题项	1—完全不同意	2—不同意	3—不确定	4—基本同意	5—完全同意
1.我们通过正式合同、契约或协议与合作企业进行合作	7(3.43%)	14(6.86%)	45(22.06%)	77(37.75%)	61(29.90%)
2.我们通过正式合同、契约或协议与政府部门进行合作	4(1.96%)	12(5.88%)	33(16.18%)	71(34.80%)	84(41.18%)
3.我们通过正式合同、契约或协议与社区人员进行合作	6(2.94%)	17(8.33%)	37(18.14%)	74(36.27%)	70(34.31%)

续表

题项	1—完全不同意	2—不同意	3—不确定	4—基本同意	5—完全同意
4.我们通过正式合同、契约或协议与大学及研究机构进行合作	3(1.47%)	15(7.35%)	37(18.14%)	78(38.24%)	71(34.80%)
5.我们通过风险投资,兼并、收购的方式,与外部组织进行合作	4(1.96%)	13(6.37%)	36(17.65%)	72(35.29%)	79(38.73%)
6.我们通过专利购买的方式获取新技术	5(2.45%)	18(8.82%)	50(24.51%)	76(37.25%)	55(26.96%)
7.我们通过技术许可的方式获取新技术	10(4.90%)	17(8.33%)	45(22.06%)	83(40.69%)	49(24.02%)
小计	39(2.73%)	106(7.42%)	283(19.82%)	531(37.18%)	469(32.84%)

在合作方式上,在与合作企业进行合作方面,相对较多的人选择了基本同意(37.75%)和完全同意(29.90%)的选项。与政府部门、社区人员、大学及研究机构、外部组织进行合作方面,相对较多的人选择了完全同意的选项(分别为41.18%,34.31%,34.8%,38.73%)。通过专利购买的方式获取新技术方面,相对较多的人选择了基本同意的选项(37.25%)。通过技术许可的方式获取新技术方面,相对较多的人选择了基本同意的选项(40.69%)。在平均分上,根据平均分计算,与政府部门进行合作的平均值最高,为4.07。其次是通过风险投资、兼并、收购的方式与外部组织进行合作(4.03),与大学及研究机构进行合作平均值为3.98,与社区人员进行合作的平均值为3.91。根据数据分析结果,可以看出在不同的合作方式中,与政府部门进行合作的比例较高且平均分最高,而通过风险投资、兼并、收购的方式与外部组织进行合作的比例也较高且平均分较高。这些结果可以为单位在选择合作方式时提供参考。

单位非正式合作的实际情况如表 4.17 和表 4.18 所示。

表 4.17　单位非正式合作的均值分析

名称	平均值±标准差	平均值	标准差	中位数
1.我们与合作企业的员工私下进行非正式交流和接触	3.951±1.030	3.951	1.030	4.000
2.我们与政府工作人员私下进行非正式交流和接触	4.157±0.985	4.157	0.985	4.000
3.我们与社区工作人员私下进行非正式交流和接触	4.010±1.007	4.010	1.007	4.000
4.我们与大学及研究机构等组织的员工私下进行非正式交流和接触的频率	4.083±1.006	4.083	1.006	4.000
5.我们与其他组织或研发人员共享设备、设施	4.147±0.956	4.147	0.956	4.000
6.我们参加与行业相关的会议、展销会、博览会	3.902±1.027	3.902	1.027	4.000
7.我们参加与行业相关的俱乐部、社团活动、休闲活动	3.838±1.087	3.838	1.087	4.000

表 4.18　单位非正式合作的频率分析

题项	1—完全不同意	2—不同意	3—不确定	4—基本同意	5—完全同意
1.我们与合作企业的员工私下进行非正式交流和接触	7(3.43%)	11(5.39%)	38(18.63%)	77(37.75%)	71(34.80%)
2.我们与政府工作人员私下进行非正式交流和接触	5(2.45%)	9(4.41%)	28(13.73%)	69(33.82%)	93(45.59%)
3.我们与社区工作人员私下进行非正式交流和接触	5(2.45%)	16(7.84%)	24(11.76%)	86(42.16%)	73(35.78%)
4.我们与大学及研究机构等组织的员工私下进行非正式交流和接触的频率	7(3.43%)	7(3.43%)	32(15.69%)	74(36.27%)	84(41.18%)

续表

题项	1—完全不同意	2—不同意	3—不确定	4—基本同意	5—完全同意
5.我们与其他组织或研发人员共享设备、设施	6(2.94%)	5(2.45%)	29(14.22%)	77(37.75%)	87(42.65%)
6.我们参加与行业相关的会议、展销会、博览会	5(2.45%)	16(7.84%)	40(19.61%)	76(37.25%)	67(32.84%)
7.我们参加与行业相关的俱乐部、社团活动、休闲活动	9(4.41%)	16(7.84%)	37(18.14%)	79(38.73%)	63(30.88%)
小计	44(3.08%)	80(5.60%)	228(15.97%)	538(37.68%)	538(37.68%)

该矩阵量表题的数据显示,在非正式合作方面,大部分受访者与合作企业的员工、社区工作人员、大学和研究机构等组织的员工及行业相关的会议、展销会、博览会等活动的参与度较高,且倾向于持肯定态度。同时,受访者与政府工作人员和研发人员共享设备、设施的频率也相对较高。

调查发现,受访者对于私下非正式交流和接触的频繁程度持一定的保留态度,表明尽管他们对于增加与合作伙伴的交流和接触持开放态度,但在实际参与这类活动时,可能受到时间、精力和地理距离等多重因素的制约。此外,受访者在参与行业相关俱乐部、社团和休闲活动方面的积极性较低,反映出一部分人可能更偏向于参与正式的商务合作活动,而非投入时间参与非正式的社交活动。这一观察提醒研究者,在促进合作伙伴之间的沟通和交流方面,存在一个平衡点,即如何在保持专业合作的同时,还能促进非正式交流和接触。

总的来说,该问卷数据反映了受访者在非正式合作方面的态度和行为,并提供了对当前实际情况的深入了解。这些信息对于制定有效的合作策略和优化合作环境具有重要参考价值。

（四）相关分析

利用相关分析去研究高校社会服务能力评价和高校与企业合作、政府对高校支持、高校与社区关系、贵单位正式合作、贵单位非正式合作这 5 项之间的相关关系，使用 Pearson 相关系数去表示相关关系的强弱情况。具体分析见表 4.19。

表 4.19　相关分析

	高校与企业合作	政府对高校支持	高校与社区关系	贵单位正式合作	贵单位非正式合作	高校社会服务能力评价
高校与企业合作	1					
政府对高校支持	0.211**	1				
高校与社区关系	0.302**	0.192**	1			
贵单位正式合作	0.326**	0.174*	0.179*	1		
贵单位非正式合作	0.285**	0.185**	0.452**	0.190**	1	
高校社会服务能力评价	0.497**	0.478**	0.451**	0.517**	0.511**	1

注:**表示在0.01的概率水显著,*表示在0.05的概率水平显著。

高校社会服务能力评价和高校与企业合作之间的相关系数值为 0.497，并且在 0.01 的概率水平显著，因而说明高校社会服务能力评价和高校与企业合作之间有着显著的正相关关系。高校社会服务能力评价和政府对高校支持之间的相关系数值为 0.478，并且在 0.01 的概率水平显著，因而说明高校社会服务能力评价和政府对高校支持之间有着显著的正相关关系。高校社会服务能力评价和高校与社区关系之间的相关系数值为 0.451，并且在 0.01 的概率水平显著，因而说明高校社会服务能力评价和高校与社区关系之间有着显著的正相关关系。高校社会服务能力评价和贵单位正式合作之间的相关系数值为 0.517,并且在 0.01 的概率水平显著,因而说明高校社会服务能力评价和贵单位正式合作之间有着显著的正相关关系。高校社会服务能力评价和贵单位非正式合作之间的相关系数值为 0.511,并且在 0.01 的概率水平显著,因而说明高校社会服务能力评价和贵单位非正式合作之间有着显著的正相关关系。

第三节　变量校准与必要条件分析

一、变量校准

fsQCA 方法在处理条件和结果变量时,核心环节之一是"校准"数据。这一校准过程不仅赋予了变量以深刻的意义,也是进行精确分析的基础步骤。根据不同的校准方法,fsQCA 可以分为清晰集定性比较分析(csQCA)和模糊集定性比较分析(fsQCA)。在 fsQCA 中,每个变量被视为一个模糊集合,意味着案例在该变量集合中的隶属度在 0 到 1 之间。因此,fsQCA 分析的前期工作之一就是通过校准过程将研究变量转化为模糊集,从而明确案例在各变量上的隶属程度(Fiss,2011)。校准方法主要包括直接校准法和间接校准法。直接校准法依据三个定性锚点——完全隶属阈值、中间交叉点和完全不隶属阈值——来进行变量的校准;间接校准法则结合数据分布、理论背景和实际经验对变量进行定性的赋值(Ragin,2008)。

在本书中,所有的变量测量均采用了李克特 5 级量表。由于李克特量表的刻度设计本身可以直接作为校准的依据(杜运周和贾良定,2017),因此,采用直接校准法来处理基于李克特量表的数据是推荐的做法。具体操作步骤包括:先计算每个变量条目的平均值,然后根据三个锚点来进行变量的校准(Fiss,2011)。在校准锚点的选取上,针对问卷填写时的偏移情况,参考 Pappas 等的研究,在参考锚点设定时,以 80%分位数为完全隶属点,50%

分位数为交叉点,20％分位数为完全不隶属点,即将每一变量的所有题项取均值,分别使用各变量的"80％分位数""50％分位数""20％分位数"作为完全隶属点、交叉点和完全不隶属点。选择这种校准方式的原因如下:首先,对于采用问卷量表的研究,量表刻度本身可作为校准参考(Fiss,2011),因此可以对所有变量使用同一校准锚点。其次,对于样本分布与设计量表刻度分布不一致的现象,研究人员需要处理好测量刻度与样本实际分布的关系(Misangyi et al.,2017)。有些研究会选择"7,4,1"或"6,4,2"这种对称分布的锚点,但使用李克特量表的校准并不总是遵循这些量表直观提供的自然锚定(Fainshmidt et al.,2019;Fiss,2011)。现实中,受访者在填写问卷时会存在对肯定性问答的偏向(即倾向于回答"同意"而回避"不同意")(Mikalef & Pateli,2017)。这导致了问卷数据分布的偏高趋势,而选择较高的中间点有助于抵消数据偏差。

所有变量的校准步骤均使用 fsQCA 3.0 软件中的"Compute → Calibrate"程序进行校准。考虑到隶属度为 0.5 的案例会在随后的分析中被丢弃(Fiss,2011),先前研究建议在原有隶属度的基础上增加或减少 0.001 的常数来处理这一问题。本书参照克里利(Crilly et al.,2012)和法因施密特(Fainshmidt et al.,2019)的做法,在初次校准后,将所有 0.5 的隶属度替换为 0.499,以保留所有分析案例。各条件变量校准锚点及描述性统计见表 4.20。

表 4.20　各条件变量校准锚点及描述性统计

	研究变量	完全不隶属	交叉点	完全隶属
	高校与企业合作	3.00	4.00	4.50
	政府对高校支持	3.60	4.33	4.67
条件变量	高校与社区关系	2.94	3.86	4.43
	正式合作	3.14	4.00	4.57
	非正式合作	3.37	4.14	4.57
结果变量	高校社会服务能力	2.82	4.00	4.55

二、必要条件分析

在深入分析条件组合对结果的影响之前,对单一变量作为必要条件的分析是不可或缺的步骤(Fiss,2011)。在组织与管理学的研究中,传统的研究方法如回归分析和相关性分析,主要集中于探究可能引起某一特定结果的充分条件,而对必要条件背后的逻辑联系所给予的注意却相对较少(Dul,2016)。一个条件如果是必要的,那么它的存在对于结果的发生就是必需的。然而,这个条件本身的存在并不足以确保结果一定会发生。这种逻辑关系可以用"NO X→NO Y"的形式来表达,即如果没有条件 X,那么结果 Y 就不可能发生,虽然条件 X 的存在本身并不直接导致结果 Y 的发生。

fsQCA 方法中必要条件的评估由两个指标决定:一致性和覆盖率。一致性衡量条件和结果形成子集关系的程度。必要条件一致性的计算公式为:$Consistency(Y_i \leqslant X_i) = \sum\{\min(X_i,Y_i)\}\sum(Y_i)$。在所讨论的分析框架中,Y 表示条件变量的隶属度集,而 X 表示结果变量的隶属度集。X 和 Y 的交集定义为给定情况在两个集合中的较小隶属度。X 作为 Y 超集的一致性通过它们相对于 Y 的交集的比例来衡量,值范围从 0 到 1。当 Y 的所有值都小于或等于 X 的相应值时,一致性达到 1;反之,Y 的值越大于 X 的值,一致性越低。

评估必要性的第二个指标是覆盖率,它评估结果集作为一个子集在物理上覆盖给定条件集的程度。这表示为两个集合之间的重叠相对于较大集合(表示条件)的比例,并作为衡量必要条件的经验意义的标准。计算必要条件覆盖率的公式为:$Coverage(Y_i \leqslant X_i) = \sum\{\min(X_i,Y_i)\}\sum(X_i)$。必要条件的一致性和覆盖率可以使用 fsQCA 3.0 软件中的"必要条件"程序计算。按照 fsQCA 的方法学惯例(Fiss,2011),对结果的存在及其补充进行了必要条件分析,结果详见表 4.21。根据评估一致性和覆盖率的标准,当一个条件的一致性超过 0.9 并且具有显著的覆盖率(通常不低于 0.5)时,可以认为该条件是必要的(Douglas & Shepherd,2020)。必要性分析表明,所有条件的一致性不超过 0.9,因此没有一个因素在导致高/非高发展能力方面具有决定性作用。

表 4.21　必要条件分析

前因条件	高发展能力		非高发展能力	
	一致性	覆盖度	一致性	覆盖度
高校与企业合作	0.686	0.678	0.480	0.513
～高校与企业合作	0.507	0.474	0.698	0.706
政府对高校支持	0.650	0.643	0.500	0.535
～政府对高校支持	0.530	0.495	0.666	0.673
高校与社区关系	0.715	0.666	0.499	0.503
～高校与社区关系	0.466	0.463	0.668	0.717
正式合作	0.751	0.679	0.482	0.471
～正式合作	0.415	0.426	0.671	0.744
非正式合作	0.747	0.653	0.533	0.504
～非正式合作	0.432	0.462	0.633	0.730

注:"～"符号代表该条件的缺席(absent)。

第四节　组态分析

组态分析的目的是调查导致特定结果的充分条件或其组合(Ragin,2008)。与必要条件的分析不同,组态分析的底层逻辑围绕着充分性的概念,由条件语句"如果 X,则 Y"封装。这意味着,如果条件 X 足以满足结果 Y,则 X 的存在保证了 Y 的存在,反之亦然。与对单个条件的必要性的分析不同,组态分析侧重于多个条件组合的充分性,检查这些条件的交集与结果集之间的模糊子集关系。当条件 A、B 和 C 交集(表示为 ABC)的隶属度始终小于或等于结果集 D 中的隶属度时,则建立模糊子集关系,表明 A、B 和 C 的共现有助于结果 D 的发生。

充分性评估涉及评估条件组合在多大程度上作为结果的子集,利用一致性和覆盖率作为评估指标。充分性一致性的计算公式为:$Consistence(X_i \leqslant Y_i) = \sum\{\min(X_i, Y_i)\} \sum(X_i)$。在这里,X(结果变量的隶属集)作为 Y(条件变量的隶属集)子集的一致性由它们相对于 X 的交集的比例决定。计算覆盖率的公式为:$Coverage(X_i \leqslant Y_i) = \sum\{\min(X_i, Y_i)\} \sum(Y_i)$。必须指出的是,尽管计算覆盖率的公式与计算一致性的公式相似,但两者适用于不同的情况。在组态分析中,只有在确定条件组合始终构成结果的子集后,覆盖率值才有意义。

本书通过以下步骤开展组态分析:(1)采用 fsQCA 3.0 软件的"Truth Table Algorithm(真值表算法)"程序,以"高校社会服务能力"作为结果变量,构建真值表,如表 4.22 所示,包括"高校与企业合作""政府对高校支持""高校与社区关系""正式合作"与"非正式合作"五大条件。(2)设定最小案例频数门槛值为 2 对真值表进行初步筛选。先前研究指出小样本 fsQCA 分析($N \leqslant 50$)可以保留所有观察到的组态,而在中等样本和大样本分析中需要提高最小案例频数以排除相对罕见的组态(Douglas & Shepherd,2020),但要保留至少 80% 的原始案例。(3)设定一致性阈值为 0.8 以排除子集关系较弱的组态,高于先前研究的推荐标准(Fiss,2011),并结合 0.7 的"不一致比例降低(PRI)"阈值来确保组态的有效性(Gupta et al.,2020)。(4)在执行标准化分析以得出 fsQCA 的解时,考虑到现有研究中关于不同条件变量与内部创新型企业绩效之间关系的理论预期存在差异,本书选择不进行具体的反事实分析。在标准化的分析过程中,将对所有条件变量采用"present or absent"的方式进行选择(张明等,2020)。

表 4.22　真值表一览

高校与企业合作	政府对高校支持	高校与社区关系	正式合作	非正式合作	案例数	社会服务能力	原始一致性
1	1	1	1	1	9	1	0.936
1	1	1	1	0	5	1	0.935
0	1	1	1	1	4	1	0.938
1	1	0	1	1	3	1	0.912
1	0	1	1	1	13	1	0.886
1	1	1	0	1	5	1	0.910
1	0	0	1	1	5	1	0.905
0	0	1	1	1	5	0	0.910

在标准化分析后可得出 fsQCA 的三种解。其中,复杂解未考虑任何逻辑余项,完全由案例数据得出。简约解使用所有逻辑余项但不评估其合理性。中间解则根据研究人员设定的条件考虑了简单反事实分析(Ragin,2008)。参考先前的研究,本书主要报告合理有据、复杂度适中的中间解,并综合中间解和简单解来区分核心条件和边缘条件(Fiss,2011)。若一个条件同时出现于简约解和中间解,则被定义为对结果产生重要影响的核心条件。反之,若该条件只在中间解中出现,则将其定义为起辅助作用的边缘条件。简单解与中间解的软件分析结果见表 4.23 和表 4.24。

表 4.23　简约解结果

条件	原始覆盖度	唯一覆盖度	一致性
a * b * c	0.381	0.061	0.879
b * c * d	0.380	0.060	0.895
a * d * e	0.467	0.185	0.856
解的覆盖度			0.627
解的一致性			0.831

注:a、b、c、d、e 分别对应高校与企业合作(a)、政府对高校支持(b)、高校与社区关系(c)、正式合作(d)、非正式合作(e)。

表 4.24　中间解结果

条件	原始覆盖度	唯一覆盖度	一致性
a＊d＊e	0.467	0.185	0.856
a＊b＊c＊～e	0.196	0.067	0.903
b＊c＊d＊e	0.330	0.048	0.923
解的覆盖度			0.582
解的一致性			0.848

注:a、b、c、d、e 分别对应高校与企业合作(a)、政府对高校支持(b)、高校与社区关系(c)、正式合作(d)、非正式合作(e)。

　　沿用先前研究的做法,本书将 fsQCA 软件报告的文字结果转化为组态表以提升研究结果的可读性(Fiss,2011;Misangyi & Acharya,2014)。在组态表中(见表 4.25),黑色圆圈"●"表示某个条件存在,带有叉的圆圈"⊗"表示该条件不存在。大圆圈表示该条件作为一个核心条件,小圆圈则表示该条件作为一个边缘条件。由表 4.25 可知,促成高绩效的组态有 3 种,总体解的一致性为 0.848,意味着这 3 种组态所包含的案例中有约 84.8%的案例表现出高绩效,高于研究设定的 0.8 的一致性门槛。解的覆盖度为 0.582,意味着 3 种组态可以解释约 58.2%的高绩效案例。由于覆盖度受到总体案例数量的影响,当前研究对于覆盖度的评判标准并没有达成共识,但与相似案例规模的研究对比,本书所做研究的覆盖度处于较高水平。

　　除描述各组态的构成外,评估每一组态的有效性和实证相关性也十分重要。组态有效性通过每个组态的原始一致性评估,依然使用 0.8 作为门槛值。实证相关性则通过原始覆盖度和唯一覆盖度两个指标进行评估。原始覆盖度指示每种组态覆盖结果案例的程度,即在其各自的路径中具有隶属的案例比例。原始覆盖度显示了组态对结果的总体重要性。覆盖度越高,组态对结果的解释力度就越强(Ragin,2008)。唯一覆盖度则解释了该组态与其他组态在解释结果时不重叠的部分。唯一覆盖度较低表明该组态与其他组态有较多的解释重叠,而唯一覆盖度较高则意味着该组态对结果的解释是独特的(Park et al.,2020)。高绩效组态结果见表 4.25。

表 4.25　高绩效组态结果

前因变量	产生高社会服务能力的组态（High）		
	H1	H2	H3
高校与企业合作	●	●	
政府对高校支持		●	●
高校与社区关系		●	●
正式合作	●		●
非正式合作	●	⊗	•
原始覆盖度	0.467	0.196	0.330
唯一覆盖度	0.185	0.067	0.048
原始一致性	0.856	0.903	0.923
解的覆盖度	0.582		
解的一致性	0.848		

注:①分析结果保留三位小数。

②采用(Fiss,2011)推荐的 fsQCA 解的图示法,黑色圆圈表示某个条件存在,带有叉的圆圈表示该条件不存在。大圆圈表示核心条件,小圆圈表示边缘条件。空白表示条件可能存在,也可能不存在。

第五节　稳健性分析与补充分析

一、稳健性分析

首先,鉴于本书所做研究属于中小样本 fsQCA 设计,将最小案例频数由 2 上调至 3,产生的组态结果与之前完全一致。其次,保持最小案例频数为 2、PRI 门槛值为 0.7 不变,将一致性门槛值从 0.8 提高至 0.85(White et al.,2021),组态结果如表 4.26 所示,分析得出三种组态——H1、H2 和 H3,

分别将其命名为组态 a、组态 b 和组态 c。综合比较一致性门槛值为 0.8 和一致性门槛值为 0.85 的组态结果可以发现,组态 a 与组态 H1 的结果是一致的,组态 b 与组态 H2 的结果是一致的,两者仅有非正式合作的核心条件不同,组态 c 和组态 H3 的结果也同样仅在核心条件上有所区别,整体组态形式保持高度统一。综上,在经过调整后组态的参数值无显著变化,符合施耐德和瓦格曼(Schneider & Wagemann,2012)提出的 fsQCA 稳健性检验标准,因此,本次分析结果稳定。

表 4.26　稳健性分析结果

前因变量	产生高社会服务能力的组态(High)		
	a	b	c
高校与企业合作	●	●	
政府对高校支持		●	●
高校与社区关系		●	●
正式合作	●		●
非正式合作	●	⊗	●
原始覆盖度	0.467	0.196	0.330
唯一覆盖度	0.185	0.067	0.048
原始一致性	0.856	0.903	0.923
解的覆盖度	0.582		
解的一致性	0.848		

注:①分析结果保留三位小数。
②采用(Fiss,2011)推荐的 fsQCA 解的图示法,黑色圆圈表示某个条件存在,带有交叉的圆圈表示该条件不存在。大圆圈表示核心条件,小圆圈表示边缘条件。空白表示条件可能存在,也可能不存在。

二、补充分析

fsQCA 方法能够对特定结果的发生和不发生进行单独分析,从而深化对因果关系的非对称理解(Ragin,2008)。结果的发生和不发生可能构成两种性质不同的现象,为它们提供单独的解释是一种良好做法。参照先前研究,本书对结果不发生的情况进行了组态分析。在 fsQCA 3.0 软件的"Truth Table Algorithm"程序中,选择"高校社会服务能力"的非集作为结果条件,并采用与上述相同的真值表完善步骤和筛选阈值。分析结果如表4.27 所示,存在 3 种导致非高社会服务绩效的组态。总体解的一致性为0.897,意味着这 3 种组态所包含的案例中有 89.7%表现出较低绩效。解的覆盖度为 0.547,意味着 3 种组态可以解释约 54.7%的案例。

表 4.27 低绩效组态结果

前因变量	产生高社会服务能力的组态(High)		
	NH1	NH2	NH3
高校与企业合作	⊗	⊗	
政府对高校支持		⊗	⊗
高校与社区关系		⊗	⊗
正式合作	⊗		⊗
非正式合作	⊗	⊗	●
原始覆盖度	0.372	0.272	0.203
唯一覆盖度	0.163	0.063	0.112
原始一致性	0.901	0.940	0.908
解的覆盖度	0.547		
解的一致性	0.897		

注:①分析结果保留三位小数。
②采用 Fiss(2011)推荐的 fsQCA 解的图示法,黑色圆圈表示某个条件存在,带有叉的圆圈表示该条件不存在。大圆圈表示核心条件,小圆圈表示边缘条件。空白表示条件可能存在,也可能不存在。

第六节 结果讨论

对于 fsQCA 结果的讨论应着重从理论角度解释组态构成(Furnari et al.,2021)。首先,本书关注的理论结果是最优区分定位,因而在组态的描述与讨论中主要围绕内创企业如何实现最优区分进行展开。其次,战略逻辑是区分内创企业异质性的主线,本书主要依据战略逻辑对组态进行分类解释,将组态分为不同逻辑组合的内部创业类型,即探索型、利用型及探索利用兼具的双元型。再次,考虑到内创企业的同构策略和关系嵌入性条件在结果中呈现存在与不存在两种状态,为便于理解,本书借鉴魏江等的"异构"(isomeric)概念来描述同构策略不存在的情况①,借鉴吉登斯(Giddens,1990)的"脱嵌"(disembedding)概念来描述关系嵌入性条件不存在的情况。最后,本书对结果不存在的情况进行了补充分析,即内创企业在什么情况下难以实现最优区分,有助于为内创企业如何实现最优区分提供更加全面的解释逻辑。

一、高绩效组态结果

(一)单组态描述

1. 组态 H1:策略驱动型社会服务组态

在组态 H1 中,高校与企业合作、正式合作和非正式合作同时为核心条件存在的组织可以产生高社会服务能力,政府对高校支持和高校与社区关系可存在,可不存在。这一组态意味着当组织拥有高水平的非人类行动者

①魏江,黄学,刘洋.基于组织模块化与技术模块化"同构/异构"协同的跨边界研发网络架构[J].中国工业经济,2014(4):148-160.

策略因素时,大学与企业之间的有效合作与沟通能够显著提升组织的社会服务能力。此途径的核心特征在于涉及非人类行为体的策略元素,这些元素构成了路径的关键条件。在此框架下,政府对大学的支持及大学与社区间的关系被视为次要因素,因此被命名为"策略驱动型社会服务组态"。该模型能够解释约 46.7% 的高社会服务水平案例,其中约 18.5% 的高社会服务水平仅通过该途径得到解释。

组态 H1 的核心在于高校与企业之间的合作(包括正式和非正式合作)对于提升高校的社会服务能力至关重要,而政府对高校的支持和高校与社区的关系则相对次要。这表明在某些情境下,非人类行动者要素如合作协议、共享平台和网络等,对于激发和提升高校的社会服务能力具有决定性作用。

首先,从社会资本理论来看,组态 H1 强调了正式和非正式合作网络在构建社会资本中的作用。这些合作网络不仅增强了资源共享和信息流通,还可能促进了信任和互惠的社会关系,从而提升了高校的社会服务能力。即使在政府支持不明显或高校与社区关系不密切的情况下,强大的合作网络也能够有效地促进高校在社会服务方面的表现。其次,在实际中,高校与企业之间的合作往往是技术创新、知识转移和人才培养的重要途径。这种合作不仅有助于高校直接贡献于地方经济和社会发展,还能够通过企业合作项目向社区提供服务,如社会实践、公共项目等,即使这种服务不直接依赖于政府支持或高校与社区的直接互动。最后,相关研究表明,大学与企业的合作对于促进大学的第三使命——社会服务——的实现具有重要作用(Etzkowitz & Leydesdorff,2000;Perkmann et al.,2013)。在合作过程中,大学完成了学术参与、商业化和人才转移(刘京等,2018),表现为提供实践机会、促进技术和知识转移,以及共同解决社会问题,增大了大学对社会的贡献。举例而言,当一所大学与多家企业建立了共同的研发中心,这些中心专注于开发可持续发展的解决方案,如绿色能源、智能交通系统等(王嘉珮等,2023)。这种合作模式不仅依赖于正式的合同和协议,还涉及非正式的交流和协作,如共享研究成果、举办联合研讨会等。在这种情况下,即使政府的直接支持和大学与社区的互动不是特别强,这种策略驱动的合作模式仍然能够有效地提升大学的社会服务能力,因为它依赖于资源共享、优势互补的多行业合作策略(刘和东等,2016)。

基于上述分析可以看到,组态 H1 揭示了在特定条件下,非人类行动者策略(如高校与企业之间的合作)在提升高校社会服务能力中的主导作用。这一发现强调了构建和维护与企业合作的网络对于高校实现其社会服务目标的重要性,同时也提示高校在策略规划时需要重视与企业合作的机会,即使在政府支持和社区关系不是特别强的情况下。这为高校管理者在制定社会服务策略和优化资源配置时提供了重要的启示。

2.组态 H2:人际互动型社会服务组态

在组态 H2 中,高校与企业合作、政府对高校支持和高校与社区关系同时为核心条件存在,非正式合作作为边缘条件缺失的组织可以产生高社会服务能力,正式合作因素可存在,亦可不存在。这一组态意味着无论组织正式合作情况如何,只要拥有高水平的人类行动者策略,即便在非正式合作因素不充分的情况下,组织也能够产生高社会服务水平。该路径主要涉及人类行动者策略的要素,且均为核心条件,是否开展正式合作显得无关紧要,因此命名为"人际互动型社会服务组态"。该模型能够解释约 19.6% 的高社会服务水平案例,其中约 6.7% 的高社会服务水平仅能被这条路径所解释。

组态 H2 的核心在于高校与企业的合作、政府对高校的支持,以及高校与社区的关系对于提升高校的社会服务能力至关重要,而正式合作的存在与否不影响高社会服务能力的产生,非正式合作则作为边缘条件缺失。这表明在某些情境下,人类行动者策略,即直接的人际互动和合作关系,是提升高校社会服务能力的关键因素。

首先,从社会资本理论来看,组态 H2 强调了人际互动和合作关系在构建社会资本中的中心作用。政府的支持、高校与企业及社区的紧密合作关系,构建了一个强大的社会网络,促进了资源和信息的流通,增强了信任和互惠的社会关系,从而提升了高校的社会服务能力。其次,在实际中,高校与企业的合作、政府的支持及与社区的紧密联系,共同构成了高校社会服务能力的基础。即便在正式合作机制不完善的情况下,高校通过与企业、政府和社区的直接互动和合作,仍然可以在社会服务项目中发挥重要作用。这些人类行动者策略促进了知识转移和技术创新,同时也使高校能够更好地回应社区需求,通过参与社区教育、公共健康项目等活动,提升其社会服务能力。简言之,这一组态强调了即使缺乏正式的外部合作框架,高校依然可以通过其与政府、企业和社区的直接合作关系,有效地提升其社会服务能力。这种直接的人际合作关系在提升高校社会服务能力方面起到了关键作用,强调了构建和维护这些关系的重要性。最后,相关研究表明,高校的社会服务能力受到多方面因素的影响,其中政府的政策支持、高校与企业及社区的合作关系是提升社会服务能力的关键(Bramwell & Wolfe,2008;Benneworth & Hospers,2007)。这些合作关系不仅有助于高校服务于地方发展,还能够通过社会服务项目直接回应社区需求。举例而言,一所大学通过强化与地方政府的合作关系,获得了资金支持开展社区服务项目,如成人教育、健康促进活动等。同时,该大学还与社区组织建立了密切的合作,共同开展社会研究项目,解决社区面临的实际问题。在这种情况下,即使正式的外部合作(如与企业的合作)不是特别强,大学依然能够通过强化人际互动和合作网络——政府支持和社区关系——来提升其社会服务能力。这种模式强调了人与人之间的直接互动和合作在提升社会服务能力中的重要性。

综上可知,组态 H2 揭示了在特定条件下,人类行动者策略在提升高校社会服务能力中的主导作用。这一发现强调了政府支持、高校与企业及社区的紧密合作关系对于高校实现其社会服务目标的重要性,同时也提示了高校在策略规划时需要重视这些直接的人际合作关系。这对于高校管理者在制定社会服务策略和优化资源配置时提供了重要的启示,特别是在强调人际互动和合作关系的重要性方面。

3.组态 H3:综合协同型社会服务组态

在组态 H3 中,政府对高校支持、高校与社区关系和正式合作同时为核心条件存在,非正式合作作为边缘条件存在的组织可以产生高社会服务能力,高校与企业合作的因素可存在,亦可不存在。这一组态意味着在拥有高水平的政府对高校支持、高校与社区关系和正式合作的情况下,结合一定的非正式合作因素,无论高校与企业合作情况如何,组织都能够产生高社会服务能力。该路径的核心条件涉及人类行动者策略、与非人类行动者策略双重要素,与之前两组组态结果相比,该组态整体结果更加兼顾行动策略的两个方面,因此被命名为"综合协同型社会服务组态"。该模型能够解释约33%的高社会服务水平案例,其中约 4.8%的高社会服务水平仅能被这条路径所解释。

组态 H3 的核心在于政府对高校的支持、高校与社区的关系及正式合作对于提升高校的社会服务能力至关重要,而非正式合作虽作为边缘条件存在,但也对提升社会服务能力有所贡献。高校与企业的合作可有可无,这表明在某些情境下,一个综合了人类行动者策略和非人类行动者策略的复合组态,是提升高校社会服务能力的关键。

首先,从社会资本理论来看,组态 H3 通过结合人类行动者策略(如政府支持、社区关系)和非人类行动者策略(如正式合作),构建了一个强大的社会资本网络。这种网络不仅基于正式的合作协议和项目,增强了社会网络的结构性维度,而且通过政府的支持和社区的紧密联系,增强了信任和互惠的关系性维度,从而全面提升了高校的社会服务能力。其次,结合大学与城市互动的实际,政府的支持为高校提供了资源和政策环境,高校与社区的紧密关系促进了社会参与和服务项目的实施,正式合作则为高校提供了与其他组织合作的平台和机会。即使在高校与企业合作不是特别突出的情况下,这种综合的策略也能有效地促进高校的社会服务项目,如社会创新、公共健康改善等。最后,相关研究表明,高校的社会服务能力受到政府政策、社区需求及与其他组织的合作关系的综合影响(Bourdieu,1986;Putnam,2000)。这种双元型组态体现了高校在社会服务中的多元角色和功能,强调了在提升社会服务能力过程中,需要综合考虑和利用各方面的资源和策略。举例而言,当政府积极寻求与高校通过科技创新来推动可持续发展时,开展大学与政府合作,共同设立了一个创新研究中心,可有效解决城市面临的环境、交通和社会福利问题。同时,大学还可与社区组织合作,开展社会调查,收集居民的意见和需求,并将这些反馈整合到研究项目中。在这种情况下,政府的支持和社区的参与构成了一个综合协同的网络,使大学能够有效地提升其社会服务能力。

综上,组态 H3 揭示了在特定条件下,一个综合了政府支持、社区关系及正式合作的双元型社会服务组态在提升高校社会服务能力中的关键作用。这一发现强调了在制定和实施社会服务策略时,高校需要考虑如何有效地整合和利用来自政府、社区及合作伙伴的支持和资源。这种综合策略的应用不仅能够提升高校的社会服务能力,还能够促进高校在社会发展中发挥更大的作用,实现社会服务效益的最大化。

(二)跨组态比较

将所有组态结果横向对比发现:(1)当组织拥有较高水平的非人类行动者策略时,无论政府对高校的支持及高校与社区的关系如何,只要兼顾高水平高校与企业合作,就能实现高社会服务能力。非人类行动者策略,如高校与企业之间的合作协议、正式合作机制,对于提升高校社会服务能力有着较高的重要性。这表明,即使是在政府对高校的支持和高校与社区关系不是特别强的情况下,通过有效地利用这些非人类行动者策略,高校仍然能够实现高水平的社会服务能力。这强调了在策略规划时,高校需要重视与企业合作的机会,以及建立和维护正式合作的网络和平台。(2)当组织拥有较高水平的人类决策时,无论正式合作情况如何,即使非正式合作因素不足,也能够实现高社会服务能力。这就强调了人类行动者策略的中心作用,即政府的支持、高校与社区的紧密关系,以及高校与企业之间的合作,对于提升高校的社会服务能力至关重要。这一发现提示人们,在制定提升社会服务能力的策略时,高校需要考虑如何有效地整合和利用来自政府、社区及合作伙伴的支持和资源。这种综合策略的应用不仅能够提升高校的社会服务能力,还能够促进高校在社会发展中发挥更大的作用。(3)当组织在拥有高水平的政府对高校支持、高校与社区关系及正式合作并兼具一定的非正式合作的情况下,无论高校与企业合作如何,都能够实现高社会服务能力。因此,通过结合人类行动者策略和非人类行动者策略,展示了一个复合的策略组合对于提升高校社会服务能力的关键作用。这种双元型组态体现了高校在社会服务中的多元角色和功能,强调了在提升社会服务能力过程中,需要综合考虑和利用来自政府、社区及合作伙伴的支持和资源。这为高校管理者在制定社会服务策略和优化资源配置时提供了重要的启示,特别是在强调人际互动和合作关系的重要性方面。

通过上述跨组态比较可以发现,首先,仅依靠单一维度的策略因素无法令组织产生高社会服务能力,需要通过两个维度的协同作用来共同实现高社会服务能力的结果。其次,这一分析强调了在提升社会服务能力的过程中,高校需要综合考虑来自政府、社区及合作伙伴的支持和资源。最后,这也提示高校在面对不同的社会服务目标和环境条件时,应该选择和调整策略组合以适应环境变化,从而更有效地提升社会服务能力。

二、非高绩效组态结果

(一)组态概览

为了更全面地了解各种策略对社会服务能力的影响因素,本书进一步简要分析了非高社会服务能力的 3 条组态,结果如表 4.27 所示。非高社会服务能力组态中(NH1、NH2、NH3),总体解的一致性为 0.897,表明在满足这 3 类条件组态的样本案例中,有 89.7%的案例呈现非高的社会服务能力结果;总体解的覆盖度为 0.547,表明这 3 类条件组态可以解释样本中54.7%的非高社会服务能力案例。在组态 NH1 中,高校与企业合作、正式合作和非正式合作作为核心条件缺失,政府对高校支持及高校与社区关系可存在,可不存在。也就是说,无论政府对高校支持及高校与社区关系程度如何,在组织缺乏非人类行动者策略下,如果组织缺乏高校与企业间的合作,那么将会导致非高的社会服务能力。组态 NH1 的一致性为 0.901,原始覆盖度为 0.372,唯一覆盖度为 0.163。在组态 NH2 中,高校与企业合作、政府对高校支持、高校与社区关系及非正式合作作为核心条件缺失,正式合作可存在,可不存在。该条组态路径强调,在缺乏非正式合作的组织中,如果同样缺少人类行动者诸多策略的相互协作,不论正式合作情况如何,都将会产生非高社会服务能力。组态 NH2 的一致性为 0.94,原始覆盖度为0.272,唯一覆盖度为 0.063。在组态 NH3 中,政府对高校支持、高校与社区关系和正式合作为核心条件缺失,非正式合作作为核心条件存在,高校与企业合作因素可存在,也可不存在。这就意味着,即使组织拥有良好的非正式合作,但如果缺少政府对高校的支持、高校与社区关系不佳、正式合作缺位,无论高校与企业合作的程度高低,均会产生非高社会服务能力。组态 NH3的一致性为 0.908,原始覆盖度为 0.203,唯一覆盖度为 0.112。

(二)关键发现

非高社会服务能力组态的结果的分析对于理解影响高校社会服务能力的负面因素具有重要意义。通过对三种不同的非高能力组态——NH1、NH2、NH3——的分析,能够深入探讨在缺失某些关键策略因素时,高校社会服务能力受到的影响。NH1 组态揭示了在缺乏非人类行动者策略(如高校与企业合作、正式合作和非正式合作)的情况下,高校社会服务能力会受到负面影响。这表明,即使政府对高校的支持和高校与社区的关系存在,但如果缺少与企业的合作和外部合作机制，高校的社会服务能力仍然会受限。这强调了在策略规划时，高校需要重视与企业的合作机会以及建立和维护外部合作的网络和平台。NH2 组态强调了在缺乏人类行动者策略（如高校与企业合作、政府对高校支持、高校与社区关系）和非正式合作的组织中，高校社会服务能力会显著下降。这一发现提示人们，在制定提升社会服务能力的策略时，高校需要考虑如何有效地整合和利用来自政府、社区及合作伙伴的支持和资源。缺乏这些关键的人类行动者策略和非正式合作机会，将难以实现高水平的社会服务能力。NH3 组态表明，即使存在非正式合作，但在缺少政府对高校的支持、高校与社区关系不佳及正式合作缺位的情况下，高校社会服务能力仍然会受到负面影响。这意味着高校在提升社会服务能力时，需要一个综合的策略框架，包括政府支持、社区关系，以及正式和非正式的外部合作。

（三）重要启示

通过对非高社会服务能力组态的分析，可以得出几个重要的启示：首先，高校社会服务能力的提升不仅依赖于人类行动者策略和非人类行动者策略的存在，而且需要这些策略因素的有效整合和协调。其次，这一分析强调了在提升社会服务能力的过程中，高校需要综合考虑来自政府、社区及合作伙伴的支持和资源。最后，这也提示了高校在面对不同的社会服务目标和环境条件时，如何选择和调整策略组合以适应环境变化，从而更有效地提升社会服务能力。

（四）映射关系分析

对以上对影响社会服务能力的组态结果进行对比发现，产生高社会服务能力的组态 H1 与产生非高社会服务能力的组态 NH1 具有一定的映射关系，当高校与企业合作、正式合作和非正式合作这三个因素同时作为核心条件存在或缺失时，无论另外两个因素的情况如何，都将会导致产生高或非高的社会服务能力。这一发现的背后逻辑可以从社会资本理论和大学与城市互动的相关理论中找到支持。社会资本理论强调社会网络、信任和规范的重要性，这些元素促进了信息的流动、资源的共享和合作的形成。在高校与企业合作的背景下，这种合作不仅为高校提供了实践应用其研究成果的机会，也为企业带来了创新的灵感和解决方案，从而增强了高校的社会服务能力。正式合作和非正式合作则为高校与外部世界之间的互动提供了桥梁，促进了知识的流动和社会服务活动的实施。当这三个因素缺失时，高校就失去了与外部世界互动的重要渠道，会限制其社会服务能力的发展。缺少企业合作，高校难以将研究成果转化为社会实践；缺乏正式和非正式的外部合作则减少了高校参与社会服务活动的机会和范围。在这种情况下，即使政府对高校有所支持，高校与社区关系良好，也难以充分发挥其社会服务能力。此外，三螺旋模型、城市知识方阵、学习型城市等理论也强调了合作网络在促进大学社会服务能力中的作用。大学作为知识生产和传播的中心（王曦，2023），通过与城市中的企业和其他组织合作，可以更有效地响应社会需求，促进地方发展。这种合作关系的建立，既依托于正式的合作协议框架，也依赖于非正式的人际网络与社会资本的积累。因此，高校与企业间的合作、正式合作与非正式合作这三个因素的存在与缺失，对于高校社会服务能力的提升均有直接影响。三者的组合反映了高校如何通过社会资本和合作网络，有效地整合内外资源，以提升其对社会服务能力。因此，在实践中，高校需要重视与企业和其他社会组织的合作，综合建立并维护正式和非正式的合作关系，来提升其社会服务能力。

进一步观察组态 N2 与 NH2、组态 N3 与 NH3 可以发现，虽然在组态 N2 与 NH2 中，除正式合作因素以外其他因素同时出现，在组态 N3 与 NH3 中，除高校与企业合作因素以外其他因素同时出现，但在相对应的两条组态路径之中，组态 N2 并非完全是组态 NH2 的对立面，组态 N3 也同样并非完全是组态 NH3 的对立面。这意味着推动高社会服务能力和非高社会服务能力形成的路径具有非对称性,也就是说,其因果关系呈现非对称性。因此,实践再一次证明了不能简单地通过产生高社会服务水平的对立面来反推非高社会服务水平的原因。影响高校社会服务能力的因素是多维的,且这些因素之间的相互作用是复杂且动态的。例如,正式合作的存在或缺失并不直接决定社会服务能力的高低,而是在与其他因素如高校与企业合作、政府对高校的支持等相互作用下,共同影响社会服务能力。这种非对称性还表明,提升高校社会服务能力的策略需要根据具体情况制定,不能简单地将成功的因素组合应用于所有情况,或者期望通过移除导致非高社会服务能力的因素来自动提升社会服务能力。这要求决策者和实践者深入分析高校所处的具体环境和条件,综合考虑各种因素的作用和相互影响,采取更为精细化和个性化的策略。例如,与特定类型的企业(如高科技企业)的合作对提升社会服务能力尤为关键。城市的决策者可以优先促进这类企业与大学之间的合作,通过提供政策支持和激励措施(如税收优惠、研发资金支持等),鼓励双方在研发、人才培养等方面开展深度合作。又如,在正式合作和非正式合作对社会服务能力的提升都有积极影响的情况下,大学可以同时发展正式合作项目(如共同研发中心、产学研合作平台等)和非正式合作机制(如行业论坛、技术研讨会等),以实现更广泛的知识交流和资源共享。此外,在组态 NH3 中,政府对高校的支持在缺乏有效的外部合作机制时,可能不足以提升社会服务能力。因此,政府在提供支持时,不仅要考虑资金和政策的直接支持,还需要关注如何促进高校与社区、企业之间的有效互动,比如通过建立政府引导的多方合作平台,促进资源整合和信息共享。

综上,从理论和实践的角度来看,大学与城市互动过程中提升社会服务能力的策略应当基于对组态分析结果的深入理解,考虑到因果关系的非对称性,以及不同因素组合对社会服务能力影响的复杂性。这种理解有助于更有效地设计和实施提升社会服务能力的措施,促进大学与城市的共同发展。

第五章　地方应用型高校社会服务

能力提升的改进策略

在深入探讨了应用型本科高校在地化社会服务能力提升的理论模型及其实证研究结果之后,本章将重点展开对提升策略的讨论。基于前文对高校社会服务能力提升策略的分析和组态结果,将提出一系列有针对性的改进措施,旨在为相关行动者提供实践指导,为优化高校的社会服务网络,促进其在地化服务能力的综合提升,进而更有效地响应社会需求,推动区域经济和社会的全面发展提供策略。

第一节　问题识别与利益赋予:促进高校与城市主体协同发展

在行动者网络理论的转译环节,问题识别与利益赋予是网络构建的基础,不仅塑造了行动者之间的目标一致性,也为构建高效、和谐的网络合作提供了前提。在此过程中,高校、政府、企业及社区的理念转变是首要前提。

一、高校理念转变:服务地方与特色化发展

高校理念的转变与特色化发展成为推动高校与城市主体协同发展的前提。在经济高质量发展和高等教育普及化的当代背景下,应用型本科高校

面临着前所未有的转型机遇与挑战。国家教育政策明确要求普通本科高校应具备明确的办学定位和清晰的发展目标，主动服务于区域经济社会发展；坚持科学合理的规划，以符合学校发展的实际需求。这一系列政策导向强调了内涵式发展的重要性，并倡导注重培育应用型办学的特色。

在这样的政策环境中，应用型本科高校必须超越传统的"学术型"取向（张铁岩和刘铁雷，2015），积极构建与地方经济和社会发展紧密相连的"应用型"发展路径。这就要求高校识别并响应地方经济结构的具体需求，通过创新教育内容和教学方法，培育符合市场需求的高素质应用型人才。同时，发挥其在科学研究和社会服务领域的优势，为本地企业提供技术支持和智力资源，促进产业升级和区域创新（刘洋和张农，2023）。通过这种转型，高校不仅能够满足国家对于提升本科教育质量的期望，还能够为自身的可持续发展注入新的活力。各高等教育机构建立自己的特色和品牌是学校核心竞争力的集中体现（祝怀新，2007）。特色化发展的道路将使高校在人才培养、科学研究、社会服务等方面形成独特的竞争优势，从而在区域经济社会发展中发挥更加显著的作用。这种以服务地方为导向的办学理念，不仅有助于高校实现与城市主体的协同发展，也为高校在激烈的高等教育市场中确立了明确的发展路径。

二、政府理念更新：高等教育引领城市发展

党的二十大报告指出："实施城市更新行动，加强城市基础设施建设，打造宜居、韧性、智慧城市。"（习近平，2022）这不仅要求城市在物质层面进行更新，更要求在文化、社会和经济层面实现全面进步。高等教育机构在这一进程中扮演着至关重要的角色，它们不仅是知识传播和创新的中心，也是城市文化传承与创新的重要推手。

城市主体应当认识到，高等教育机构在提升居民生活质量、促进知识经济和创新方面发挥着核心作用。国家政策对于"文明探源"的强调，要求城

市在发展中不仅要注重经济增长,还要注重文化传承与创新,这与高等教育机构的使命不谋而合。因此,城市主体需要与高校建立更加紧密的合作关系,共同构建一个有利于高校发挥社会服务能力的政策环境和合作机制。通过这种合作,高校可以更好地将研究成果转化为城市发展的实际应用,同时,城市也可以借助高校的专业知识和人才资源,并将高校打造为城市的文化名片(张德祥和李枭鹰,2018),促进城市的经济繁荣和社会和谐,实现城市的长远战略目标(韩双淼和李敏辉,2023)。因此,城市理念的更新与高等教育的引领是实现城市高质量发展的必由之路,也是高校与城市主体实现共赢发展的重要途径。

三、企业理念演进:互利共赢的长远发展

在知识经济时代,大学和企业之间的紧密合作是提升区域的创新效能的有效手段(王思懿,2024),而企业理念的演进与高校合作的双赢成为推动产业升级和经济增长的重要策略。创新是第一动力,对于实现产业升级和经济增长动能转换至关重要。在此过程中,企业需要不断探索新的技术和商业模式,以适应全球竞争的挑战和引领产业变革。国家政策对产业升级的明确要求,强调了技术创新和产业转型的必要性,这为企业与高校之间的合作提供了广阔的空间和机遇。

与高校的有效合作是提高创新效率、弥补基础研究不足的有效手段(白雪洁等,2023)。通过产学结合,企业不仅可以获得高校的研究成果和技术支持,还能够通过高校培养的人才资源,提升自身的创新能力和竞争力。高校在这一合作过程中,应积极识别和响应企业的实际需求,通过定制化的教育和研究项目(陈斌和王艳,2023),为企业提供切实可行的解决方案,同时也为学生提供实践和就业的机会。此外,高校在推动企业理念演进中也扮演着重要角色。通过教育和研究活动,高校能够引导企业重视创新和研发投入,促进企业形成以创新为核心的企业文化。这种文化的形成,不仅有助

于企业在激烈的市场竞争中保持领先地位,也有助于高校实现其社会服务的使命,共同推动经济社会的可持续发展。

四、社区理念创新:共建共享的和谐生态

在新时代背景下,社区理念的创新与大学的社会责任紧密相连,共同塑造着社区发展的未来方向。随着人们生活质量的提高,社区治理和服务能力的提升成为衡量城市文明进步的重要指标。浙江省提出的"未来社区"建设概念,正是对这一时代要求的积极回应,旨在通过综合性的社区改革,提升居民的幸福感与获得感,实现社区的可持续发展。

在此过程中,大学作为知识与文化的传播者,承担着不可替代的社会责任。大学应将自身在教育、文化、科技等方面的优势转化为社区发展的动力,通过参与社区规划、提供专业咨询、开展文化活动、推动科技创新等方式,助力社区创新和品质提升(杨小微,2012)。这种参与不仅能够丰富社区的文化生活,提高居民的生活质量,还能够促进大学与社区的互动,实现资源共享和优势互补。同时,大学在推动社区发展中的作用也应与部分省市关于"未来社区"的政策要求相契合(浙江省人民政府,2019)。大学需要积极响应政策导向,将社区发展纳入自身的社会服务战略中,通过校地合作模式,将研究成果和教育资源服务于社区建设,推动社区治理体系和治理能力现代化。通过这种合作,大学不仅能够实现自身社会服务功能的拓展,还能够为社区发展提供科学指导和技术支持,共同构建和谐、宜居、智慧的未来社区。

综上所述,高校理念的转变与特色化发展、城市理念的更新与高等教育的引领、企业理念的演进与高校合作的双赢,以及社区理念的创新与大学的社会责任,共同构成了一个多维度的协同发展框架。这一框架不仅促进了高校与城市主体间的互利共赢,也为实现区域经济社会的全面进步和可持续发展提供了坚实的支撑。

第二节　招募与动员：整合关键行动者与一般行动者

在达成理念一致性后，需要通过招募与动员将行动者凝聚起来，并通过相应的措施将合作方式予以确定。本节将阐述政府与高校之间的协同作用，如何通过加强沟通与信任来深化高校与企业之间的互动合作，以及如何激发高校与社区的合作效能，共同推动知识创新和社会服务能力的提升。

一、政府支持与高校自主相结合，激活高校的引领作用

应用型本科高校作为城市发展的重要智力和人才资源库，其在地化社会服务能力的提升不仅关乎高校自身的发展，更对城市的整体进步具有深远影响。研究发现，政府支持与高校自主决策相结合显得尤为重要，它能够有效激活高校在城市发展中的引领作用，进而推动城市的可持续发展。

首先，政府应提供政策和财政支持，创造有利环境，使高校能够充分发挥其在城市发展中的研究优势和人才优势。政府在推动应用型本科高校在地化社会服务能力提升方面具有举足轻重的作用。具体而言，主要体现在三个方面：一是建立"产学研用"一体化合作机制，搭建高校与企业、社区间的桥梁，通过政策引导与财政支持，鼓励应用型本科高校与城市主体开展深度合作，实现资源共享、优势互补，推动科研成果的转化与应用，为城市发展提供智力支持。二是建立激励与评价体系，促进应用型本科高校积极提升社会服务能力和办学水平，通过设立专项基金、实施税收优惠等措施，对在社会服务、人才培养等方面表现突出的高校给予奖励，同时建立科学的评价体系，定期评估高校的社会服务成效，以推动其不断提升服务水平。三是平衡资源分配，在科技园、孵化器等的建设方面，不过度聚焦于研究型大学，重视应用型本科高校在推动区域创新、促进产学研合作等方面的独特优势，发

挥应用型本科高校在区域创新体系中的积极作用。

其次，高校应主动识别并对接地方政府的发展战略，并设计与城市发展目标相匹配的关键领域的具体服务和研究项目。应用型本科高校在提升自身社会服务能力的过程中，应主动与地方政府的发展战略对接。高校应深入研究地方政府的政策导向和发展规划，了解城市发展的重点领域和迫切需求。在此基础上，高校应结合自身专业特色和优势，设计与城市发展目标相匹配的关键领域的具体服务和研究项目。这些项目应具有较强的针对性、有效性和专业性，能够直接服务于城市的经济建设、社会进步和文化发展（王明，2023）。通过主动对接地方政府的发展战略，高校不仅能够更好地融入城市发展的大局，还能够通过具体服务和研究项目的实施，不断提升自身的社会影响力和竞争力。同时，这种对接也有助于加强高校与政府之间的合作与沟通，促进双方资源共享和优势互补。

再次，高校与城市的合作项目应注重实际成果的应用，加速将知识转化为城市发展的动力。高校与城市的合作项目是推动知识转化为城市发展动力的重要途径（王兴平等，2023）。对于多数应用型本科高校而言，它们在科研实力与学术声誉上无法与研究型大学比肩（杨波等，2024），同时在实用技能教育与行业对接方面又刚刚起步，因此，合作项目成果的实际应用及转化显得尤为迫切和重要。如前所述，政府可以通过政策引导、资金扶持等方式，提振各城市主体与高校合作的信心；还可以搭建合作平台，促进高校与城市主体的深度对接，推动产学研用一体化发展。高校则应充分发挥自身在人才培养、科技创新等方面的优势，积极开展与城市各相关主体的合作，通过共同研发、技术转移等方式，将高校的科研成果转化为实际生产力。此外，高校还应加强项目成果的推广和普及工作，提高公众对科学知识的认识和理解，为城市的科技进步和社会发展营造良好的氛围。

最后，建立跨部门协调机制，促进主体间的有效沟通和合作。在推动应用型本科高校在地化社会服务能力提升的过程中，建立跨部门协调机制至关重要(骈茂林,2019)。这一机制能够有效促进高校、政府、企业和社区之间的沟通和合作,形成推动城市发展的合力。具体而言,跨部门协调机制是铸造组织竞争力的重要方式(范雪灵等,2020),有利于各方及时了解彼此的需求和进展,共同协商解决合作过程中遇到的问题和困难,促进各方资源的共享和优势互补。跨部门协调可以通过定期召开联席会议、建立信息共享平台、推动产学研深度融合等方式实现。

二、加强沟通与信任,深化高校与企业的互动合作

应用型本科高校与企业的合作是提升高校在地化社会服务能力的重要途径。通过加强双方的沟通与信任,深化互动合作,不仅能够推动高校科研与教学的发展,也能够促进企业的技术创新和产业升级。

首先,高校应依托专业和人才优势,为企业提供定制化的研发支持和技术服务。人才和知识是沟通高校与企业的重要桥梁(白逸仙和耿孟茹,2024),应用型本科高校特有的应用型人才和专业化知识,可以为企业提供研发人力和技术服务。在合作过程中,高校应深入了解企业的技术需求和研发方向,结合自身的专业特长,为企业提供定制化的解决方案。这不仅可以满足企业的实际需求,也能够提升高校开展科研的针对性和实效性。为了实现这一目标,高校可以设立专门的科研服务团队,负责与企业的对接和沟通。团队成员需拥有深厚的专业知识及实际操作经验,从而为企业提供高水平的咨询服务和技术援助。同时,高校还应建立完善的项目管理制度和质量控制体系,确保研发项目的高效实施和高质量完成。

其次,企业参与高校的课程设计和实验项目,提供实践平台,参与高校人才培养过程。应用型本科高校的人才培养需要紧密结合社会实践和企业需求(董丽丽和徐子归,2023)。企业作为社会经济发展的重要力量,拥有丰富的实践经验和资源,校企双方要持续深入开展"政产学研"深度融合和科技成果转化,实现学科、专业与行业的全面对接(周正柱和马炜华,2023)。

具体而言,企业可以派遣经验丰富的技术人员担任高校的"双师型"教师,参与高校的课程设计和实验项目,参与课程内容的制定和教学方法的改革;还可以提供实践平台,如实验室、生产线等,供师生进行科学研究、实践操作和实习实训。这样,学生在实践中深化理论知识、提升实践能力,并获得了潜在的就业机会;与此同时,高校也能够更好地了解社会需求、行业发展趋势和技术利用现状,调整和优化人才培养方案,提升教学和科研水平。总之,通过与企业的深入合作,高校可以培养出更多符合社会需求的高素质人才,为社会经济发展提供有力的人才和智力支持。

再次,加强定期交流和合作项目的共评,通过建立透明的沟通渠道和反馈机制,建立和维护双方的信任基础。定期交流和项目共评是加强高校与企业沟通的重要手段(郭文莉,2012)。通过定期召开座谈会、研讨会等形式的交流活动,双方可以及时了解彼此的需求和进展,共同解决合作过程中遇到的问题。同时,对合作项目进行共评,不仅可以对项目的实施效果进行客观评估,还能够促进双方之间的经验分享和相互学习。为了建立并维护双方的信任基础,高校和企业应建立透明的沟通渠道、监督与信息反馈机制(杨炜长,2012)。双方应明确沟通的方式和频率,确保信息畅通无阻。同时,对于合作过程中出现的问题和分歧,双方应坦诚相待,积极寻求解决方案。通过建立有效的反馈机制,双方可以及时了解对方的意见和建议,从而不断改进和优化合作模式。

最后,共同探索联合实验室、共同研究中心与行业学院等新的合作模式,促进长期合作关系的建立和深化。随着社会的不断发展和科技的不断进步,高校与企业之间的合作模式也应不断创新和完善。产学研联合实验室和共同研究中心等新型合作模式为双方提供了更加紧密和深入的合作机会(罗丹阳,2019)。通过这些合作模式,高校和企业可以共同开展科研项目、人才培养和技术创新等活动,实现资源共享和优势互补。在产学研联合实验室中,高校和企业可以共同投入资金和设备,建立实验室并共享资源。

双方可以派遣科研人员和技术人员共同参与实验室的管理和运行工作,实施科学研究项目与技术创新。通过此途径,双方能够协力促进科研成果的转化及应用,为产业发展提供有力支持(赵中宝,2023)。共同研究中心则更加注重于行业共性问题的研究和解决。高校和企业可以围绕某个行业或领域的关键问题共同设立研究中心,集中力量进行深入研究。通过共同研究中心的建立和运行,双方可以加强行业内的交流与合作,推动行业技术的进步和升级。

三、调整评价与互动机制,促进高校与社区的紧密合作

研究发现,无论是高校还是社区都应意识到加强高校与社区互动的趋势,然而,传统的评价机制和互动模式往往限制了双方合作的深度和广度。因此,调整评价与互动机制,以促进高校与社区的紧密合作,成为提升高校社会服务能力的重要途径。

首先,调整政府与教育部门的评价机制,明确包含高校与社区互动的指标,以符合城市发展的需求及教育的社会责任。当前,政府与教育部门对高校的评价主要侧重于科研和教学方面,而对于高校与社区互动的考量则相对不足。为了推动高校与社区的紧密合作,政府与教育部门应调整评价机制,明确包含高校与社区互动的指标(杨秀芹等,2019)。这些指标可以包括社区服务项目的数量、质量、社会影响力等方面,以全面反映高校在社区服务方面的贡献。同时,政府与教育部门还应以年度报告等形式,公布社会服务评估结果。这不仅可以激励高校积极参与社区服务,还能够进一步彰显高校在社会中的形象和地位。通过构建公开透明的评价机制,推动高校与社区之间更加深入和有效合作,实现双方的互利共赢。

其次,高校与社区合作,应主动识别服务需求,设计符合社区特色的服务项目。高校与社区的合作应建立在充分了解社区需求的基础上。因此,双方应共同开展调研,识别社区的服务需求,并据此设计符合社区特色的服

务项目。这些项目应涵盖文化教育、技能培训、健康服务等多个领域,以满足社区居民的多样化需求。在此过程中,高校应充分发挥其教育和文化资源的优势,为社区居民提供优质的学习资源和平台。例如,高校可以开放图书馆、实验室等场所,为社区居民提供学习和实践的机会;组织专家学者开展讲座、培训等活动,提升社区居民的知识水平和技能能力;高校与社区的合作还应注重文化熏陶和知识普及,通过举办文化活动、展览等形式,高校可以向社区居民传递文化价值观,促进社区文化的繁荣和发展。此外,高校还可以通过开展公共教育活动,提升社区居民的教育水平和生活质量,增强社区的整体竞争力(刘爱生和李悦,2021)。

再次,共同开展社区发展研究,解决社区面临的具体问题。社区与大学的合作,是推动以大学社会服务为战略的现代社区发展的方案选择(李桂平和何旻,2021)。社区发展研究是推动高校与社区合作的重要途径。通过共同开展社区发展研究,双方可以深入了解社区的现状和问题,提出有针对性的解决方案。这不仅可以解决社区面临的具体问题,还能够推动社区的可持续发展。在此过程中,高校可以发挥学术研究的优势,为社区提供科学、专业的咨询和支持。同时,社区也可以提供实践平台和社会问题案例,为高校师生提供实践和研究的机会。双方共同努力,可以实现资源共享、优势互补,推动社区发展研究的深入开展。此外,高校与社区的合作还应注重培养学生的社会责任感和实践能力。通过参与社区服务和项目解决等活动,学生可以深入了解社会现实和问题,增强社会责任感和使命感。同时,此类活动亦有助于增强学生的实践技能和创新能力,为其职业生涯及对社会的贡献奠定基础。

最后,促进社区参与高校决策过程。为了增强高校与社区之间的互信和合作深度,应建立机制促进社区参与高校的决策过程。特别是那些直接影响社区利益的项目和活动规划,更应充分吸纳社区的意见和建议。一方面,高校可以设立社区代表参与决策的渠道(罗媛,2020),如定期召开社区代表与高校管理层的联席会议,就高校社区服务项目的规划、实施和评估进行充分的沟通和讨论。这不仅能够确保高校的服务项目更加贴近社区的实际需求,还能够提升社区对高校的信任度和满意度。另一方面,高校还可以通过问卷调查、座谈会等方式,广泛征求社区居民对高校服务项目的意见和建议。这些反馈可以作为高校改进服务质量、优化服务项目的重要依据。此外,高校还可以邀请社区代表参与具体服务项目的实施过程,如作为志愿者协助项目开展,或作为监督员对项目执行情况进行监督。这种实质性的参与不仅能够增强社区对高校的认同感,还能够促进双方之间的深入交流和合作。

第三节　网络构建:运用正式与非正式的合作机制

在应用型本科高校提升在地化社会服务能力的过程中,正式合作与非正式合作的有效结合,对于增强社会服务网络的适应性和互动效率至关重要。正式合作通过稳定的协议和机制,确保了资源和信息的持续流动;而非正式合作则以其灵活性和快速响应的特点,为高校在探索新的服务领域和合作伙伴方面提供了重要支持。

一、通过正式合作与城市其他主体建立稳定的合作关系

正式合作是高校与政府、企业及社区等外部实体建立稳定关系的重要方式(吴志辉等,2021)。通过签订合作协议,高校可以明确双方的权利和义务,确保合作项目的顺利实施。这种合作形式具有明确的目标、期限和约束条件,能够保障资源和信息的稳定流动,为高校提供持续的社会服务支持。

在与政府合作方面,高校可以围绕政策制定、项目实施等方面展开深度合作。例如,高校可以参与政府主导的社会服务项目,提供智力支持和专业人才,共同推动地方社会经济的发展。同时,高校还可以借助政府的力量,争取更多的政策支持和资源投入,为学校的社会服务活动提供有力保障。在与企业合作方面,高校可以发挥自身的科研和人才优势,与企业共同开展技术研发、人才培养等合作项目。通过产学研合作,高校了解到企业的实际需求,为企业提供针对性的服务,也可以通过合作项目的实施,锻炼师生的实践能力,提升学校的社会服务水平。与社区合作,高校可以更加深入地了解当地的社会需求和发展状况,从而有针对性地开展社会服务活动。通过社区平台,高校可以推广其科研成果、教育资源和服务项目,提高社区居民的生活质量和幸福感。同时,社区也可以为高校提供实践基地和志愿者资源,支持高校的实践教学和社会服务活动。

二、重视非正式合作网络的建立和维护

虽然正式合作具有稳定性和持续性的优点,但在面对快速变化的社会需求时,其灵活性和响应速度可能会受到限制。因此,高校还需要重视非正式合作网络的建立和维护。非正式合作往往基于个人关系、信任和共同利益,具有更加灵活和快速的特点,性价比更高、适用度更广(郑娜娜和王晟聪,2023)。通过非正式渠道,高校可以及时发现和响应社会需求,探索新的服务领域和合作伙伴。

非正式合作网络的建立需要高校师生积极参与社会活动,扩大社交圈子,建立广泛的人脉关系。同时,高校还可以通过举办学术研讨会、交流活动等方式,吸引更多的外部实体和个人参与到学校的社会服务活动中来。这些非正式合作不仅可以为高校带来新的服务项目和合作伙伴,还可以为学校的正式合作提供有益的补充和支持。

三、适时将非正式合作转化为正式合作

基于信任形成的非正式合作,随着时间的推移多可建立起正式治理结构(徐国冲,2023)。这是由于非正式合作中往往蕴含着丰富的成功经验和创新思想。高校应善于识别这些有价值的元素,并将其转化为正式合作项目,以进一步提升社会服务的效果和影响力。具体而言,高校可以通过对非正式合作项目的总结和反思,提炼出成功的经验和做法,将其应用到更广泛的正式合作中去。同时,高校还可以鼓励师生在非正式合作中积极探索新的服务模式和方法,将这些创新思想转化为具体的服务项目,推动学校社会服务的创新发展。

此外,高校还可以通过建立激励机制,鼓励师生积极参与非正式合作并分享成功经验。例如,可以设立奖励制度,对在非正式合作中取得显著成效的师生给予表彰和奖励;还可以定期组织经验交流会等活动,为师生提供相互学习和交流的平台。

四、建立负责跨界合作关系的专门机构

为了确保正式合作与非正式合作之间的有效衔接和相互促进,高校需要培养和派遣专门的团队或个人来负责跨界合作关系的建立和管理(张振刚和程琳媛,2023)。这些团队或个人应具备跨学科的知识背景、丰富的实践经验及良好的沟通协调能力,能够根据不同合作模式的特点和需求,制定合适的合作策略和管理措施。

在跨界合作关系的建立方面,这些团队或个人应主动与政府、企业、社区等外部实体建立联系,了解他们的需求和期望,寻找合作的切入点和共同点。同时,他们还应积极推广学校的社会服务能力和优势,吸引更多的外部实体参与学校的合作项目。在跨界合作关系的管理方面,这些团队或个人应定期对合作项目进行评估和反馈,及时发现问题并采取有效措施来解决。

同时,他们还应加强与合作伙伴之间的沟通和协调,确保合作项目的顺利实施和资源的有效利用。通过培养和派遣专门的团队或个人来负责跨界合作关系的建立和管理,高校可以进一步提升社会服务网络的适应性和互动效率,实现正式合作与非正式合作之间的良性互动和共同发展。

可以看到,正式合作与非正式合作的结合对于增强高校社会服务网络的适应性和互动效率具有重要意义。高校应通过正式协议形式建立稳定的合作关系,确保资源和信息的持续流动;同时重视非正式合作网络的建立和维护,灵活快速地响应社会需求;识别和利用非正式合作中的成功经验和创新思想,将其转化为正式合作项目;培养和派遣专门的团队或个人负责跨界合作关系的建立和管理。通过实施这些措施,高校可以不断提升其在地化社会服务能力,为地方社会经济的发展做出更大的贡献。

第四节　网络优化:提升社会服务效能与影响力

为了使高校社会服务能力提升的行动者网络更加高效,有必要对高校内外的网络结构进行优化。这样做的目的是确保资源的有效流动、合作的紧密性及对社会需求的快速响应。这里将阐述如何通过强化内部支持机制和采用多元化评价体系,来优化高校的社会服务网络结构。

一、强化高校内部支持机制,促进在地化社会服务能力的提升

应用型本科高校在提升在地化社会服务能力的过程中,不仅需要外部环境的支持和合作,更需要高校内部机制的优化和完善。强化高校内部支持机制,对于激发师生参与社会服务的积极性、提升服务质量和效率具有至关重要的作用。

第一,建立专门的机构或团队,开展社会服务项目的策划和管理。为了

更有效地推进社会服务项目,高校应设立专门的机构或团队,负责项目的策划、组织、实施和管理(梅国平,2023)。这个机构或团队应具备跨学科的知识背景和丰富的实践经验,能够深入了解社区和行业的需求,设计符合实际需求的服务项目。同时,该机构或团队还应负责项目的宣传推广,扩大项目的影响力和社会认知度。技术转移办公室(Technology Transfer Office,TTO)就是一种值得重视的机构设置。自 2001 年以来,我国逐渐认定了一些国家级技术转移中心,在推进技术与产业合作方面发挥了积极作用。

刘国新等(2022)分析了国内外技术转移机构的运行模式,指出除了内部型 TTO 模式,还有外部型 TTC(Technology Transfer Company,技术转移公司),以及混合型 TTH(Technology Transfer Hybrid of Office and Company,办公室与公司混合式技术转移模式)。TTO 模式最早起源于美国,其主要职能包括产学研资源联络、知识产权管理及学校衍生公司培育。作为学校成果商业化的代表,负责与科学家、企业家、投资人、政府官员等保持沟通,并与产业公司和投资机构保持良好的关系,同时协调管理学校科研人员的专利披露、申请、维护、转化等工作,服务并支持由学校教师或学生创立的衍生公司(陆晟侃,2021)。在本书的调研中,4 位应用型本科高校的受访者都不约而同地谈到了技术转移机构的话题,考虑到研究的基础与市场化的需求,他们都比较青睐于内部型的 TTO 模式,期待高校成立专门机构,或者扩大科研处或地方合作处的相关职能,推进科研与产业结合。

技术转移办公室的设立,能够创新组织管理,发挥专业优势,推进精准对接与市场化运营,为推进大学与城市互动,进而提升高校的社会服务能力。

第二,优化高校空间资源,促进城市融合与可持续发展。"没有围墙的大学"反映了人们在高等教育领域的精神追求。大学社会服务能力的提升也建立在打破大学固有边界的基础上。高校空间资源的建设与利用,应该与大学的定位相结合,大学的定位一般有学校历史、内部空间、外部空间的三重分析(赵长林和冯健,2005)。

由于地方高校与城市有着天然联系,应用型本科高校的历史与所在城市的历史发展密不可分。因此,在应用型本科高校的空间资源建设方面,更应凸显结合城市特色的空间资源配置,挖掘城市的文化资源,将学校的发展理念与城市的文化气质相结合,优化空间资源配置,使学校的建设和布局不仅能支持其教育和研究使命,还能反映和弘扬城市的文化特色。这样,高校不仅能在城市环境中占据独特地位,而且还能增强城市的文化影响力和吸引力。在内外部空间的融合与拓展方面,加强其内部与外部环境的融合,包括改善校园与周边社区的物理连接,以及通过开放空间、绿地和公共设施的共享等,来优化学校的发展空间。高校还需强化满足需求的服务性功能,从满足师生及社区居民需求的角度出发,提供场地、场所和建筑等空间资源,为社会服务项目的实施提供物质保障(张凯,2016),包括向市民开放学校的实验室、图书馆、运动场馆等设施,以提供更多的学习、研究和休闲空间。当然,校园的开放会带来校园管理和安全问题,会给学校带来管理的压力。但从长远视角看,随着开放与合作的深入,校园的开放可以优化社区和城市环境,对于文明城市和学习型社会的构建都具有重要意义。

第三,引入激励机制,如奖励制度或职业晋升途径,鼓励师生参与社会服务活动。为了激发师生参与社会服务的积极性和主动性,高校应引入有效的激励机制。这些机制可以包括奖励制度和职业晋升途径等方面。在奖励制度方面,高校可以设立社会服务优秀个人和团队奖项,对在社会服务中做出突出贡献的师生进行表彰和奖励。这些奖励可以包括荣誉证书、奖学金、科研项目支持等形式,以体现高校对社会服务工作的重视和认可。在职业晋升途径方面,高校可以将社会服务工作纳入职称评定和职务晋升的考核范围,对于在社会服务方面表现突出的师生给予相应的职业晋升机会(商筱辉和王冬,2022;严梓洛等,2023)。这不仅可以激励师生更加积极地参与社会服务活动,还能够吸引更多优秀人才加入社会服务的队伍。同时,高校还可以通过宣传和推广优秀社会服务项目和服务成果,提升师生参与社会服务的荣誉感和成就感。这些激励措施有助于形成积极向上的社会服务氛围,推动高校社会服务工作的深入开展。

第四,高校应建立有效的信息反馈和项目评估体系,持续优化社会服务策略。为了及时了解社会服务项目的实施效果和问题,高校应建立有效的信息反馈和项目评估体系(张智光,2019)。这个体系应具备以下功能:首先,能够收集和分析社区和行业对服务项目的反馈意见,了解服务项目的实际效果和存在的问题。这可以通过问卷调查、座谈会、实地走访等方式进行,确保反馈信息的真实性和有效性。其次,能够对服务项目进行全面评估,包括项目的目标达成度、资源利用效率、社会影响力等方面。这有助于高校了解服务项目的整体绩效,发现服务过程中存在的问题和不足,为后续的改进提供依据。最后,能够根据评估结果和信息反馈,及时调整和优化社会服务策略。这包括改进服务项目的设计、优化资源配置、提升服务质量等方面的内容。通过持续优化社会服务策略,高校可以不断提升其在地化社会服务能力,更好地满足社区和行业的需求。在建立信息反馈和项目评估体系的过程中,高校应注重与社区和行业的沟通与合作,确保评估结果的客观性和公正性。同时,还应加强内部管理和监督,确保评估工作的规范性和有效性。

二、采用多元化评价体系,全面评估在地化社会服务效果

为了鼓励高校与城市主体积极互动,同时保持对社会服务效果的有效评价和适度的灵活性,建立一个多元化的评价体系至关重要。其中,应遵循鼓励创新、注重实效、保持灵活性和促进共同参与的原则。

第一,实施多维度评价,立体化呈现社会服务项目效果。单一的评价指标往往难以全面反映社会服务项目的效果,因此发展多维度的评价指标显得尤为重要(杨婷等,2017)。这些指标可以包括社会影响、经济效益、环境效益、学术贡献等多个方面。除了传统的量化指标外,还应引入质性评价方

法,如案例研究、满意度调查等,以全面、深入地了解项目对社会、经济、文化等多方面的影响,弥补定量评价在理解项目复杂性和社会背景方面的不足(张红阳,2016)。多维度评价有助于更准确地衡量项目的实际效果,避免单一指标评价可能带来的片面性,有助于后续合作项目的达成,提升应用型本科高校的社会服务能力、社会声誉和影响力。

第二,注重社会服务项目的长期效应与可持续性评估。教育评价的目的不仅仅是判断价值,还包括发现价值和创造价值(刘楠和顾建军,2023)。在社会服务项目的评价方面尤其如此,其长期影响和可持续性是其效果评估的重要方面(张宏喜,2014)。在建立评价体系时,应关注项目是否具有长期的社会效益、是否有助于推动城市的可持续发展,构建人性化、长效化和效益化的评价体系(刘振天和赵志强,2023)。通过设立长期跟踪评价机制,定期回顾项目进展和成效,确保评价体系的完整性和前瞻性。这有助于引导高校和城市主体更加关注项目的长远影响而非短期效益,形成教学、研究、社会服务融合的可持续发展机制(谢笑珍,2023),为强化项目的可持续性,实现评价的价值增值提供新动能。

第三,倡导行动主体共同参与,形成多元化评价主体。行动主体广泛而深入地参与评价是满足各利益主体需求的前提(古贝和林肯,2008)。社会服务项目的效果评估不应仅由高校单方面完成,而应邀请政府、企业和社区等社会各方共同参与,兼顾"利益多元"和"主体多元"(张琳和韩钰馨,2023)。这些外部主体能够从不同角度和层面提供宝贵的意见和建议,使评价过程更加客观、公正和全面。政府的参与可以确保评价过程符合政策导向和法律法规要求,同时为企业提供政策支持和引导;企业的参与可以从市场需求和产业发展的角度评价项目的经济效益和实用性;社区的参与则能够反映居民对项目的满意度和实际需求,为项目改进提供重要参考。在大学与城市互动的场域,较容易建立起有效的沟通协商机制,使各行动主体在价值判断、评价目的、评价权重、权责划分等方面达成一致(李庆丰和周作宇,2020),共同推动社会服务项目的发展和完善,增强高校与社会各方的联系和合作,提升高校的社会影响力。

第四,保持评价指标和方法的动态更新与适应性调整。随着社会的不断发展和变化及项目自身的发展需求变化,评价体系也应相应地进行调整和优化,以适应社会变化和项目发展的需要(胡利哲和杜新波,2022)。通过定期回顾和修订评价指标和方法,确保评价体系始终与当前的社会需求和项目目标保持一致,有助于保持评价体系的时效性和针对性,更好地服务于高校与城市主体的互动发展。近年来,数字技术逐渐运用于教育评价领域,在整体化的呈现方式、可视化的解读便捷、过程化与系统化的数据追踪、动态及时的结果反馈等方面,都有明显优势(胡瑞和蒋蓓蓓,2023)。

第六章 研究结论、创新与展望

面对高等教育进入普及化阶段及高等教育高质量发展的需求,应用型本科建设是我国高等教育领域研究亟待深入的领域。为了回答"应用型本科高校如何进一步提升在地化社会服务能力"的问题,本书采用案例研究和内容分析的方法提炼了应用型本科高校与城市互动的构成要素;随后,基于对行动者网络理论中人类要素与非人类要素的区分,构建了高校在地化社会服务能力提升的理论模型;接着,采用 fsQCA 方法探究了大学与城市互动的要素如何影响到高校社会服务能力提升的问题;最后,在组态分析的基础上,对地方应用型本科高校社会服务能力提升提出了改进策略。本章将总结研究结论,并对未来的研究进行展望。

第一节　研究结论

本书聚焦于"应用型本科高校如何提升在地化社会服务能力"这一核心问题展开研究。首先通过理论文献和政策文本分析,将高等教育普及化阶段应用型本科高校在地化社会服务能力的概念界定为"应用型本科高校提供人才、课程、研究成果、资源等为所在城市或区域提供服务,并为政府、企业、社区等服务对象所认可的能力"。基于此,分别从应用型本科高校在地化社会服务能力提升的影响要素、理论模型和改进路径三个子问题开展了具体研究。最终得出以下结论。

一、高校社会服务能力提升是一个多主体多要素的互动过程

通过对四所应用型本科高校进行探索性案例研究和内容分析,本书发现应用型本科高校在地化社会服务能力提升是一个多主体多要素参与的过程。行动者网络理论区分了人类行动者与非人类行动者,在此框架的指引下,明确了高校社会服务能力提升的人类行动者包含高校、政府、企业、社区等行动主体,进而构建起人类行动者中的大学与政府、大学与企业、大学与社区的互动分析;高校社会服务能力提升的非人类行动者包含政策、技术、文化等要素,基于调研结果,本书构建起正式合作与非正式合作的互动分析体系。本书首先揭示了大学与城市互动视角下,应用型本科高校社会服务能力提升的路径涉及大学与政府、大学与企业、大学与社区之间的多维度互动。正式合作与非正式合作的策略选择对于促进高校社会服务能力的提升至关重要。这种多维度的互动模式强调了办学与城市发展同步的理念、互利共赢的利益诉求,以及整合与互补的资源供给,构建了规范合作的制度基础。

通过内容分析,可以总结出人类行动者和非人类行动者的相互作用共同构建了应用型本科高校在地化社会服务能力提升的行动者网络,这个网络的构建是一个问题化—利益化—招募—动员的行动过程,正式合作与非正式合作在应用型本科高校在地化社会服务能力提升中都发挥了积极作用。

二、行动者网络理论框架下的社会服务能力提升是一个动态的推进过程

基于统计分析,本书发现应用型本科高校可以通过与城市主体的互动提升高校社会服务能力。在大学与城市活动的行动者网络中,不仅涉及各

主体内部结构的挑战,更会影响到各行动主体在网络中的角色和功能转变。在行动者网络的构建过程中,高校、政府、企业和社区等人类行动者,以及政策、技术和文化等非人类行动者共同发挥了关键作用。行动者网络理论中的人类与非人类行动者对称性原则,认为这些行动者在网络构建过程中具有同等的重要性,为理解这一过程提供了深刻的洞察力,突破了传统分析中人类与非人类因素的界限,提供了一种新的视角来审视它们如何在形成和影响社会互动网络中发挥作用。通过这一原则,我们能够更加深入地理解高校、政府、企业和社区如何与政策、技术和文化等非人类因素相互作用,共同塑造了高等教育和社区服务的复杂生态。此外,行动者网络理论的这一核心原则还强调了在分析社会技术系统时,无论是人类还是非人类行动者,都应被视为相互连接、相互依赖的网络组成部分,这有助于揭示隐藏在高校社会服务能力提升过程中的深层结构和动力机制。

从模型构建来看,应用型本科高校社会服务能力提升的理论模型是一个横向的三模块递进结构:从人类行动者策略来看,包括高校与政府互动策略、高校与企业互动策略、高校与社区互动策略;从非人类行动者策略来看,包括正式合作策略和非正式合作策略;从结果变量来看,包括在地化社会服务能力高与不高的两种可能结果。

三、高校在地化社会服务能力提升有三条高绩效路径

现有关于应用型本科高校、大学与城市互动、社会服务能力的研究已经比较丰富,既有深刻的理论阐释,又有评价体系的构建研究等。然而,虽然案例研究方法被广泛采用,但现有研究往往关注单个案例,未能捕捉到特定环境中社会服务动态演变的细致过程。同时,目前的研究已经观测到高校社会服务能力的实现需要在与城市的互动中提升和完善,但未能找到合作的理论工具构建起相关的连接。此外,虽然已有研究尝试应用多种理论框架,但这些尝试大多数停留在单一理论的应用层面,缺乏对不同理论进行综

合利用以深入解析复杂社会服务现象的努力。

在已有研究的基础上,本书采用了统计分析与模糊集定性比较分析(fsQCA)方法,从实证角度探讨了影响高校社会服务能力的多种因素,其中既包括人类行动者(如高校、政府、企业、社区),也包括非人类行动者(如政策、技术、文化等)。通过综合分析,明确了应用型本科高校与城市互动过程中提升社会服务能力的路径,包括策略驱动型、人际互动型和综合协同型三种高绩效组态。这些组态揭示了不同条件下高校社会服务能力的提升路径,强调了高校与企业合作、政府支持、社区关系及正式和非正式合作等因素的重要性。这些发现不仅为高校及其合作伙伴提供了具体的操作策略,促进了理论与实践的紧密结合,而且为高等教育领域内外的相关研究提供了新的实证研究范式和方法论参考。尤其是通过对人类与非人类行动者要素的综合考量,深化了对高校社会服务能力影响因素的理解,为促进校地合作、推动社会服务的高质量发展提供了新的视角和实践指导。

第二节 研究创新

本书在探索应用型本科高校在地化社会服务能力提升方面,做出了一定的创新尝试。

一、深化行动者网络理论在高等教育领域的运用

一方面,高等教育领域对于大学与城市互动中的主体与要素的关注由来已久,但尚未找到有效的方法对其进行深入分析。另一方面,近年来,一些学者已经将行动者网络理论引入高等教育领域,但对于相关要素及策略的组态分析尚不多见。本书采用行动者网络理论,特别是其对人类行动者

与非人类行动者之间区分的应用,对大学与城市之间的互动关系进行了细致的组态分析。通过此方式,本书不仅拓宽了行动者网络理论在高等教育领域的应用范围,而且为理解和优化大学与城市互动的复杂网络提供了新的理论视角和分析框架。

二、开展非人类行动者策略的分析与应用

本书通过识别并将正式与非正式合作策略纳入行动者网络理论的分析框架中,拓宽了该理论在高等教育领域的应用范围,这不仅深化了我们对行动者网络理论的理解,而且为揭示和增强应用型本科高校的社会服务能力提供了新的视角。特别是对非正式合作的揭示,为研究者和实践者提供了一个更加细致和全面的视角来探讨和优化高校社会服务能力提升的路径,通过强调非正式合作的作用和价值,促进对校地合作复杂性的理解,进而提出创新策略,丰富了高等教育领域的实践和理论探索。

三、采取多方法综合应用的研究路径

在研究方法上,本书结合了案例研究、内容分析、统计分析和模糊集定性比较分析(fsQCA)等多种研究方法,展示了多方法综合应用的研究路径。通过不同方法的交叉验证和互补,提高了研究结果的可靠性和有效性,为后续的相关研究提供了方法论参考,有助于研究者更全面、深入地探讨高等教育领域的其他问题。

第三节　研究展望

本书运用行动者网络理论对应用型本科高校在地化社会服务能力的提升进行了详细探索,但还存在进一步拓展的空间:一是本书通过案例研究与

组态分析等方法,深入探讨了高校与城市互动过程中高校社会服务能力提升的多维路径,四所应用型本科高校的案例虽然能够提供较为深刻的洞察,但可能无法完全代表中国高等教育的多样性;同时,204 份有效调查问卷虽然符合 fsQCA 方法的问卷需求,为研究提供了一定的量化数据支持,但仍可能影响到研究结论的普遍适用性。二是本书基于行动者网络理论构建了理论模型,为高校在地化社会服务能力提升提供了新的分析框架,但理论模型的深入应用与验证仍需进一步的实践检验。特别是如何将理论模型应用于不同区域或不同类型高校的具体场景中,以及如何根据模型优化高校的社会服务策略,仍然是需要未来研究进一步探讨的问题。针对上述不足,可以从以下三方面展开进一步研究:

首先,扩大样本范围。本书从位于杭州的四所应用型本科高校的案例出发,展开探索性案例分析,在主体选择、访谈设计、成熟问卷的参照等方面都有改进的空间。选择涵盖不同区域和城市背景的应用型本科高校,可以增强研究结论的解释力和普适性,进一步深化对应用型本科高校在地化社会服务能力提升的理解,这种多样性将有助于形成更全面的策略,为高校在地化社会服务能力提升提供更加多元化和创新性的策略选择。

其次,突破研究设计。为了增强研究结论的可靠性,本书引用了成熟量表来设计问卷,尽管得出了符合技术原则的研究结论,但其结果并未达到最理想的状态。因此,未来的研究可以考虑进行更为大胆的尝试,例如主动开发问卷设计,以更好地捕捉研究主题的多维度和复杂性。同时,以现有访谈资料采取的正式与非正式合作作为非人类行动者的策略概括虽有其合理性,但探索其他概括方式和设计相应的量表可能会提供新的理论见解和实践指导。

最后,开展不同区域或不同高校类型的对比研究。通过对比不同区域、不同类型的高校,可以深化对应用型本科高校社会服务能力提升的理解。对比分析能够揭示潜在的成功因素和挑战,为未来的政策制定和高校实践提供有价值的洞见。

　　总之,本书作为基于行动者网络理论开展应用型本科高校在地化社会服务能力提升研究的初步探索,还有很大的提升空间。通过扩大样本范围、创新研究设计开展区域或不同高校类型的对比研究等,未来有可能形成更为成熟、全面的理论与实践分析框架。

参考文献

一、英文文献

（一）专著类

［1］Babbie E R. The Practice of Social Research［M］. Belmont：Wadsworth Cengage Learning,2006.

［2］Babbie E R. The Practice of Social Research ［M］. 14th ed. Stamford： Cengage Learning,2016.

［3］Banovetz J. College-Community Consultation［C］. Dekalb： Enlightenment Press. 1967：1-8.

［4］Berelson B. Content Analysis in Communication Research［M］. Glencoe： Free Press,1952.

［5］Bok D. Beyond the Ivory Tower：Social Responsibilities of the Modern University［M］. Cambridge,Mass：Harvard University Press,1982.

［6］Bourdieu P. The Forms of Capital［M］// The Sociology of Economic Life. London：Routledge, 1986.

［7］Brennan J & Cochrane A. Universities：In, of, and beyond Their Cities ［M］. Oxford：Oxford University Press,2019.

［8］Callon M. The Sociology of an Actor-network：The Case of the Electric Vehicle［M］// Mapping the Dynamics of Science and Technology： Sociology of Science in the Real World. London： Palgrave Macmillan UK,1986.

[9] Carnegie Commission on Higher Education. The Campus and the City: Maximizing Assets and Reducing Liabilities[M]. New York: McGraw-Hill Companies, 1972.

[10] Chesbrough H W. Open Innovation: The New Imperative for Creating and Profiting From Technology [M]. Boston: Harvard Business Press, 2003.

[11] Clark B R. Creating Entrepreneurial Universities: Organizational Pathways of Transformation[M]. Oxford: Pergamon Press, 1998.

[12] Clark B R. The Higher Education System[M]. London: University of California, 1983.

[13] Clark B R. The Open Door College[M]. New York: McGraw-Hill, 1960.

[14] Cross R L & Parker A. The Hidden Power of Social Networks: Understanding How Work Really Gets Done in Organizations[M]. Boston: Harvard Business Press, 2004.

[15] Dani D E, Wu M L, Hartman S L, et al. Leveraging Partnerships to Support Community-Based Learning in a College of Education[M]// Handbook of Research on Adult Learning in Higher Education. Hershey: IGI Global Scientific Publishing, 2020.

[16] DeVellis R F & Thorpe C T. Scale Development: Theory and Applications[M]. Thousand Oaks: Sage publications, 2021.

[17] Drucker P F. Knowledge Work and Knowledge Society: The Social Transformations of this Century[M]. Cambridge, Mass.: Harvard University Press, 1994.

[18] Etzkowitz H & Leydesdorff L. Universities and the Global Knowledge Economy: A Triple Helix of University-Industry-Government Relations [M]. London: Pinter. [Archival Reprint], 1997.

[19] Filmer D,Langthaler M,Stehrer R，et al. World Development Report 2018：Learning to Realize Education's Promise[M]. Washington, D.C.：The World Bank,2018.

[20] Giddens A. The Consequences of Modernity[M]. New York：Stanford University Press,1990.

[21] Granovetter M. Economic Action and Social Structure：The Problem of Embeddedness[M]. London：Routledge,2018.

[22] Hair J F, Black W C, Babin B J, et al. Multivariate Data Analysis [M]. 8th ed. New York：Pearson Education,2017.

[23] Holmes B. Comparative Education：Some Consideration of Method [M]. London ：Allen & Unwinld,1985.

[24] Latour B. Reassembling the Social：An Introduction to Actor-Network-Theory[M]. Oxford：Oxford University Press,2005.

[25] Maurrasse D J. Beyond the Campus：How Colleges and Universities form Partnerships with Their Communities[M]. London：Routledge, 2002.

[26] Nash G,Waldorf D & Price R E. The University and the City：Eight Cases of Involvement[M]. New York：Mcgraw-Hill Book Company, 1973.

[27] Neuendorf K A. The Content Analysis Guidebook [M]. Thousand Oaks：Sage Publications,2017.

[28] Organisation for Economic Co-operation and Development. Innovative Clusters：Drivers of National Innovation Systems[M]. Paris：OECD Publishing, 2001.

[29] Organisation for Economic Co-operation and Development. OECD Skills Outlook 2019：Thriving in a Digital World[M]. Paris：OECD Publishing, 2019.

[30] Powell B J. AMixed Methods Multiple Case Study of Implementation as Usual in Children's Social Service Organizations[R]. St. Louis: Washington University, 2014.

[31] Putnam R D. Bowling Alone: The Collapse and Revival of American Community[M]. New York:Simon and Schuster, 2000.

[32] Ragin C C. Redesigning Social Inquiry: Fuzzy Sets and Beyond[M]. Chicago:University of Chicago Press,2008.

[33] Rihoux B & Ragin C C. Configurational Comparative Methods: Qualitative Comparative Analysis (QCA) and Related Techniques [M]. Thousand Oaks:Sage Publications,2009.

[34] Robertson R. Glocalization: Time-Space and Homogeneity Heterogeneity [M]. Thousand Oaks: Sage Publications,1995.

[35] Sarauw L L. Co-creating Higher Education Reform With Actor-Network Theory: Experiences From Involving A Variety of Actors in the Processes of Knowledge Creation [M]. Northspring: Emerald Group Publishing Limited,2016.

[36] Schneider C Q & Wagemann C. Set-theoretic Methods For The Social Sciences: A Guide to Qualitative Comparative Analysis [M]. Cambridge:Cambridge University Press,2012.

[37] Selland O T H. The College Town: Some Effects of College-Community Tensions[M]. Ann Arbor:University of Michigan,1981.

[38] Slaughter S & Rhoades G. Academic Capitalism and the New Economy: Markets, State, and Higher Education [M]. Baltimore: JHU Press,2004.

[39] Stake R E. The Art of Case Study Research[M]. Thousand Oaks:Sage Publications,1995.

［40］Veysey L R. The Emergence of the American University［M］. Chicago：University of Chicago Press，1965.

［41］Williamson O E. The Economic Institutions of Capitalism：Firms， Markets，Relational Contracting［M］. Berlin：Springer Gabler，2007.

［42］Wissema J G. Towards the Third Generation University：Managing the University in Transition［M］. Cheltenham：Edward Elgar Publishing， 2009.

［43］Yin R K. Case Study Research：Design and Methods［M］. 5th ed. Thousand Oaks：Sage Publications，2014.

［44］Yin R K. Qualitative Research From Start to Finish［M］. 2nd ed. New York：Guilford Press，2010.

［45］Yunus A S M，Azman N & Rahman S A. Views of University's Top Management Leaders on University-Community Engagement［C］// International Conference on Education in Muslim Society（ICEMS 2017）. Paris：Atlantis Press，2017.

［46］Zerlang M. The University and the city［M］. Dordrecht：Kluver Acdamic Publisher，1997.

（二）期刊类

［1］Ackland A & Swinney A. Material matters for learning in virtual networks：A case study of a professional learning programme hosted in a Google＋ online community［J］. Research in Learning Technology， 2015(5)：26677.

［2］Adegbile A，Sarpong D & Kolade O. Environments for Joint University-Industry Laboratories（JUIL）：Micro-level dimensions and research implications［J］. Technological Forecasting and Social Change， 2021(170)：120888.

［3］Anderson T & Shattuck J. Design-based research: A decade of progress in educationresearch? ［J］. Educational Researcher, 2012(1): 16-25.

［4］Austin M & Isokuortti N. A Framework for Teaching Practice-Based Research With a Focus on Service Users［J］. Journal of Teaching in Social Work, 2016(36): 11-32.

［5］Baggen R & Hutton C. University-community engagement: A systematic review of the literature［J］. Journal of Higher Education Outreach and Engagement, 2017(3):1-34.

［6］Bahr P R. The bird's eye view of community colleges: A behavioral typology of first-time students based on cluster analytic classification ［J］. Research in Higher Education, 2010(8):724-749.

［7］Bass T L. Immigration policy impasse as an actor: A matter of concern for educators［J］. Journal of Critical Thought and Praxis, 2018(1): 56-70.

［8］Benneworth P & Hospers G J. Urban competitiveness in the knowledge economy: Universities as new planning animateurs［J］. Progress in Planning, 2007(2): 105-197.

［9］Benson L, Harkavy I, Johanek M C, et al. The enduring appeal of community schools［J］. American Educator, 2009(2): 22-47.

［10］Bhagwan R. University-community partnerships: Demystifying the process of engagement［J］. South African Review of Sociology, 2018 (3-4): 32-54.

［11］Boucher G. University-community engagement: A systematic review of the literature ［J］. Journal of Higher Education Outreach and Engagement, 2009(1): 1-25.

[12] Boylan M. Ecologies of participation in school classrooms [J]. Teaching and Teacher Education, 2010(1): 61-70.

[13] Bozeman B & Sarewitz D. Public value mapping and science policy evaluation[J]. Minerva, 2011(1): 1-23.

[14] Bramwell A & Wolfe D A. Universities and regional economic development: The entrepreneurial University of Waterloo [J]. Research policy, 2008(8): 1175-1187.

[15] Brockliss L. Gown and town: The university and the city in Europe, 1200—2000[J]. Minerva, 2000(2):147-170.

[16] Burgess H & Carpenter J. Building capacity and capability for evaluating the outcomes of social work education (the OSWE project): Creating a culture change[J]. Social Work Education, 2008(8): 898-912.

[17] Calvert J & Patel P. University-industry research collaborations in the UK: Bibliometric trends[J]. Science Andpublic Policy, 2003(2): 85-96.

[18] Caniëls M C & Van den Bosch H. The role of higher education institutions in building regional innovation systems[J]. Papers in Regional Science, 2011(2):271-286.

[19] Carroll M. Understanding curriculum: An actor network theory approach[J]. Studies in Self-Access Learning Journal, 2018(3): 247-261.

[20] Chatterton P & Goddard J. The response of higher education institutions to regional needs[J]. European Journal of Education, 2000(4): 475-496.

[21] Chupp M G, Fletcher A M & Graulty J P. Toward authentic

university-community engagement ［J］. Journal of Community Practice，2021(4)：435-449.

[22] Cohen W M & Levinthal D A. Absorptive capacity：A new perspective on learning and innovation［J］. Administrative Science Quarterly，1990(1)：128-152.

[23] Comeau D L, Palacios N, Talley C L, et al. Community-engaged learning in public health：An evaluation of utilization and value of student projects for community partners［J］. Pedagogy in Health Promotion，2018(1):3-13.

[24] Cousins J B & Leithwood K A. Current empirical research on evaluation utilization［J］. Review of Educational Research，1986(3)：331-364.

[25] Crilly D, Zollo M & Hansen M T. Faking it or muddling through? Understanding decoupling in response to stakeholder pressures ［J］. Academy of Management Journal，2012(6)：1429-1448.

[26] Cunningham J A & Link A N. Fostering university-industry R&D collaborations in European Union countries ［J］. International Entrepreneurship and Management Journal，2015(4)：849-860.

[27] Dahlander L & Gann D M. How open is innovation［J］. Research Policy，2010(6):699-709.

[28] D'Este P & Iammarino S. The spatial profile of university-business research partnerships［J］. Papers in Regional Science，2010（2）：335-351.

[29] D'Este P & Patel P. University-industry linkages in the UK：What are the factors underlying the variety of interactions with industry? ［J］. Research Policy，2007(9)：1295-1313.

[30] Di J & Liu Z. Study on university social service evaluation method based on fuzzy mathematics[C]. In 2010 International Conference on E-Health Networking, Digital Ecosystems and Technologies (EDT). IEEE, 2010(2): 477-479.

[31] Donaldson L & Daughtery L. Introducing asset-based models of social justice into service learning: A social work approach[J]. Journal of Community Practice, 2011(1):80-99.

[32] Douglas E J, Shepherd D A & Prentice C. Using fuzzy-set qualitative comparative analysis for a finer-grained understanding of entrepreneurship [J]. Journal of Business Venturing, 2020(1): 105970.

[33] Dugan J P & Komives S R. Influences on college students' capacities for socially responsible leadership [J]. Journal of College Student Development, 2010(5):525-549.

[34] Dul J. Identifying single necessary conditions with NCA and fsQCA [J]. Journal of Business Research, 2016 (4): 1516-1523.

[35] Eisenhardt K M. Building theories from case study research [J]. Academy of Management Review, 1989(4): 532-550.

[36] Eisenhardt K M & Graebner M E. Theory building from case studies: Opportunities and challenges[J]. Academy of Management Journal, 2007(1):25-32.

[37] Etzkowitz H & Leydesdorff L. Introduction to special issue on science policy dimensions of the triple helix of university-industry-government relations[J]. Science and Public Policy. 1997(1):2-5.

[38] Etzkowitz H & Leydesdorff L. The dynamics of innovation: From National Systems and "Mode 2" to a Triple Helix of university-industry-government relations[J]. Research Policy, 2000(2):109-123.

[39] Etzkowitz H & Leydesdorff L. The triple helix: University-industry-government relations: A laboratory for knowledge-based economic development[J]. EASST Review, 1995(1):14-19.

[40] Etzkowitz H. MIT and the Rise of Entrepreneurial Science [J]. Research Policy, 2002(1):122-141.

[41] Etzkowitz H. Research Groups as "Quasi-firms": The Invention of the entrepreneurial university[J]. Research Policy, 2003(1):109-121.

[42] Fainshmidt S, Wenger L, Pezeshkan A, et al. When do dynamic capabilities lead to competitive advantage? The importance of strategic fit[J]. Journal of Management Studies, 2019 (4): 758-787.

[43] Feldman M & Desrochers P. Research universities and local economic development: Lessons from the history of Johns Hopkins University [J]. Industry and Innovation, 2003(1): 5-24.

[44] Feldman M P & Florida R. The geographic sources of innovation: Technological infrastructure and product innovation in the United States[J]. Annals of the Association of American Geographers, 1994 (2): 210-229.

[45] Feldman M P. The university and economic development: The case of Johns Hopkins University and Baltimore[J]. Economic Development Quarterly, 1994(1): 67-76.

[46] Fisher R, Fabricant M & Simmons L. Understanding contemporary University-community connections [J]. Journal of Community Practice, 2004(1/2):13-34.

[47] Fiss P C. A set-theoretic approach to organizational configurations[J]. Academy of Management Review,2007(4):1180-1198.

[48] Fiss P C. Building better causal theories: A fuzzy set approach to

typologies in organization research［J］. Academy of Management Journal，2011(2)：393-420.

［49］Flyvbjerg B. Five misunderstandings about case-study research［J］. Qualitative Inquiry，2006(2)：219-245.

［50］Fondacaro M R & Heller K. Social support factors and drinking among college student males［J］. Journal of Youth and Adolescence，1983(4)：285-299.

［51］Freeman R E & Dmytriyev S. Corporate social responsibility and stakeholder theory：Learning from each other ［J］. Symphonya. Emerging Issues in Management，2017 (1)：7-15.

［52］Furnari S，Crilly D，Misangyi V F，et al. Capturing causal complexity：Heuristics for configurational theorizing［J］. Academy of Management Review，2021(4)：778-799.

［53］Gerring J. What is a case study and what is it good for［J］. American Political Science Review，2004(2)：341-354.

［54］Gil-Castineira F，Costa-Montenegro E，Gonzalez-Castano F，et al. Experiences inside the ubiquitous Oulu smart city［J］. Computer，2011 (6)：48-55.

［55］Gresov C & Drazin R. Equifinality：Functional equivalence in organization design ［J］. Academy of Management Review，1997(2)：403-428.

［56］Gumport P J. Academic restructuring：Organizational change and institutional imperatives［J］. Higher Education，2000(1)：67-91.

［57］Gupta K，Crilly D & Greckhamer T. Stakeholder engagement strategies, national institutions, and firm performance：A configurational perspective［J］. Strategic Management Journal，2020 (10)：1869-1900.

[58] Habib L & Johannesen M. Perspectives on academic staff involvement in the acquisition and implementation of educational technologies[J]. Teaching in Higher Education, 2014(5):484-496.

[59] Hackney S. Reinventing the american university: Toward a university system for the twenty-first century [J]. Teachers College Record, 1994(3): 311-316.

[60] Hirschy A S, Bremer C D & Castellano M. Career and technical education student success in community colleges [J]. Community College Review, 2011(3):296-318.

[61] Hoachlander G, Sikora A C & Horn L. Community college students: Goals, academic preparation, and outcomes [J]. Postsecondary Education Descriptive Analysis Reports, 2003(2):121.

[62] Holbrook A & Chen W Y. Building research capacity in a mobile psychiatric rehabilitation program: Service learning in a university-agency collaboration[J]. Journal of Applied Social Science, 2017(2): 127-140.

[63] Holton V L, Early J L, Resler M, et al. The university next door: Developing a centralized unit that strategically cultivates community engagement at an urban university[J]. Metropolitan Universities, 2016(1):97-121.

[64] Hong-quan X. The role orientation and function of the university in promoting collaborative innovation: Based on southwest university of science and technology[J]. The Journal of Higher Education, 2014 (11): 43-46.

[65] Howlett R J. Knowledge transfer between UK universities and business [J]. Innovation Through Knowledge Transfer, 2010(5):1-14.

[66] Hughes K L & Scott-Clayton J. Assessing developmental assessment in community colleges[J]. Community College Review, 2011(4): 327-351.

[67] Keetharuth A D, Taylor Buck E, Acquadro C, et al. Integrating qualitative and quantitative data in the development of outcome measures: the case of the recovering quality of life (ReQoL) measures in mental health populations[J]. International Journal of Environmental Research and Public Health, 2018(7): 1-14.

[68] Kwofie B, Tetteh E D & Coffie C P K. Institutional E-Learning Implementation: An Actor-Network Theory (ANT) Perspective[J]. Contemporary Applications of Actor Network Theory, 2020(1): 99-119.

[69] Lai W H. Willingness to engage in technology transfer in industry-university collaborations[J]. Journal of Business Research, 2011(11): 1218-1223.

[70] Leydesdorff L & Etzkowitz H. The triple helix as a model for innovation studies[J]. Science and Public Policy, 1998(3):195-203.

[71] Leydesdorff L & Meyer M. The Triple Helix of university-industry-government relations[J]. Scientometrics, 2003(2):191-203.

[72] Liu C. The tensions of university—City relations in the knowledge society[J]. Education and Urban Society, 2019(1):120-143.

[73] MartinL L, Smith H & Phillips W. Bridging "town & gown" through innovative university-community partnerships [J]. The Innovative Journal: The Puvlic Sector Innovation Journal. 2005(2): 1-6.

[74] McClam S & Sevier B. Troubles with grades, grading, and change: Learning from adventures in alternative assessment practices in teacher

education[J]. Teaching and Teacher Education, 2010(7): 1460-1470.

[75] McKnight B, Zietsma C. Finding the threshold: A configurational approach to optimal distinctiveness [J]. Journal of Business Venturing, 2018(4): 493-512.

[76] Mikalef P & Pateli A. Information technology-enabled dynamic capabilities and their indirect effect on competitive performance: Findings from PLS-SEM and fsQCA [J]. Journal of Business Research, 2017(1):1-16.

[77] Misangyi V F & Acharya A G. Substitutes or complements? A configurational examination of corporate governance mechanisms [J]. Academy of Management Journal, 2014(6): 1681-1705.

[78] Misangyi V F, Greckhamer T, Furnari S, et al. Embracing causal complexity: The emergence of a neo-configurational perspective [J]. Journal of Management, 2017(1): 255-282.

[79] Monreal C O. Future urban mobility group: Smart cities research institute Swinburne University of Technology[J]. IEEE Intelligent Transportation Systems Magazine, 2018(2):203-205.

[80] Moore T L. Catalyst for democracy? Outcomes and processes in community-university interaction [J]. Journal of Community Engagement and Scholarship, 2013(1):70-80.

[81] Mowery D C & Sampat B N. The Bayh-Dole Act of 1980 and university-industry technology transfer: Model legislation for the public university[J]. Research Policy, 2005(10):1191-1205.

[82] Netten A, Burge P, Malley J, et al. Outcomes of social care for adults: Developing a preference-weighted measure [J]. Health Technology Assessment, 2012(16):1-166 .

[83] Ogunsanya O & Govender I. University-community engagement: Current tensions and future trends [J]. International Journal of African Higher Education, 2019(1):51-76.

[84] Owen-Smith J & Powell W. Knowledge networks as channels and conduits: The effects of spillovers in the Boston biotechnology community[J]. Organization Science, 2004(1): 5-21.

[85] Pappas I O & Woodside A G. Fuzzy-set qualitative comparative analysis (fsQCA): Guidelines for research practice in Information Systems and marketing [J]. International Journal of Information Management, 2021(3): 102310.

[86] Parsons K C. A Truce in the War between Universities and Cities:A Prologue to the Study of City-university Renewal[J]. The Journal of Higher Education, 1963(1): 16-28.

[87] Parsons K C. Universities and cities: The terms of the truce between them[J]. The Journal of Higher Education, 1963(4): 205-216.

[88] Perkmann M, Tartari V, McKelvey M, et al. Academic engagement and commercialisation: A review of the literature on university-industry relations[J]. Research Policy, 2013(2): 423-442.

[89] Perry B. Universities and cities: Governance, institutions and mediation[J]. Built Environment, 2011(3):245-259.

[90] Peter Hall. The university and the city [J]. Geo Journal, 1997(4): 301-309.

[91] Reagans R & McEvily B. Network structure and knowledge transfer: The effects of cohesion and range [J]. Administrative Science Quarterly, 2003(2): 240-267.

[92] Shiarella A H, McCarthy A M & Tucker M L. Development and

construct validity of scores on the community service attitudes scale [J]. Educational and Psychological Measurement，2000(2)：286-300.

[93] Shin D & Lee C. Disruptive innovation for social change：How technology innovation can be best managed in social context[J]. Telematics and Informatics，2011(2)：86-100.

[94] Six B，Zimmeren E，Popa F，et al. Trust and social capital in the design and evolution of institutions for collective action：Case studies on IP coordinating mechanisms in plant genetic resources and biomedicine[J]. The International Journal of the Commons，2015(1)：151-176.

[95] Sporn B. Adaptive university structures：An analysis of adaptation to socioeconomic environmentsof US and european universities [J]. Studies in Higher Education，2000(3)：366.

[96] Suarez-Balcazar Y，Harper G W & Lewis R. An interactive and contextual model of community-university collaborations for research and action[J]. Health Education & Behavior，2005(1)：84-101.

[97] Theera-Nattapong T，Pickernell D & Simms C. Systematic literature review paper：The regional innovation system-university-science park nexus[J]. The Journal of Technology Transfer，2021(6)：2017-2050.

[98] Thomas T & Villiers C D. Using actor-network theory to study an educational situation：An example from information systems at a technikon[J]. South African Journal of Higher Education，2002(3)：177-184.

[99] Tummons J. Ontological pluralism，modes of existence，and actor-network theory：Upgrading Latour with Latour[J]. Social Epistemology，2021(1)：1-11.

[100] Vasconcellos D I C, Parker P D, Hilland T A, et al. Self-determination theory applied to physical education: A systematic review and meta-analysis[J]. Journal of Educational Psychology, 2020(7):1444-1469.

[101] Wenger E, McDermott R & Snyder W M. Seven principles for cultivating communities of practice[J]. Cultivating Communities of Practice: A Guide to Managing Knowledge, 2002(4): 1-19.

[102] White L, Lockett A, Currie G, et al. Hybrid context, management practices and organizational performance: A configurational approach [J]. Journal of Management Studies, 2021(3):718-748.

[103] Wood L. Community development in higher education: How do academics ensure their community-based research makes a difference? [J]. Community Development Journal, 2017(4):685-701.

[104] Yao L, Li J & Li J. Urban innovation and intercity patent collaboration: A network analysis of China's national innovation system [J]. Technological Forecasting and Social Change, 2020 (4): 120185.

[105] Ye F Y, Yu S S & Leydesdorff L. The triple helix of university-industry-government relations at the country level and its dynamic evolution under the pressures of globalization[J]. Journal of the American Society for Information Science and Technology, 2013 (11):2317-2325.

[106] Yoda N & Kuwashima K. Triple helix of university-industry-government relations in Japan: Transitions of collaborations and interactions[J]. Journal of the Knowledge Economy, 2020 (3): 1120-1144.

[107] Yorio P L & Ye F F. A meta-analysis on the effects of service-learning on the social, personal, and cognitive outcomes of learning[J]. Academy of Management Learning and Education, 2012(1): 9-27.

[108] Zucker L G, Darby M R & Armstrong J S. Commercializing knowledge: University science, knowledge capture, and firm performance in biotechnology[J]. Management Science, 2002(1):138-153.

(三)报告与网络资源

[1] Higher Education Funding Council for England. Annual Report and Accounts 2017-18[R]. London: House of Commons, 2018: 17-19.

[2] TROW M. Problems in the Transition from Elite to Mass Higher Education[R] // Policies for Higher Education: General Report. Paris: OECD,1974.

[3] UNESCO. Beyond Access: ICT-Enhanced Innovative Pedagogy in TVET in the Asia-Pacific[EB/OL]. (2018-02-26)[2023-08-25]. https: // bangkok. unesco. org/content/enhancedinnovative-pedagogy-tvet-asia-pacific.

[4] UNESCO. Positioning ICT in Education to Achieve the Education 2030 Agenda in Asia and the Pacific: Recommendations for a Regional Strategy[EB/OL]. (2017-05-11)[2023-08-25]. http: // www. unesco. org/open-access/terms-use-ccbysa-en.

[5] UNESCO. Beijing Consensus on Artificial Intelligence and Education [EB/OL]. (2019-05-16)[2023-08-25] . https: // unesdoc. unesco. org/ ark:/48223/pf0000368303? 1 = null&queryId = da4e03db-6470-4cd6-b96c-0645a65f3dfa.

[6] UNESCO Bangkok. Learner-Centred TVET Teaching in Asia-Pacific: Reality and Way Forward[EB/OL]. (2021-03-15)[2023-08-25]. https: // bangkok. unesco. org/content/eaching-asiapacific-reality-and-way-forward.

二、中文文献

(一)专著类

[1] 阿什比.科技发达时代的大学教育[M].滕大春,腾大生,译.北京:人民教育出版社,1983.

[2] 阿特巴赫.比较高等教育:知识、大学与发展[M].人民教育出版社教育室,译.北京:人民教育出版社,2000.

[3] 里奇.智库、公共政策和专家治策的政治学[M].潘羽辉,译.上海:上海社会科学院出版社,2010.

[4] 巴比.社会研究方法[M].邱泽奇,译.北京:华夏出版社,2009.

[5] 涂尔干.教育思想的演进[M].李康,译.上海:上海人民出版社,2003.

[6] 莫兰.复杂性理论与教育问题[M].北京:北京大学出版社,2004.

[7] 克拉克.建立创业型大学:组织上转型的途径[M].王承绪,译.北京:人民教育出版社,2003.

[8] 拉图尔.科学在行动:怎样在社会中跟随科学家和工程师[M].刘文旋,郑开,译.上海:东风出版社,2005.

[9] 克尔.大学的功用[M].陈学飞,陈恢钦,周京,译.南昌:江西教育出版社,1993.

[10] 陈厚丰.中国高等学校分类与定位问题研究[M].长沙:湖南大学出版社,2004.

[11] 陈新亮.地方高校增强社会服务职能研究[M].长沙:湖南人民出版社,2014.

[12] 程肇基.地方高校服务区域经济建设研究——以江西为例[M].北京:人民出版社,2018.

[13] 博克.走出象牙塔——现代大学的社会责任[M].徐小洲,陈军,译.杭

州:浙江教育出版社,2002.

[14] 古贝,林肯.第四代评估[M].秦霖,译.北京:中国人民大学出版社,2008:17.

[15] 顾建民.大学治理模式及其形成机理[M].杭州:浙江大学出版社,2017.

[16] 顾永安.新建本科院校转型发展论[M].北京:中国社会科学出版社,2012.

[17] 郝瑜,孙二军.区域高等教育发展战略与政策保障[M].北京:社会科学文献出版社,2014.

[18] 埃兹科维茨,雷德斯多夫.大学与全球知识经济[M].夏道源,译.南昌:江西教育出版社,1999.

[19] 华北庄,胡文宝.中国产学合作教育探索[M].武汉:武汉大学出版社,2005.

[20] 华勒斯坦.学科·知识·权力[M].刘电芝,译.北京:生活·读书·新知三联书店,1999.

[21] 黄达人.大学的治理[M].2版.北京:商务印书馆,2017.

[22] 黄达人.大学的转型[M].北京:商务印书馆,2015.

[23] 黄晓霞,莫家豪,谢安邦.高等教育市场化[M].北京:北京大学出版社,2004.

[24] 萨珀斯坦,罗斯.区域财富:世界九大高科技园区的经验[M].金马工作室,译.北京:清华大学出版社,2003.

[25] 季桂起,宋伯宁.地方本科院校创新性应用型人才培养模式研究[M].济南:山东大学出版社,2013.

[26] 德兰迪.知识社会中的大学[M].黄建如,译.北京:北京大学出版社,2010.

[27] 姜锋.当代德国高等教育改革研究[M].上海:上海外语教育出版社,2015.

[28] 金忠明. 教育十大基本问题[M]. 上海：上海教育出版社，2008.

[29] 金子元久. 高等教育的社会经济学[M]. 刘文君，译. 北京：北京大学出版社，2007.

[30] 莫塞斯. 教育管理的案例研究[M]. 北京：教育科学出版社，2010.

[31] 科尔. 高等教育不能回避历史——21世纪的问题[M]. 王承绪，译. 杭州：浙江教育出版社，2001.

[32] 孔繁敏. 建设应用型大学之路[M]. 北京：北京大学出版社，2006.

[33] 赖先进. 国际智库发展模式[M]. 北京：中共中央党校出版社，2017.

[34] 李超平. 管理研究量表手册[M]. 2版. 北京：中国人民大学出版社，2020.

[35] 李志红. 大学与城市互动研究[M]. 济南：山东大学出版社，2009.

[36] 惠特利. 科学的智力组织和社会组织[M]. 赵万里，等译. 北京：北京大学出版社，2011.

[37] 刘献君. 教育研究方法高级讲座[M]. 武汉：华中科技大学出版社，2010.

[38] 刘欣英. 产城融合的测度、机制及效应研究[M]. 北京：中国社会科学出版社，2019.

[39] 刘仲林. 现代交叉科学[M]. 杭州：浙江教育出版社，1998.

[40] 楼世洲，吴海江. 高校服务地方创新驱动发展的政策研究——浙江省的实践[M]. 北京：经济科学出版社，2018.

[41] 殷. 案例研究方法的应用[M]. 周海涛，史少杰，译. 重庆：重庆大学出版社，2018.

[42] 富兰. 教育变革新意义[M]. 赵中健，等译. 北京：教育科学出版社，2005.

[43] 斯托珀尔. 城市发展的逻辑——经济、制度、社会互动与政治的视角[M]. 4版. 李丹莉，马春媛，译. 北京：中信出版社，2021.

[44] 吉本斯，等. 知识生产的新模式——当代社会科学与研究的动力性[M]. 陈洪捷，沈文钦，等译. 北京：北京大学出版社，2011.

［45］麦均洪,赵庆年.高校社会服务能力评价研究［M］.1 版.北京:中国社会
     科学出版社,2021.

［46］闵维方.高等教育运行机制研究［M］.3 版.北京:北京人民教育出版社,
     2007.

［47］闵维方.探索教育变革:经济学和管理政策的视角［M］.北京:教育科学
     出版社,2005.

［48］倪鹏飞,李煜伟.教育提升城市竞争力——构建服务型教育体系的宁波
     经验［M］.北京:社会科学文献出版社,2011.

［49］潘懋元.新编高等教育学［M］.北京:北京师范大学出版社,1996.

［50］潘善琳,崔丽丽.SPS 案例研究方法［M］.北京:北京大学出版社,2016.

［51］郄海霞.美国研究型大学与城市互动机制研究［M］.北京:中国社会科
     学出版社,2009.

［52］秦玮,徐飞.产学研联盟中企业动机与绩效——基于生态位理论［M］.
     上海:上海交通大学出版社,2013.

［53］孙明英.大学服务社会模式研究［M］.北京:中国社会科学出版社,2020.

［54］滕尼斯.共同体与社会［M］.张巍卓,译.北京:商务印书馆,2020.

［55］王保华,张婕.高等教育地方化［M］.北京:人民教育出版社,2005.

［56］王奇,冯晖.高等教育绩效评估研究［M］.北京:高等教育出版社,2012.

［57］王晓阳.大学社会功能比较研究［M］.北京:高等教育出版社,2003.

［58］王英杰,刘宝存.中国教育改革开放 40 年:高等教育卷［M］.北京:北京
     师范大学出版社,2019.

［59］王志强,卓泽林.“创新驱动”战略下高等教育与社会互动机制研究
     ［M］.北京:中国社会科学出版社,2016.

［60］吴伟,臧玲玲,齐书宇.急剧变革中的大学社会服务［M］.上海:上海交
     通大学出版社,2020.

［61］吴俊杰.企业家社会网络与技术创新绩效研究:基于双元性创新的理论

与实证[M].北京:中国社会科学出版社,2012.

[62] 夏季亭,帅相志.教育现代化与地方高校转型发展[M].2版.北京:科学出版社,2020.

[63] 邓普,罗本.高等教育战略规划:领导者手册[M].陈传夫,译.武汉:武汉大学出版社,2015.

[64] 徐辉.大学与工业的关系[M].杭州:杭州教育出版社,1990.

[65] 徐金燕.中国合作教育发展探究[M].北京:石油工业出版社,2004.

[66] 徐同文.区域大学的使命[M].北京:教育科学出版社,2004.

[67] 许为民,林伟连,楼锡锦.独立学院的发展与运行研究[M].杭州:浙江大学出版社,2008.

[68] 许衍琛.近代中国大学社会服务研究[M].北京:中国社会科学出版社,2021.

[69] 杨成名.大学与大学治理:基于利益相关者价值优化的视角[M].北京:经济管理出版社,2017.

[70] 杨松,唐勇,邓丽姝.北京经济发展报告(2019—2020)[M].北京:社会科学文献出版社,2020.

[71] 杜威.学校与社会·明日之学校[M].赵祥麟,任钟印,吴志宏,译.北京:人民教育出版社,2005.

[72] 法格博格.牛津创新手册[M].柳卸林,等译.北京:知识产权出版社,2009.

[73] 杜德斯达.21世纪的大学[M].北京:北京大学出版社,2008.

[74] 张德祥,李枭鹰.大学与城市互动发展论[M].北京:科学出版社,2018.

[75] 张珏.中国高校高新技术产业的发展研究[M].武汉:华中科技大学出版社,2003.

[76] 张振助.高等教育与区域互动发展论[M].桂林:广西师范大学出版社,2004.

[77] 赵璐. 我国区域经济发展与高等教育的互动关系研究[M]. 北京:中国商务出版社,2022.

[78] 朱建江. 城市学概论[M]. 上海:上海社会科学院出版社,2018.

[79] 祝怀新. 霍姆斯比较教育思想研究. 广州:广东教育出版社,2007.

(二)期刊类

[1] 艾兴,赵瑞雪,王芳. "高校教学型"教职:制度设计与发展路径:基于加拿大英属哥伦比亚大学案例分析[J]. 比较教育研究,2020(4):18-25.

[2] 白雪洁,李琳,宋培. 兼顾效率与公平:中国数字经济发展对经济增长与收入不平等的影响研究[J]. 西安交通大学学报(社会科学版),2023(1):38-50.

[3] 白逸仙,耿孟茹. 法国"大学校"产教融合机制及其对行业特色高校的启示——以巴黎综合理工学院为例[J]. 高等工程教育研究,2024(1):183-189.

[4] 边峥峥,唐少清,张占婷. "双创"背景下应用型大学教师公共服务能力现状与提升对策分析[J]. 中国软科学,2024(S1):125-130.

[5] 卜琳华,李崇正. 中国特色新型高校智库创新发展的内在逻辑与实践路径[J]. 哈尔滨工业大学学报(社会科学版),2023(6):17-23.

[6] 蔡宁,黄纯,潘松挺. 高校与区域产业发展关系构建研究——以硅谷和台湾新竹为例[J]. 西安电子科技大学学报(社会科学版),2010(2):111-117.

[7] 曹启娥. 高校提高服务经济社会发展能力研究:以河南高校为例[J]. 中国高校科技,2016,(Z1):98-99.

[8] 曹宇莲,哈巍. 振兴中西部高等教育路在何方?:高校对口支援效果评估[J]. 中国高教研究,2022(12):73-79,93.

[9] 曾萍,李熙. 产学研合作研究综述:理论视角、合作模式与合作机制[J]. 科技管理研究,2014(22):28-32,49.

[10] 查永军,李启波.我国高等职业教育高质量发展的时代关切与推进路径[J].中国电化教育,2023(9):83-90.

[11] 陈斌,王艳.我国专业学位硕士研究生教育演进图景、现实境遇与优化路径[J].高校教育管理,2023(3):76-87.

[12] 陈聪诚.蒋梦麟高教管理思想对校园文化建设的启示[J].江苏高教,2018(8):64-67.

[13] 陈恩伦,马健云.师范院校人才培养模式比较研究:基于"双一流"建设方案的文本分析[J].现代教育管理,2019(7):71-78.

[14] 陈国福,蒋清泉,唐炎钊.中国特色世界一流大学建设背景下高校科技创新能力评价研究[J].科技进步与对策,2022(24):109-118.

[15] 陈杰,徐吉洪.高等教育强省视阈下的地方高水平大学建设[J].国家教育行政学院学报,2015(11):3-9.

[16] 陈雯.我国高校图书馆社会服务动机研究[J].图书馆建设,2017(7):47-53.

[17] 陈武元.高校三大职能与其经费筹措能力的关系研究:基于美日比较的视角[J].高等教育研究,2019(5):100-109.

[18] 陈武元.日本高校三大职能与其经费筹措能力的关系研究[J].现代大学教育,2019(2):17-27.

[19] 陈元媛.行动者网络理论视域下高校创新创业教育体系研究[J].高校教育管理,2022(3):104-112.

[20] 陈悦,陈超美,刘则渊,等.CiteSpace知识图谱的方法论功能[J].科学学研究,2015(2):242-253.

[21] 陈志伟,国兆亮.德国创新高校计划的结构特征及实现路径研究[J].中国高教研究,2019(5):31-38.

[22] 程开华.高校思想政治教育学科社会服务论析[J].学校党建与思想教育,2022(17):20-22.

[23] 崔丽英.论应用型高校的发展历程及特点[J].河南科技学院学报,2018
　　 (2):13-16

[24] 戴栗军.适应与超越:我国高校智库多元治理[J].教育学术月刊,2023
　　 (7):106-112.

[25] 戴智华,谭华,王婷.研究型大学校院联动有组织科研的实践与探索:以
　　 上海交通大学为例[J].研究与发展管理,2024(3):181-190.

[26] 邓敏,刘文宇,马蕾.基于现代大学制度下的高校社会责任研究[J].技
　　 术经济与管理研究,2015(2):42-46.

[27] 丁俊.从大学与城市关系的历史发展看大学职能演变[J].北方经济,
　　 2013(1):19-21.

[28] 董君.层次分析法权重计算方法分析及其应用研究[J].科技资讯,2015
　　 (29):218-220.

[29] 董丽丽,徐子归.荷兰应用科学大学校企合作的特点与启示[J].中国高
　　 等教育,2023(22):62-64.

[30] 董泽芳,聂永成.关于新建本科院校转型分流现状的调查与分析[J].高
　　 等教育研究,2016(4):23-30.

[31] 杜鹏辉.大科学项目中政产学研如何合作?:基于行动者网络的视角
　　 [J].科学学研究,2024(7):1439-1448.

[32] 杜运周,贾良定.组态视角与定性比较分析(QCA):管理学研究的一条
　　 新道路[J].管理世界,2017(6):155-167.

[33] 段淑芬,杨红娟,王一涛.民办高校分类管理政策执行制约因素及其破解
　　 路径:基于政策执行综合模型的分析[J].高教探索,2022(2):97-106.

[34] 佚名.发挥智库作用 服务西藏社会发展[J].西藏民族大学学报(哲学
　　 社会科学版),2019(2):2.

[35] 范雪灵,陆露,刘军,等.创新互动框架下组织领地氛围对利用性技术创
　　 新的影响:一个被调节的中介模型[J].管理工程学报,2020(2):40-49.

[36] 方晓波.企业特征与产学合作方式的关系研究[J].技术经济与管理研究,2015(11):60-64.

[37] 冯丹娃,李征南,郭淑红.美国研究生服务社会能力培养对我国研究生教育的启示[J].黑龙江高教研究,2018(11):75-78.

[38] 冯虹,刘文忠.对应用型大学的探讨[J].北京联合大学学报(自然科学版),2005(6):24-29.

[39] 冯永财.挑战与创新:高校图书馆文化扶贫研究[J].图书馆工作与研究,2016(9):29-33.

[40] 付八军.创业型大学本土化的内涵诠释[J].教育研究,2019(8):92-99.

[41] 高鸾.社会互动模式下的高校就业课程体系创新:以高校与对外服务机构课程整合为例[J].教育发展研究,2016(1):32-38.

[42] 高子平.基于层次分析法的上海市人才吸引力研究[J].华东经济管理,2012(2):5-9.

[43] 葛少卫.中国特色世界一流大学办学特征的实证分析与启示[J].高校教育管理,2020(5):93-103.

[44] 郭俊立.巴黎学派的行动者网络理论及其哲学意蕴评析[J].自然辩证法研究,2007(2):104-108.

[45] 郭敏.民办高校社会服务职能绩效评价理论研究[J].经营与管理,2014(9):139-141.

[46] 郭文莉.转型与建构:行业背景地方高校工程应用型人才培养模式改革[J].高等工程教育研究,2012(4):25-33.

[47] 韩瑞珍,杨思洛.区域高校社会服务绩效评价指标体系构建研究:以湖南省为例[J].重庆大学学报(社会科学版),2013(6):83-88.

[48] 韩双淼,李敏辉.新型高等教育机构与创新型城市的资源依赖和协同互动研究[J].高校教育管理,2023(4):38-47.

[49] 韩双淼,谢静."双一流"大学创新人才培养战略研究:基于C9高校建设

方案的文本分析[J].现代教育管理,2021(5):30-37.

[50] 何海霞.地方高校产学研合作教育评价及对策:以广东省为例[J].教育发展研究,2012(9):36-41.

[51] 何英.基于人才培养与职业发展需求的高校外语教学改革研究[J].辽宁大学学报(哲学社会科学版),2021(2):172-177.

[52] 何颖.加强高校新型智库建设提升社会服务能力[J].学术交流,2015(10):74-75.

[53] 贺建芹.弱对称性:人与非人行动者关系之辨正[J].山东科技大学学报(社会科学版),2012(2):1-6.

[54] 贺明华.建设性新闻教育:溯源、理念及本土选择[J].现代传播(中国传媒大学学报),2021(5):165-168.

[55] 胡利哲,杜新波.基于平衡计分卡的中央级科研事业单位绩效评价实证研究[J].中国人事科学,2022(4):8-14.

[56] 胡莉芳,郝英.研究型大学暑期学校:开放、国际、市场[J].国家教育行政学院学报,2011(4):22-26.

[57] 胡瑞,蒋蓓蓓.数字化赋能高等教育评价:样态、困境与突破[J].国家教育行政学院学报,2023(12):57-65.

[58] 胡瑞,张焱,冯燕.英国高校创业教育政策:变迁、特征与反思[J].现代教育管理,2021(2):55-62.

[59] 胡天佑.建设"应用型大学"的逻辑与问题[J].中国高教研究,2013(5):26-31.

[60] 胡天佑.应用技术大学面临的理论与实践问题[J].高校教育管理,2014(6):21-24.

[61] 胡晓明,秦伟平,刘小峰.全程协同赋能,双元融合共生:财经类专业学位硕士生培养模式的创新与实践[J].学位与研究生教育,2022(12):13-19.

[62] 黄海涛. 民办高校新教师专业发展需求特征与策略选择：基于与公办高校的比较[J]. 高等教育研究, 2019(5):57-63.

[63] 黄济. 对教育本质问题的再认识[J]. 北京师范大学学报(社会科学版), 1998(3):5-12.

[64] 黄茂汉, 邱瑾. 美国南佛罗里达大学全学科数据素养教育体系构建及启示[J]. 图书馆工作与研究, 2023(3):46-55.

[65] 黄小宾, 钟云华. 大学科学创新职能实现的行动者网络：一种解释框架[J]. 科学管理研究, 2024(1):11-20.

[66] 纪红, 张旭. 科技成果转化基金：产学研协同创新的新范式[J]. 大连理工大学学报(社会科学版), 2022(4):116-121.

[67] 纪照华, 郄海霞. 美国高校与区域协同创新的路径探析：以耶鲁大学与纽黑文市为例[J]. 高教探索, 2015(10):57-62.

[68] 姜国峰. 研究型大学参与产学研协同创新：目标·困境·路径[J]. 科学管理研究, 2016(1):33-36.

[69] 蒋惠凤, 张兵, 刘益平. 现代产业学院：应用型高校转型发展的探索模式[J]. 高等教育研究, 2017(4):1-7.

[70] 金妍希, 曹兴. 新兴技术企业跨界创新实现机制研究：基于智轨快运系统案例分析[J]. 科学决策, 2023(4):152-172.

[71] 浙江工业大学. 紧扣经济社会发展最新脉动[J]. 中国高等教育, 2016(Z1):5-7.

[72] 雷杰, 黄婉怡. 实用专业主义：广州市家庭综合服务中心社会工作者"专业能力"的界定及其逻辑[J]. 社会, 2017(1):211-241.

[73] 黎勇. 基于大数据驱动的地方高校创业教育校地协同发展研究[J]. 西藏大学学报(社会科学版), 2019(4):214-221.

[74] 李波, 王兴华. 基于 PLS 的高校整体社会服务能力研究[J]. 教育科学, 2016(3):61-68.

[75] 李凡.高校社会服务职能评价指标体系的构建[J].中国高等教育评估,
      2011(1):38-41.

[76] 李凤玮,马在天.重新定义未来大学:欧洲大学协会《没有围墙的大
      学——2030年愿景》解读[J].江苏高教,2024(1):22-29.

[77] 李桂平,何旻.对大学社会服务与社区探究链接的实践模式的思考[J].
      现代大学教育,2021(5):96-104.

[78] 李海萍,郝显露.地方本科高校分类转型发展:进程、反思及其建议[J].
      湖南师范大学教育科学学报,2021(4):104-112.

[79] 李娜."互联网＋"时代高校思想政治理论课教师能力建设的思考[J].
      黑龙江高教研究,2015(9):123-126.

[80] 李庆丰,周作宇.高等教育评价中的价值冲突与融合[J].高等教育研
      究,2020(10):23-34.

[81] 李瑞琳,Hamish,Coates.我国大学社会服务职能发展:国际经验、现实
      问题与政策建议[J].高校教育管理,2020(4):96-106.

[82] 李枭鹰.教育内外部关系规律的提出、对话和源流[J].厦门大学学报
      (哲学社会科学版),2020(5):48-53.

[83] 李晓莉.平衡计分卡与高校社会服务评价指标体系的构建[J].教育评
      论,2014(7):12-14.

[84] 李晓敏.高职院校社会服务职能研究[J].广西社会科学,2016(1):
      216-220.

[85] 李兴华,张桥贵.融入地方发展以特色提升服务社会能力[J].中国高等
      教育,2015(10):35-37.

[86] 李志峰,高慧,张忠家.知识生产模式的现代转型与大学科学研究的模
      式创新[J].教育研究,2014(35):55-63.

[87] 李忠.乡村情境中的劳动教育困境及其纾解:基于情境学习理论的分析
      [J].河北大学学报(哲学社会科学版),2023(6):1-10.

[88] 梁平.迈向现代化的高校治理:《高校现代化治理与运行机制研究》评介[J].山东社会科学,2016(3):193-194.

[89] 梁爽.地理邻近对高校科技成果转化效率的影响研究[J].科研管理,2024(3):122-132.

[90] 梁永平.高校教师服务社会的主体化分析[J].当代教育与文化,2016(2):93-98.

[91] 林超辉,杨坚伟,陈辉,等.地方高校科技成果转化发展性绩效评价研究:基于变异系数法与VIKOR法对12所高校的分析[J].中国高校科技,2020(8):86-89.

[92] 刘爱生,李悦.大学作为锚机构:宾夕法尼亚大学的探索与经验[J].大学教育科学,2021(6):114-124.

[93] 刘超,邓琼.自然保护地社区治理机制的逻辑与构造[J].学习与实践,2023(5):80-89.

[94] 刘春莲.新建地方院校比较优势的生成机理与提升路径:基于"波特竞争理论"的分析框架[J].江苏高教,2017(6):41-44.

[95] 刘国新,张峰,张鹏飞,等.我国高校技术转移机构建设模式与策略选择[J].科技进步与对策,2022(5):1-10.

[96] 刘海峰,顾永安.我国应用技术大学战略改革与人才培养要素转型[J].职业技术教育,2014(10):11-16.

[97] 刘海燕,晏维龙.美国大学住宿书院的本土建构及经验启示[J].高教探索,2021(4):92-99.

[98] 刘和东,陶渊.政产学研协同创新的演化博弈分析[J].科技管理研究,2016(8):8-13.

[99] 刘京,周丹,陈兴.大学科研人员参与产学知识转移的影响因素:基于我国行业特色型大学的实证研究[J].科学学研究,2018(2):279-287.

[100] 刘来兵,周洪宇."生活·实践"教育的逻辑理路与意义向度[J].教育

科学,2023(5):18-24.

[101] 刘敏.地方文化建设的高校支持探析[J].山东社会科学,2015(10):161-164.

[102] 刘楠,顾建军.转向背后:高等教育评价的历史审思与内涵重构[J].江苏高教,2023(6):34-39

[103] 刘琴,李月起.基于层次分析法的大学评价模型探析[J].西部论坛,2011(4):103-108.

[104] 刘涛,油永华.高校社会服务能力评价体系的构建及应用研究:以山东省高校为例[J].当代教育科学,2016(17):33-36.

[105] 刘小强.学科研究方法与高等教育学科建设[J].江苏高教,2006(3):12-14.

[106] 刘彦军.中国特色应用技术大学:内涵、外延、路径与展望[J].职业技术教育,2014(31):20-25.

[107] 刘洋,张农.在服务中国式现代化中推进一流应用型大学建设[J].中国高等教育,2023(22):12-15.

[108] 刘振天,赵志强.可持续发展:建设高质量高等教育体系的意蕴与路径[J].高校教育管理,2023(4):12-23.

[109] 刘志礼,韩晶晶.新时代高校师德师风建设:内涵意蕴、现实困境及破解之道[J].现代教育管理,2020(9):67-73.

[110] 刘志文,邹晓平.论高等教育外部关系规律理论的科学性:与《理性的视角:走出高等教育"适应论"的历史误区》商榷[J].教育研究,2013(11):57-64.

[111] 刘中华,焦基鹏.社会营销视角下高校图书馆非遗保护与传承的数字人文服务路径探析[J].图书馆工作与研究,2020(8):82-86.

[112] 柳贡慧.应用型大学建设发展之实践[J].北京联合大学学报(人文社会科学版),2008(2):109-113.

[113] 柳劲松,何煦,王颖.应用型本科高校转型发展研究[J].高等教育研究,2015(2):1-8.

[114] 柳友荣.新中国成立70年来我国高等教育质量的政策文本研究[J].中国高教研究,2019(6):40-47.

[115] 卢伟,张海军.地方高校科技成果转化绩效影响因素研究:以辽宁省30所高校为例[J].中国高教研究,2019(11):48-54.

[116] 鲁武霞.生态位视角下应用型本科高校定位研究[J].高等教育研究,2016(3):1-7.

[117] 鲁武霞.应用型本科高校"转型":发展困境与生态定位[J].大学教育科学,2017(3):30-36.

[118] 陆晟侃.技术转移办公室参与高校创业教育的有效机制探索[J].创新创业理论研究与实践,2021(18):7-10.

[119] 陆正林.校地互动模式探索[J].教育评论,2015(6):138-140.

[120] 路畅,于渤,刘立娜,等.正式/非正式合作网络对中小企业创新绩效的影响研究[J].研究与发展管理,2019(6):24-36.

[121] 罗丹阳.增强中心城市聚集效应研究:以贵州省贵阳市为例[J].贵州社会科学,2019(11):127-133.

[122] 罗巧灵.创意经济时代中国大学与城市互动发展探讨[J].科技进步与对策,2009(13):96-98.

[123] 罗媛.美国大学共同治理制度探析[J].郑州师范教育,2020(2):55-60.

[124] 吕寒雪.迈向强有力的教师教育课程整合:知识基础与实现进路[J].中国高教研究,2024(1):86-93.

[125] 马浚锋,罗志敏.我国世界一流大学建设政策的成效研究:基于双重差分模型的经验证据[J].高校教育管理,2022(2):59-74.

[126] 马浚锋,胡阳光.地方政府标尺竞争何以成就中国高等教育发展:基于空间杜宾模型的经验研究[J].重庆高教研究,2021(6):41-55.

[127] 马星,冯磊.以评价改革促进高校社会服务的英国实践[J].中国高教研究,2021(8):63-70.

[128] 马志强,吴昊.高新技术企业自主创新社会服务环境评价体系研究[J].企业经济,2012(2):45-48.

[129] 梅国平.地方师范大学争创一流的实践探索、经验启示与未来展望:江西师范大学瑶湖校区办学20年的回顾与思考[J].江西师范大学学报(哲学社会科学版),2023(3):3-8.

[130] 牛犇.高等教育与区域经济的互动:理论框架与经验启示[J].行政管理改革,2022(5):74-82.

[131] 牛慧丹,程猛.精英访谈在教育政策研究中的应用:以访谈新西兰教师工会组织高层管理者为例[J].高教发展与评估,2024(1):26-35.

[132] 牛司凤,郄海霞.高校与区域协同创新的路径选择:以美国北卡罗来纳州"研究三角园"为例[J].高教探索,2014(6):5-10.

[133] 潘懋元,车如山.略论应用型本科院校的定位[J].高等教育研究,2009(5):35-38.

[134] 潘懋元,董立平.关于高等学校分类、定位、特色发展的探讨[J].教育研究,2009(2):33-38.

[135] 潘懋元,贺祖斌.关于地方高校内涵式发展的对话[J].高等教育研究,2019(2):34-38.

[136] 潘懋元,石慧霞.应用型人才培养的历史探源[J].江苏高教,2009(1):7-10.

[137] 潘懋元,周群英.从高校分类的视角看应用型本科课程建设[J].中国大学教学,2009(3):4-7.

[138] 潘懋元.21世纪国家的核心竞争力:"教育—人才"的合理结构[J].中国高教研究,2005(3):2-3.

[139] 潘懋元.高等教育普及化时代高考改革走向[J].内江师范学院学报,2022(1):1-3.

[140] 潘懋元.教育基本规律及其在高等教育研究与实践中的运用[J].上海高教研究,1997(2):3-9.

[141] 潘懋元.什么是应用型本科?[J].高教探索,2010(1):10-11.

[142] 潘懋元.我看应用型本科院校定位问题[J].教育发展研究,2007(Z1):34-36.

[143] 潘懋元.中国高等教育的转型发展[J].玉林师范学院学报,2017(1):48-50.

[144] 彭寿清.地方高校供给侧结构性改革的策略选择与路径创新[J].中国高等教育,2016(24):26-28.

[145] 骈茂林.教育改革中的跨部门协调:一个分析框架及其应用[J].华东师范大学学报(教育科学版),2019(6):137-148.

[146] 齐少波,江闪闪."一带一路"背景下中部地区地方高校特色智库建设研究:以郑州市为例[J].智库理论与实践,2021(2):61-70.

[147] 郄海霞,陈超.城市与大学互动关系探讨:以纽约市与其高等教育系统的互动为例[J].清华大学教育研究,2013(1):73-79.

[148] 郄海霞,李欣旖,王世斌.四螺旋创新生态:研究型大学引导区域协同创新机制探析:以苏黎世联邦理工学院为例[J].高等工程教育研究,2020(2):190-196.

[149] 郄海霞.大学与城市互动的分析模型[J].高教探索,2008(4):14-17.

[150] 郄海霞.德国三级学校制度遭受批评[J].比较教育研究,2005(1):93-94.

[151] 郄海霞.美国大学与城市关系的形成特点及相关思考[J].比较教育研究,2008(1):1-6.

[152] 郄海霞.美国大学与城市关系的演进历程[J].大学(研究与评价),2008(10):57-62.

[153] 郄海霞.美国大学与城市互动的案例分析:以芝加哥大学与芝加哥市的互动为例[J].清华大学教育研究,2006(5):69-75.

[154] 郄海霞. 美国高校与社区关系：冲突与合作[J]. 比较教育研究,2009 (4):47-51.

[155] 秦克铸. 大学与城市关系探析[J]. 山东理工大学学报(社会科学版), 2008(2):100-104.

[156] 商筱辉,王冬. 破"五唯"背景下高校职称评审制度的改革实践与路径选择[J]. 北京联合大学学报(人文社会科学版),2022(4):115-124.

[157] 邵仲岩. 地方高校与城市发展关系研究[J]. 黑龙江高教研究,2005 (6):16-18.

[158] 沈忱,郄海霞. 英国大学与城市协同发展的案例分析：以伦敦大学与伦敦市互动为例[J]. 中国高教研究,2015(8):72-75.

[159] 沈培. 论 ANT 视阈下技术转移中的利益分配[J]. 自然辩证法研究, 2019(12):28-33.

[160] 盛国军. 高校社会服务职能评价体系研究[J]. 黑龙江高教研究,2012 (2):49-52.

[161] 史静寰. 构建解释高等教育变迁的整体框架[J]. 清华大学教育研究, 2006(3):19-25.

[162] 史龙鳞,陈佳俊. 新时代高校学生社区协同育人的机制研究：基于浙江大学"一站式"学生社区综合管理模式的观察[J]. 思想教育研究,2021 (3):149-154.

[163] 宋广军. 基于大学服务社会视角的职业规划教育研究[J]. 黑龙江高教研究,2018(9):71-76.

[164] 孙保营. 新时代大学出版社助推母体学校"双一流"建设的内在要求与实现路径[J]. 科技与出版,2020(12):81-87.

[165] 孙传远,李爱铭,董丽敏. 开放大学教师学术职业发展的困境与出路[J]. 中国远程教育,2021(1):27-36.

[166] 孙国春. 师范生免费教育的制度创新与特色探寻：以江苏免费幼师男生项目为例[J]. 教育发展研究,2013(Z2):26-32.

[167] 孙浩,徐文宇.社会组织承接公共服务效能评价指标体系的构建[J].
统计与决策,2017(10):75-77.

[168] 孙菁.我国研究型大学参与区域创新的机制研究[J].中国人民大学教
育学刊,2022(1):39-57.

[169] 孙信茹.社交媒体在地化:一种进入整体情境的方法论[J].南京社会
科学,2021(3):108-119.

[170] 唐伽拉,吕斌.大学与社区互动机制及其对城市规划的启示[J].城市
问题,2006(3):39-43.

[171] 唐莉晶.合作治理问题研究:一个文献的综述[J].理论观察,2021(1):
62-64.

[172] 田汉族,马良田.论办学理念的本质与特征[J].教育文化论坛,2023
(2):1-10.

[173] 同玉洁.大学与城市的互动:基于比较视阈下的地方大学发展之路探
寻[J].当代教育科学,2009(11):15-18.

[174] 童卫丰,张璐,施俊庆.利益与合力:基于利益相关者理论的产教融合
及其实施路径[J].教育发展研究,2022(17):67-73.

[175] 万坤.北京高校图书馆社会服务现状调查与思考[J].图书情报工作,
2016(S2):37-41.

[176] 汪育文.日本高校社会服务能力提升中的连携制度研究[J].中国高校
科技,2020(10):42-45.

[177] 王成军,秦莉.高校社会服务能力评价研究综述[J].中国高校科技,
2017(Z1):78-80.

[178] 王洪涛,汪婕媚,滕敏君.揭开标准制定作用机制的"黑箱":基于政产
学(研)的视角[J].科技管理研究,2023(5):232-242.

[179] 王继国,孙健.论应用型本科的本质属性及发展关键:基于地方本科院
校转型的背景[J].黑龙江高教研究,2016(3):33-37.

[180] 王嘉珮,徐步.全球发展倡议:时代特点与实践路径[J].现代国际关系,2023(7):22-36.

[181] 王凯宏,李颖,裴志超.地方高校艺术设计教育的社会服务职能[J].黑龙江高教研究,2016(9):71-74.

[182] 王明.高品质社会服务何以可能:新时代政府购买社会服务创新模式比较研究[J].江汉论坛,2023(10):46-54.

[183] 王牧华,宋莉.创新导向的高校学术生态治理:结构要素与实践路径[J].高校教育管理,2019(5):18-25.

[184] 王庆华,宋晓娟.共生型网络化治理:社区治理的新框架与推进策略[J].社会科学战线,2019(9):218-224.

[185] 王全旺,赵兵川.地方高校服务区域社会创新发展途径及策略研究[J].黑龙江高教研究,2017(2):29-33.

[186] 王思懿.中国如何建设世界重要人才中心和创新高地[J].重庆高教研究,2024(2):14-24.

[187] 王坦.把脉高校社会服务能力助推高等教育内涵发展:《山东高校社会服务能力研究》评介[J].山东社会科学,2016(8):194.

[188] 王曦.战后欧洲建构自主知识体系的动因、路径与困境[J].马克思主义与现实,2023(1):152-160.

[189] 王兴平,卢宇飞,赵胜波,等."一带一路"中外国际产能合作新兴节点城市研究[J].城市发展研究,2023(3):1-10.

[190] 王增鹏.巴黎学派的行动者网络理论解析[J].科学与社会,2012(4):28-43.

[191] 王振坡,张安琪.我国包容性城市更新发展的实现机制研究[J].学习与实践,2018(9):22-30.

[192] 文军,陈雪婧.社区协同治理中的转译实践:模式、困境及其超越:基于行动者网络理论的分析[J].社会科学,2023(1):141-152.

[193] 邬大光.成就与预警:我国高等教育普及化进程的思考[J].中国高教研究,2023(4):8-18.

[194] 吴波.服务学习教学法的一次行动探索[J].教育学术月刊,2020(1):95-105.

[195] 吴康宁.论培养"创新人"[J].教育研究,2022(12):32-47.

[196] 吴克威.地方院校服务区域经济社会发展的突破口[J].中国高校科技,2016(8):74-76.

[197] 吴明晖,刘珊珊,颜晖.教育部产学合作协同育人项目推进情况研究[J].黑龙江高教研究,2021(10):35-40.

[198] 吴一鸣,赵飒飒.高职院校社会服务绩效的影响因素及其相关性研究:基于 2016 年高职质量年报分析[J].教育发展研究,2016(11):46-52.

[199] 吴志辉,刘梦茹,刘焕彬,等.面向产业创新的高校大院大所科技成果转化驱动研究[J].科技管理研究,2021(4):97-103.

[200] 武学超.模式 3 知识生产的理论阐释:内涵、情境、特征与大学向度[J].科学学研究,2014(9):1297-1305.

[201] 夏贵霞.政府购买青少年课外体育服务的实践探索与发展导向:以北京实践为例[J].武汉体育学院学报,2016(4):26-32.

[202] 向延平.地方性高校社会服务绩效评价分析:以吉首大学为例[J].吉首大学学报(自然科学版),2012(3):100-104.

[203] 肖贵平.产学研用结合背景下的二级学院科研管理工作[J].中国高校科技,2016(7):27-29.

[204] 肖荣辉,田瑾.高职院校建设的困境与路径探索:基于政校企协同视角[J].中国高校科技,2020(9):71-74.

[205] 谢芳.地方高等教育与经济社会发展关系再认识[J].江苏高教,2023(3):69-73.

[206] 谢海波,汤亚平.基于"四个面向"的高校科技创新能力全面提升研究[J].中国高校科技,2021(6):54-58.

[207] 谢瑞霞.借助网络信息平台参与公共文化服务:评《互联网时代高校图书馆与公共文化服务的融合发展和实践》[J].山西财经大学学报,2022(4):128.

[208] 谢笑珍.MIT 何以实现"初心"[J].高等工程教育研究,2023(3):168-175.

[209] 邢建辉.论城市社区与区内大学的文化互动[J].学校党建与思想教育,2006(1):61-62.

[210] 徐国冲.迈向合作治理:从新公共管理运动说起[J].江海学刊,2023(2):117-126,256.

[211] 徐小容,胡佳思.职业教育1+X证书制度实施的行动者逻辑与增效路径[J].高等工程教育研究,2023(3):137-144.

[212] 徐绪卿,金劲彪,周朝成.行业学院:概念内涵、组织特征与实践路径:兼论民办本科高校应用型人才培养[J].浙江树人大学学报(人文社会科学),2018(1):1-6.

[213] 许建领.地方高等教育跨越式发展研究:以深圳高等教育为例[J].中国高教研究,2022(4):9-15.

[214] 许霆."校地互动"战略:背景分析、实施内容与机制保障[J].江苏高教,2011(6):41-43.

[215] 许祥云,张茜.本科与研究生教育共存度视角下的学科生产力提升路径[J].国家教育行政学院学报,2021(8):72-79.

[216] 许秀玲.高技术产业集群升级的企业网络演化形态研究:以杭州软件产业集群为例[J].科技进步与对策,2013(6):59-64.

[217] 薛凯喜,胡艳香,杨泽平,等.论高等学校社会服务效能评价及研究策略[J].高教学刊,2016(4):71-72,74.

[218] 颜煌.关系型新媒体跨界社区的结构及公共空间价值研究[J].北京舞蹈学院学报,2015(S1):87-89.

[219] 严票丽,卓泽林.美国公立研究型大学的财政转型:以北卡罗来纳大学教堂山分校为例[J].现代教育论丛,2019(5):78-88.

[220] 严梓洛,叶菊艳,高晓杰,等.高校教师社会服务参与的现状及影响因素研究:基于36所高校的调查[J].中国高教研究,2023(7):69-75,96.

[221] 阎占定.民族高校马克思主义理论学科社会服务模式探析[J].学校党建与思想教育,2017(1):18-20.

[222] 杨靖,马进.建立与城市互动的住区规划设计观[J].城市规划,2007(9):47-53.

[223] 杨念群."在地化"研究的得失与中国社会史发展的前景[J].天津社会科学,2007(1):113-119.

[224] 杨婷,尹向毅,孟莹,等.国际大学创新能力建设(观点摘编)[J].中国高教研究,2017(5):34-38.

[225] 杨炜长.利益相关者视野中民办高等教育质量保障体系构建[J].黑龙江高教研究,2012(11):8-12.

[226] 杨小微.长江文化共识下学校文化建设的思路探寻[J].教育发展研究,2012(8):1-6.

[227] 杨秀芹,Lan W,戴锐.社区参与型学术的理论溯源与推进路径[J].高校教育管理,2019(6):72-79.

[228] 姚奇富.基于"县校协同创新"的高职院校社会服务能力探析[J].教育发展研究,2015(Z1):80-84.

[229] 易雨潇.重新思考空间:Site-SpecificArt 与在地艺术[J].上海艺术评论,2018(5):61-64.

[230] 游艺,李名飞.地方高校科技成果转化政策执行梗阻与归因[J].教育学术月刊,2019(6):50-58.

[231] 于舒,王冠.转型高校教师绩效评估体系的重构[J].教育科学,2017(2):54-58.

[232] 余孝其. 以党的二十大精神为引领推动地方高等教育内涵式高质量发展:以四川省为例[J]. 国家教育行政学院学报,2022(12):28-32.

[233] 袁利平,李君筱. 我国高等教育扶贫政策的演进逻辑与未来展望:基于历史制度主义的视角[J]. 清华大学教育研究,2021(5):126-139.

[234] 臧玲玲. 如何激励和支持教师参与社会服务:美国密歇根州立大学的经验及启示[J]. 教育发展研究,2017(19):78-84.

[235] 展立新,陈学飞. 理性的视角:走出高等教育"适应论"的历史误区[J]. 北京大学教育评论,2013(1):95-125.

[236] 张宝友,黄祖庆. 论高校社会服务评价指标体系[J]. 黑龙江高教研究,2009(8):41-43.

[237] 张德祥,王晓玲. 产学研深度融合与高等教育强国建设[J]. 中国高教研究,2023(11):1-8.

[238] 张二金. 高校科技成果转化:理论框架、现实困境与未来图景[J]. 江苏高教,2024(1):58-63.

[239] 张高明,张善从. 基于全过程的高校科技成果转化能力研究[J]. 科技管理研究,2020(23):92-99.

[240] 张革,李岱松. 教学研究型大学教师绩效评价体系研究[J]. 中国高教研究,2008(3):75-77.

[241] 张浩. 科技创新在高职教育中的作用[J]. 中国高校科技,2016(8):72-73.

[242] 张红阳. 基于灰色系统理论的高校教师工作绩效评价体系研究[J]. 河南师范大学学报(哲学社会科学版),2016(3):182-185.

[243] 张宏喜. 大学管理的三重境界[J]. 教育发展研究,2014(5):8-12.

[244] 张华. 论"服务学习"[J]. 教育发展研究,2007(9):1-8.

[245] 张建功,陈书柳. 牛津大学—社区参与的实践及启示:基于共生理论的分析[J]. 中国高校科技,2022(4):50-54.

[246] 张金福,李哲婷.高校科技成果转化中的症结及其化解逻辑[J].科技管理研究,2022(22):103-109.

[247] 张凯.美国研究型大学空间资源优化配置研究:以加州大学伯克利分校为例[J].比较教育研究,2016(5):38-42.

[248] 张磊,谢祥,朱佳鑫.高校社会服务能力评价问题研究[J].东北大学学报(社会科学版),2013(5):484-488.

[249] 张琳,韩钰馨.破除"唯论文"后的科研评价改革探索:国外高校科研评价的实践与启示[J].世界社会科学,2023(3):136-154,245.

[250] 张敏.平台依附型企业如何摆脱创新惰性?行动者网络视角下的组态研究[J].外国经济与管理,2023(8):101-117.

[251] 张明,杜运周.组织与管理研究中 fsQCA 方法的应用:定位、策略和方向[J].管理学报,2019(9):1312-1323.

[252] 张明,蓝海林,陈伟宏,等.殊途同归不同效:战略变革前因组态及其绩效研究[J].管理世界,2020(9):168-186.

[253] 张水玲,杨同毅,王仁高,等.高校服务地方存在的问题与对策:以山东省高校为例[J].中国高校科技,2017(12):66-69.

[254] 张铁岩,刘铁雷.新建本科院校办学定位的战略思考[J].现代教育管理,2015(2):23-27.

[255] 张卫民,刘芳雄,王建仙.职业本科院校社会服务能力的政策愿景与提升路径[J].江苏高教,2024(2):116-124.

[256] 张象林,杨锐锋.地方高校与政府合作共建新型智库的动力机制及策略[J].学术交流,2015(12):68-72.

[257] 张旸,于海燕.转型期新建本科院校人才培养模式变革探析[J].高等教育研究,2016(9):60-66.

[258] 张一弛,王卫东.破解地方应用型高校发展困境的"U-G-M"协作模式理论建构:基于"三螺旋"理论[J].高教探索,2023(3):27-33.

[259] 张羽飞,原长弘,张树满.产学研联盟组合对科技中小企业成长的影响机制研究[J].技术经济,2023(9):53-66.

[260] 张元宝,沈宗根.本科职业教育视角下的应用型人才培养[J].教育与职业,2018(13):57-62.

[261] 张璋,赵制斌,何江川.区域发展背景下的地方高校产教城融合发展路径研究:基于"三螺旋"模型[J].中国软科学,2022(S1):159-166.

[262] 张振刚,程琳媛.高等教育数字化转型的动因、实践与启示:以新加坡南洋理工大学为例[J].科技管理研究,2023(16):96-106.

[263] 张智光.提升一流大学人才培养质量的根本出路:教学-科研-社会服务的超循环共生系统[J].国家教育行政学院学报,2019(3):11-18.

[264] 张子法.产教融合人才培养影响要素的扎根研究:要素制度化及其组态效应的发现[J].高等工程教育研究,2023(4):79-85.

[265] 章仁彪,王雁.大学与城市互动:矛盾与对策分析:再论"三区融合、联动发展"[J].高等工程教育研究,2008(3):11-14.

[266] 赵伯格.民族高校管理类教师胜任力结构研究:基于扎根理论的分析[J].民族教育研究,2020(6):150-156.

[267] 赵海燕.高校图书馆社会化服务对策研究:以中国海洋大学图书馆为例[J].图书馆工作与研究,2019(S1):30-34.

[268] 赵清.大学发展与创新型城市建设的互动关系分析[J].北京交通大学学报(社会科学版),2010(2):91-95.

[269] 赵长林,冯健.大学定位的维度与策略[J].高等理科教育,2005(4):48-51.

[270] 赵长禄,尼古拉·克莱顿,裘新,等.数字时代教育变革与未来发展(笔谈)[J].中国高教研究,2024(1):15-22.

[271] 赵哲,宋丹.愿景与策略:基于供给侧改革的地方高等教育功能释放研究[J].高教探索,2018(11):11-17.

[272] 赵之灿,田浩然.以区域高等教育发展破解产业与人才之间的循环困境:基于2005—2020年省级面板数据的实证分析[J].中国人民大学教育学刊,2023(2):151-168.

[273] 赵中宝.民办高校产教融合协同育人模式的探索与实践[J].中外企业文化,2023(8):172-174.

[274] 郑娜娜,许佳君.失据与扎根:新社区工厂的发展困局与破解策略:基于陕南移民安置社区的案例研究[J].学海,2023(6):59-68.

[275] 郑娜娜,王晟聪.家国共同体:国家与农民的社会联结机制:基于西部山区易地搬迁工程的经验研究[J].南京农业大学学报(社会科学版),2023(5):74-85.

[276] 郑晓齐,朱英.政策工具视域下我国高校科技成果转化政策研究[J].民族教育研究,2022(1):23-29.

[277] 钟秉林,王新凤.粤港澳大湾区高等教育集群发展研究[J].高等教育研究,2018(5):1-9.

[278] 周浩波.地方综合性大学社会服务职能的时代特征与实践路径[J].现代教育管理,2021(2):16-22.

[279] 周浩波.地方高等教育:新时期推进高等教育现代化的重点与关键[J].中国高教研究,2019(11):34-40.

[280] 周浩波.地方综合性大学社会服务职能的时代特征与实践路径[J].现代教育管理,2021(2):16-22.

[281] 周辉.地方高校如何提升服务区域发展能力[J].中国高校科技,2018(8):79-80.

[282] 周建忠,梁明辉.高校青年教师创新能力的结构与现状:基于东北三省高校青年教师的实证研究[J].黑龙江高教研究,2016(1):49-52.

[283] 周孟杰,卢金婷,张晔.动员与共栖:行动者网络理论下反贫困传播研究:基于湘西十八洞村的田野考察[J].未来传播,2022(5):27-36.

[284] 周雪光.论中国官僚体制中的非正式制度[J].清华社会科学,2019,
(1):7-42.

[285] 周正柱,马炜华.应用型高校产教融合模式与影响因素:以上海应用技
术大学为例[J].科技管理研究,2023(21):95-104.

[286] 周宗凯,徐静君.高校动画专业及学科的社会服务能力创新探索[J].
传媒,2021(5):16-18.

[287] 朱洪波,王友云.地方高校治理转型的现实选择:内涵、特色与融合发
展[J].贵州社会科学,2021(8):96-102.

[288] 朱佳鑫,关忠良.山东政法学院社会服务及能力评价研究[J].中国国
情国力,2016(7):57-60.

[289] 朱世辉,杨春,李树勇,等.结合层次分析法的模糊综合评价模型及其
应用[J].实验科学与技术,2006(3):42-44,71.

[290] 祝怀新,马羽安,龙必勇,等.我国研究型大学继续教育的功能定位及
其策略[J].职业技术教育,2020(13):74-79.

[291] 祝怀新.北卡罗来纳大学招生规划探析[J].高校教育管理,2007(9):
52-55.

[292] 庄腾腾,洪化清.新一轮产业革命背景下新加坡高等教育产教融合的
国际化[J].浙江大学学报(人文社会科学版),2023(9):18-28.

[293] 邹序桂.拓展体育经济视界实现教育资源共享:评《当代高校体育经济
新视界》[J].山西财经大学学报,2021(4):130.

(三)学位论文

[1] 曹玉杰.探寻大学、城市之源与缘[D].上海:华东师范大学,2009.

[2] 陈星.应用型高校产教融合动力研究[D].重庆:西南大学,2017.

[3] 陈伟.终身教育共同体研究[D].上海:华东师范大学,2020.

[4] 储昭卫.新全球化背景下研究型大学本科生全球胜任力培养模式研究
[D].杭州:浙江大学,2022.

[5] 郭长伟.最优区分视角下内创企业绩效的驱动组态研究[D].杭州:浙江工商大学,2021.

[6] 蒋慧慧.数字化情境下用户参与产品创新的影响因素研究[D].长春:吉林大学,2022.

[7] 李兴彩.上海高校卓越绩效评价指标体系研究[D].上海:上海交通大学,2009.

[8] 李云鹏.美国教育博士专业学位的发展动力与变革模式研究[D].南京:南京师范大学,2012.

[9] 刘宁.大学园区对城市发展的影响研究[D].上海:华东师范大学,2014.

[10] 刘赛.高校产学研合作绩效评价研究[D].长春:吉林大学,2011.

[11] 柳友荣.我国新建应用型本科院校发展研究[D].南京:南京大学,2011.

[12] 鲁若愚.企业大学合作创新的机理研究[D].北京:清华大学,2002.

[13] 马蓝.企业间知识合作动机、合作行为与合作创新绩效的关系研究[D].西安:西北大学,2016.

[14] 孟丽菊.基于生态位理论的大学——政府——市场关系研究[D].大连:大连理工大学,2009.

[15] 曲林.高校社会服务能力评价决策支持系统的研究与设计[D].北京:北京交通大学,2012.

[16] 王定.地方综合性大学社会贡献评价指标体系研究[D].太原:山西大学,2012.

[17] 王向华.基于三螺旋理论的区域智力资本协同创新机制研究[D].天津:天津大学,2012.

[18] 王银花.澳门高等教育扩展的逻辑[D].上海:华东师范大学,2014.

[19] 徐蕾.我国应用技术型大学质量保障研究[D].武汉:武汉大学,2016.

[20] 姚可桑.行动者合作:城市社区基层协商民主机制研究[D].成都:西南财经政法大学,2022.

[21] 张希胜. 大学推动创新型城市发展研究[D]. 上海:同济大学,2007.

[22] 赵效为. 大学城与城市互动发展的经济学分析[D]. 上海:复旦大学,2004.

[23] 周静. 基于 BSC 的高校社会服务绩效评价指标体系构建研究[D]. 天津:天津大学,2012.

[24] 朱建新. 地方应用型大学变革研究[D]. 杭州:浙江大学,2019.

（四）报告与网络资源

[1] 国务院办公厅. 关于深化产教融合的若干意见（国办发〔2017〕95 号）[EB/OL]. (2017-12-05)[2023-08-25]. https: // www. gov. cn/zhengce/content/2017-12/19/content_5248564. htm.

[2] 教督局. 对普通高等学校本科教学工作合格评估部分评估指标的调整说明教督局函(2018)1 号[EB/OL]. (2018-01-14)[2023-08-25]. https: // www. jzun. edu. cn/bkpg/contents/922/121. html.

[3] 教育部,国家发展改革委,财政部,人力资源社会保障部,农业部,国务院扶贫办. 现代职业教育体系建设规划(2014—2020 年)[EB/OL]. (2014-06-23) [2024-01-10]. http: // www. moe. gov. cn/srcsite/A03/moe_1892/moe_630/201406/t20140623_170737. html.

[4] 教育部,国家发展改革委,财政部. 关于引导部分地方普通本科高校向应用型转变的指导意见（教发〔2015〕7 号）[EB/OL]. (2015-11-23)[2024-01-10]. http: // www. moe. gov. cn/srcsite/A03/moe_1892/moe_630/201511/t20151113_218942. html.

[5] 教育部. 国家中长期教育改革和发展规划纲要(2010—2020 年)[EB/OL]. (2010-07-29)[2024-01-08]. http: // www. moe. gov. cn/srcsite/A01/s7048/201007/t20100729_171904. html.

[6] 教育部. 2019 年全国教育事业发展统计公报[EB/OL]. (2020-05-20)[2024-01-08]. http: // www. moe. gov. cn/jyb_sjzl/sjzl_fztjgb/202005/

t20200520_456751.html.

［7］教育部.全国应用型本科高校建设情况监测报告（2022 年度）［EB/OL］.
（2023-06-26）［2024-01-10］.https：// hr. edu. cn/zwhzx/jiaoyuzx/
202306/t20230626_2447358.shtml.

［8］教育部办公厅.应用型本科院校建设指导性评价指标体系［EB/OL］.
（2022-11-29）［2024-01-10］.https：// www. uta. edu. cn/fzghc/2022/
1212/c1959a128270/page.htm.

［9］孟庆国,等.地方本科院校转型发展实践与政策研究报告［R/OL］.
（2014-01-06）［2024-01-16］.https：// www. docin. com/p-4555518349.
html.

［10］示范性特色学院建设管理办法（教高厅〔2022〕2 号）［EB/OL］.（2022-
11-29）［2024-01-10］.https：// yyjt. hati. edu. cn/info/1083/1370.htm.

［11］习近平.高举中国特色社会主义伟大旗帜为全面建设社会主义现代化
国家而团结奋斗——在中国共产党第二十次全国代表大会上的报告
［R/OL］.（2022-10-16）［2024-01-13］.http：//www. gov. cn/xinwen/
2022-10/25/confent_5721685.htm.

［12］杨波,王天歌,李子璇,姜萍.中国科研人员国内流动态势及演进研究
［J］.科学学研究,2024(12)；2567-2577.

［13］应用型高校(学院)联盟,地方高校转型发展研究中心.地方本科院校转
型发展实践与政策研究报告［R/OL］.（2014-01-07）［2024-01-10］.
https：// fzghb. wit. edu. cn/info/1411/4051.htm.

［14］浙江省教育厅,浙江省发展和改革委员会,浙江省财政厅.关于积极促
进更多本科高校加强应用型建设的指导意见（浙教高教〔2015〕47 号）
［EB/OL］.（2015-04-06）［2023-08-25］.https：// jyt. zj. gov. cn/art/
2015/4/22/art_1228998760_27484667.html.

［15］浙江省教育厅.浙江省高等教育"十四五"发展规划（浙教规〔2021〕28

号)[EB/OL]. (2021-07-02)[2024-01-10]. https：// jyt. zj. gov. cn/art/ 2021/7/2/art_1229266643_4674524. html.

[16] 浙江省教育厅. 浙江省教育厅关于加快建设高水平本科教育的实施意见(浙教高教〔2018〕101 号)[EB/OL]. (2018-10-30)[2024-01-10]. https：// jyt. zj. gov. cn/art/2018/10/30/art_1228998760_27484766. html.

[17] 浙江省教育厅. 浙江省普通本科高校分类评价管理改革办法(试行)(2016 年)[EB/OL]. (2016-08-09)[2024-01-10]. https：// jyt. zj. gov. cn/art/2016/8/9/art_1229106823_615062. html.

[18] 浙江省教育厅办公室. 浙江省教育厅办公室关于公布加强应用型建设试点本科院校名单的通知(浙教办高教〔2015〕60 号)[EB/OL]. (2015-07-22)[2024-01-10]. https：// jyt. zj. gov. cn/art/2015/7/22/art_1228998760_27484678. html.

[19] 浙江省人民政府办公厅. 浙江省人民政府办公厅关于高质量加快推进未来社区试点建设工作的意见(浙政办发〔2019〕60 号)[EB/OL]. (2019-11-13)[2024-01-10]. https：// www. zj. gov. cn/art/2019/11/13/ art_1229017139_56702. html.

[20] 中共中央,国务院. 深化新时代教育评价改革总体方案(2020 年)[EB/OL]. (2020-10-13)[2024-01-10]. https：// www. gov. cn/zhengce/2020-10/13/content_5551032. htm.

[21] 中共中央,国务院. 中国教育现代化 2035[EB/OL]. (2019-02-23)[2024-01-10]. http：// www. moe. gov. cn/jyb_xwfb/s6052/moe_838/201902/t20190223_370857. html? eqid＝faf86dcd000009950000000066471c6e2.

[22] 中共中央. 关于深化人才发展体制机制改革的意见(中发〔2016〕9 号)[EB/OL]. (2016-02-27)[2023-08-25]. https：// www. jining. gov. cn/ attach/0/90c00323bfc84af4865d8f6138c5d1cf. pdf.

[23] 中共中央办公厅,国务院办公厅.关于推动现代职业教育高质量发展的意见[EB/OL].(2021-10-12)[2024-01-10]. https：// www. gov. cn/ zhengce/2021-10/12/content_5642120. htm.

[24] 中国教育科学研究院课题组.欧洲应用技术大学国别研究报告[R/ OL].（2013-12-10）[2024-01-10]. https：// www. docin. com/p-246 9083764. html.

附　录

附录一：访谈提纲

在探讨"应用型本科高校如何进一步提升社会服务能力"这一主题的研究中,专家访谈是获取深入见解和多维度理解的关键方法。本研究旨在通过行动者网络理论的视角,分析大学、政府、企业和社区等行动者如何通过政策、资源和技术等非人要素的相互作用,共同促进社会服务能力的提升。此次访谈是理解和分析这一复杂互动过程的重要部分。

在开始访谈之前,我想强调几点重要的原则。首先,所有的访谈内容将仅用于学术研究目的,确保您的个人信息和访谈内容的保密性和匿名性。我们将对所有数据进行匿名处理,确保无法识别访谈对象的身份。其次,为了便于记录和事后的分析,我打算进行录音,请问您是否同意? 同时,如果在任何时刻您想停止录音或访谈,都可以随时告知我。我们非常重视您的参与和贡献,希望通过这次访谈能够深入理解大学与城市互动提升社会服务能力的有效路径。

1.您所在的单位在开展大学与城市互动过程中遇到过哪些障碍?

2.您所在的单位是否开展过大学与城市互动的活动?

3.您所在的单位是如何与其他单位进行互动的?

4.您认为是否可以通过与其他单位合作解决以上障碍?

5.您认为哪些因素会影响大学与城市互动?

6.您认为在大学与城市互动过程中,各主体会实现哪些目标或获得哪些利益?

7.您认为有哪些激励机制可以吸引各单位参与大学与城市互动？

8.您认为大学与城市互动合理的运作模式是怎样的？

附录二:调查问卷

关于应用型本科高校服务城市发展的相关调研

您好！我们正在进行一项有关应用型本科高校服务城市发展的学术研究,诚邀您的参与。本次调查将完全匿名进行,我们将对所有数据实行严格的保密措施,并且不会将信息用于任何商业目的。调查中的所有问题都不存在所谓的正确或错误答案,我们唯一的要求是您根据自己的真实看法作答。

一、基本信息

1.您的单位性质:A.高校　B.企业　C.政府　D.社区　E.其他社会组织

2.您的职位:A.员工　B.中层管理者　C.高层管理者

3.您的单位通过何种途径与高校/企业合作(可多选):

A.政策或法律　B.联合研发　C.培训　D.咨询　E.资源共享　F.其他

4.您所在高校服务城市发展的模式(可多选):

A.高校自主办产业　B.校企技术合作模式　C.政府—高校战略合作模式　D.大学科技园模式　E.社区资源共享　F.其他

二、应用型本科高校服务城市发展问卷

请您根据贵单位的实际情况与下列陈述的符合程度,勾选您最认同的数字。具体数字含义如下所示:1—完全不同意;2—不同意;3—不确定;4—基本同意;5—完全同意。

(一)此部分问卷设计旨在了解高校社会服务能力评价的实际情况,请您根据您了解的实际情况,选择最符合的选项。

序号	问题	完全不同意　　完全同意
01	学科专业课程建设水平提升（如博硕士点、精品课程数、教学成果奖、实验教学示范中心等反映的数量增加）	1　2　3　4　5
02	人才供给水平提升（如毕业生数、留学生占比、竞赛获奖、省内就业、创新创业等数量增加）	1　2　3　4　5
03	科研项目数量增加	1　2　3　4　5
04	科研获奖数量增加	1　2　3　4　5
05	论著发表数量增加	1　2　3　4　5
06	专利授权数、授奖数增加	1　2　3　4　5
07	参加学术交流数量增加	1　2　3　4　5
08	科研基地等创新平台数量增加	1　2　3　4　5
09	继续教育服务量增加	1　2　3　4　5
10	科技成果转化、研究与咨询报告数等科技拓展服务增加	1　2　3　4　5
11	教育资源服务增加	1　2　3　4　5

（二）此部分问卷设计旨在了解高校与企业合作的实际情况，请您根据您了解的实际情况，选择最符合的选项。

序号	问题	完全不同意　　完全同意
01	双方经常对技术知识进行沟通和共享	1　2　3　4　5
02	双方经常进行管理技术的交流	1　2　3　4　5
03	在合作协调过程中，双方很少发生冲突	1　2　3　4　5
04	在合作协调过程中，双方发生的冲突不会持续很长时间	1　2　3　4　5
05	我们从合作单位处学到了一些关键能力	1　2　3　4　5
06	我们从合作单位处学到了新的技术专长	1　2　3　4　5
07	合作单位向我们提供了大量的关于产品/人才的信息	1　2　3　4　5
08	合作单位向我们提供了大量的关于市场未来发展潜力的信息	1　2　3　4　5

（三）此部分问卷设计旨在了解<u>政府对高校支持</u>的实际情况，请您根据您了解的实际情况，选择最符合的选项。

序号	问题	完全不同意　　　　完全同意
01	政府提供了有利于本单位发展的政策和项目	1　2　3　4　5
02	政府提供了必要的技术信息和技术支持	1　2　3　4　5
03	政府提供了直接的财政政策，包括税收和政府补贴等	1　2　3　4　5
04	政府为高校获得财务支持提供了很大帮助	1　2　3　4　5
05	政府为高校引进技术和设备提供了很大帮助	1　2　3　4　5
06	政府鼓励加强知识产权保护	1　2　3　4　5

（四）此部分问卷设计旨在了解<u>高校与社区关系</u>的实际情况，请您根据您了解的实际情况，选择最符合的选项。

序号	问题	完全不同意　　　　完全同意
01	您所在的单位参与过高校与社区的互动工作	1　2　3　4　5
02	您参与过与社区互动协作的相关内容（如课堂教学、实习实训、竞赛活动、志愿服务、人才引进、挂职锻炼、讲座报告、慰问帮困等）	1　2　3　4　5
03	高校的场地资源（如教室、实验室、运动场馆、多功能厅等）向社区开放	1　2　3　4　5
04	高校师生会主动去社区居委会	1　2　3　4　5
05	您对身边的社区建设满意	1　2　3　4　5
06	社区向高校师生开放场地资源（如党群服务中心、图书馆、健身会所、会议室等）	1　2　3　4　5
07	高校协作、利用过社区的人力资源、文化资源、环境资源等	1　2　3　4　5

（五）此部分问卷设计旨在了解贵单位<u>正式合作</u>的实际情况，请您根据您了解的实际情况，选择最符合的选项。

序号	问题	完全不同意　　完全同意
01	我们通过正式合同、契约或协议与合作企业进行合作	1　2　3　4　5
02	我们通过正式合同、契约或协议与政府部门进行合作	1　2　3　4　5
03	我们通过正式合同、契约或协议与社区人员进行合作	1　2　3　4　5
04	我们通过正式合同、契约或协议与大学及研究机构进行合作	1　2　3　4　5
05	我们通过风险投资、兼并、收购的方式，与外部组织进行合作	1　2　3　4　5
06	我们通过专利购买的方式获取新技术	1　2　3　4　5
07	我们通过技术许可的方式获取新技术	1　2　3　4　5

（六）此部分问卷设计旨在了解贵单位<u>非正式合作</u>的实际情况，请您根据您了解的实际情况，选择最符合的选项。

序号	问题	完全不同意　　完全同意
01	我们与合作企业的员工私下进行非正式交流和接触	1　2　3　4　5
02	我们与政府工作人员私下进行非正式交流和接触	1　2　3　4　5
03	我们与社区工作人员私下进行非正式交流和接触	1　2　3　4　5
04	我们与大学及研究机构等组织的员工私下进行非正式交流和接触的频率	1　2　3　4　5
05	我们与其他组织或研发人员共享设备、设施	1　2　3　4　5
06	我们参加与行业相关的会议、展销会、博览会	1　2　3　4　5
07	我们参加与行业相关的俱乐部、社团活动、休闲活动	1　2　3　4　5

后　记

本书源于我的博士学位论文。十多年前,我在管理岗位工作时,开始关注地方高校发展路径,进而聚焦到大学与城市互动领域。在大量阅读相关书籍后,我决定进一步深造。在考取浙江大学教育学院教育领导与管理专业博士研究生后,与师友们的交流研讨让我收获满满,不仅拓宽了学术视野,也加深了我对高等教育的理解。

论文撰写过程充满挑战,幸得师友们的无私帮助,让我不断突破自我、克服困难。全书从立意、写作到修改,都离不开导师祝怀新教授的悉心指导。从选题确定到研究问题聚焦、框架布局,再到师门研讨会的把关,师友们的指导不仅提升了我的学术能力,更让我养成了严谨治学的态度。

作为从管理岗位转向教师岗位的教育工作者,我一直关注高等教育的理论与实践。在博士学习期间,我结合工作实际问题,收集了大量一手数据。在此过程中,多所高校的领导、同事、校友和同学协助我发放问卷、收集数据,给予了我无私的帮助。在此,我向他们致以最诚挚的感谢。

这本专著是我博士学习和学术研究的阶段性成果,见证了我的成长。我衷心感谢给予我帮助的老师、同事、同学和家人,是他们的支持让我在学术道路上不断前行。

本书的出版得到了浙大城市学院教学综合改革项目、浙江省习近平新时代中国特色社会主义思想研究中心浙大城市学院基地的支持,同时也是我参与的浙江省"十四五"本科省级教学改革重点项目(编号:JGZD2024 089)和浙江省社科规划课题(编号:23GXSZ033YB)成果。由于条件所限,书中难免存在不足之处,恳请读者批评指正,以便我在后续研究中不断完善。

刘珊珊

2025 年 5 月